동아리활동

명문대가 뽑아주는

동아리활동

박종석 외 지음

이담 Books

머리말

학생부종합전형은 이미 대학입시의 중심이다. 즉, '학종 시대'이다. 학생부종합전형을 대비하기 위한 포괄적인 안내서는 이미 홍수처럼 넘쳐나고 있다. 학생부종합전형에서 평가할 내용을 교과와 비교과로 나눈다면 교과 영역은 절대적으로 우위에 있다. 이는 전공 관련 성적, 성적의 추이 그리고 과목별 세부능력 및 특기사항일 것이다. 이것은 어느 정도 정량화할 수 있기 때문에 객관성을 유지할 수 있으나 학교생활기록부의 비교과 영역은 교과 영역보다 내용이 다양하고 계량화하기 힘들다. 특히 학생들의 전공 적합성, 인성, 창의성이 가장 잘 드러나는 부분은 동아리활동일 것이다. 하지만 대학 진학과 관련한 동아리활동에 대해 전문적으로 다루고 있는 서적이 부족하다는 점은 아쉬운 일이다.

이 책은 점차 확대되는 학생부종합전형에 대한 준비 과정으로, '동아리활동'을 중심으로 하여 학교 현장에서 이루어지는 전반적인 '동아리활동'에 대한 상세한 안내서이다. 동아리활동의 실시 및 기록방법, 개선방법, 그리고 동아리활동을 자기소개서와 면접에 활용하는 방법을 알려주는 고등학교 동아리활동 사용설명서라 할 수 있다. 특히 학생부의 기록 – 동아리활동 내용 – 자기소개서 – 대학 진학으로 이어지는 일련의 과정을 보여줌으로써 '동아리활동'을 전반적으로 이해하는 데 도움을 줄 것이다.

　주지하다시피 이 책은 수시의 학생부종합전형을 통해 학생 자신이 지망하는 대학에 진학할 수 있게 도움을 주기 위한 안내서 시리즈의 일환으로 기획·출판되었다. 이미 이 책의 저자들은 이담북스에서 『명문대가 뽑아주는 대입 자기소개서, 추천서』, 『명문대가 뽑아주는 대입 면접의 모든 것』, 『명문대가 뽑아주는 대입 전략의 모든 것』, 『명문대가 뽑아주는 독서활동, 활동보고서』 등을 출간했고 독자들의 큰 호응을 받은 바 있다. 이제 비교과 활동을 통해 학생의 잠재력과 전공 적합성, 인성을 보여줄 수 있는 다양한 형태의 '동아리활동'을 중심으로 수험생과 학부모 그리고 선생님들에게 도움이 되고자 한다. 동아리활동이 정확하게 입시에 미치는 영향 관계를 수치로 파악하기는 어려우나, 분명한 것은 수시전형에서 자기소개서와 면접은 깊은 관련성이 있고 그 중요성이 점점 강화되고 있다는 점은 부인할 수 없다.

　이 책은 전국 각지에서 뜻을 함께하는 여러 교사들이 함께 모여 밤새 고민하며 의견을 모은 결과물이다. 이는 통상 한 학교의 사례, 한 지역의 사례를 모아 출간하는 책들이 지닌 한계를 넘어서게 해줄 것이다. 동아리활동에 대한 전국의 여러 사례를 살펴본다는 것은 학생부종합전형에 대한 전국적 판도를 이해하고, 이에 대한 다양한 대처법을 보여줄 것으로 기대한다.

이 책을 지은 선생님의 원고는 다음과 같다.

박종석은 '명문대 입시 시리즈'의 기획과 원고 방향, 구성을 잡았고, 박미정은 특히 동아리활동의 학생부와 자기소개서, 대학 진학 영향관계 등의 원고를 작성했다. 이호승은 동아리활동의 학생부와 자기소개서의 관련 등의 원고를 집필했다. 그리고 민재식은 자연계열 동아리활동의 실제 지도방안 사례를 제시해주었다. 김종욱은 동아리활동의 기본내용들을 안내하여 동아리활동 전반에 대한 이해를 돕고 있다.

끝으로 동아리활동 안내에 필요한 소중한 자료를 제공해준 수험생 선배들과 동아리활동을 통한 진학교육에 몰두하고 있는 전국의 여러 선생님들의 진정성에 경의를 표한다.

2016. 8.

학생부종합전형을 고민하는 저자 일동

/ 목차 /

Part 2

명문대가 뽑아주는 동아리활동

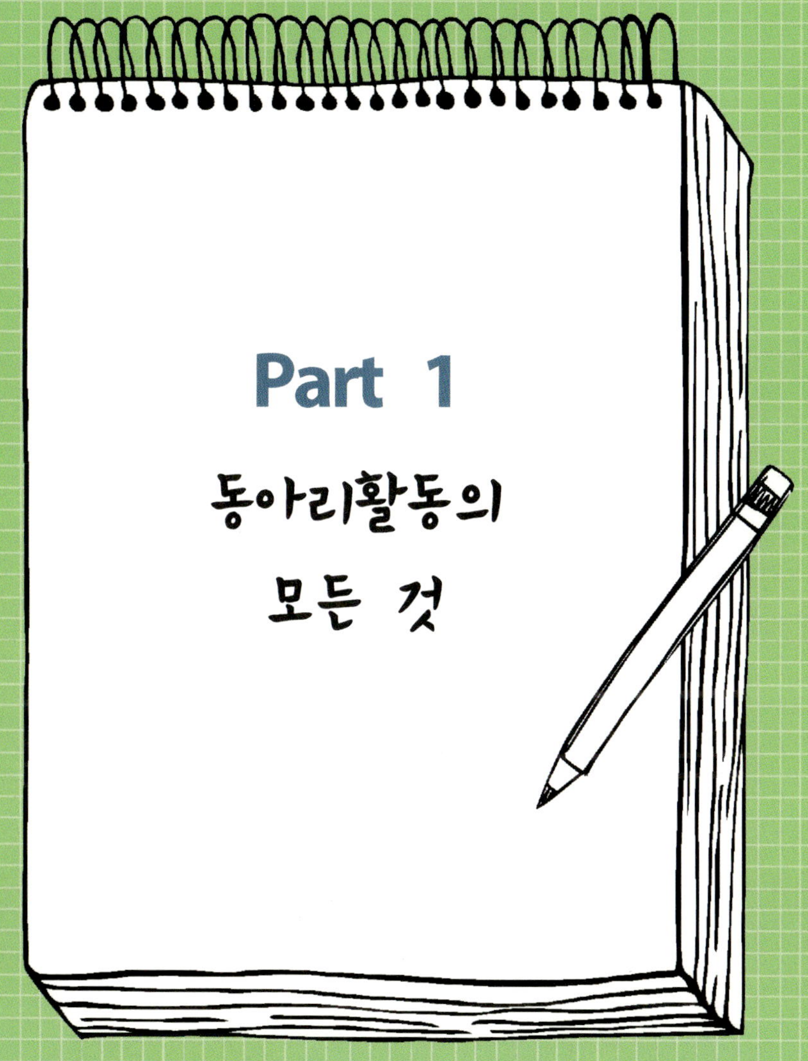
Part 1
동아리활동의
모든 것

01 동아리활동

1) 창의적 체험활동

동아리활동은 교육과정 속에서 반드시 실시해야 하는 창의적 체험활동의 한 영역이다. 창의적 체험활동은 줄여서 '창체'라고 한다.『초중고 창의적 체험활동 교육과정해설』에는 창의적 체험활동을 "교과 이외의 활동으로서 교과와 상호보완적 관계에 있으며, 앎을 적극적으로 실천하고 나눔과 배려를 할 줄 아는 창의성과 인성을 겸비한 미래지향적 인재 양성을 목적으로 한다. 창의적 체험활동은 기본적으로 자율성에 바탕을 둔 집단활동의 성격을 지니고 있으며, 집단에 소속된 개인의 개성과 창의성을 아울러 고양하려는 교육적인 노력을 표현한다"라고 규정하고 있다. 창의적 체험활동 시간의 활동에 대해서 알아보자.

<창의적 체험활동의 내용 체계>

영역	성격	활동
자율활동	학교는 학생 중심의 자율적 활동을 추진하고, 학생은 다양한 교육활동에 능동적으로 참여함	- 적응활동 - 자치활동 - 행사활동 - 창의적 특색활동 등
동아리활동	학생은 자발적으로 집단활동에 참여하여 협동하는 태도를 기르고 각자의 취미와 특기를 신장함	- 학술활동 - 문화예술활동 - 스포츠활동 - 실습노작활동 - 청소년 단체활동 등
봉사활동	학생은 이웃과 지역사회를 위한 나눔과 배려의 활동을 실천하고, 자연환경을 보존함	- 교내 봉사활동 - 지역사회 봉사활동 - 자연환경 보호활동 - 캠페인활동 등
진로활동	학생은 자신의 흥미, 특기, 적성에 적합한 자기계발 활동을 통하여 진로를 탐색하고 설계함	- 자기 이해활동 - 진로정보 탐색활동 - 진로 계획활동 - 진로 체험활동 등

* 출처: 교육과학기술부(2009), 초중고 창의적 체험활동 교육과정해설, p.246

학교생활기록부의 7번 창의적 체험활동상황에 위에서 본 표처럼 자율활동, 동아리활동, 봉사활동, 진로활동의 순으로 기록된다. 제시된 각 영역별 활동 내용만으로는 학교에서 어떻게 실시하는지 이해하기 어려운 부분이 있다. 가령 자율활동 중 적응활동에 참여한 학생들은 도대체 어떤 활동을 하게 될까?

류영철(2015)은 수도권 지역 5개 고등학교의 교육과정계획서를 분석하여 창의적 체험활동의 각 활동 영역과 구체적인 활동 내용을 제시했다.

<창의적 체험활동의 5개 고교 공통 및 특별 영역 분석 유형화>

영역	활동 영역	창체 활동별 내용
자율 활동	적응 활동	신입생 오리엔테이션, 학생생활 안내 등 예절, 질서 등의 기본 생활 습관 형성 활동, 축하, 친목, 사제동행 등 학습, 건강, 성격, 교우 등의 상담 활동 등
	자치 활동	학급회의 및 학급 부서 활동 등 학생회, 대의원회 활동 등
	행사 활동	입학식, 졸업식, 종업식, 개교기념식, 전시회, 동아리발표회, 학술제 등 학생건강 체력평가, 체격 ●체질 검사, 체육대회, 소방 및 심폐소생술 등 수련활동, 현장체험학습(현장체험학습), 수학여행, 해외 문화 체험 등
	창의적 특색 활동	학생 특색 활동, 학급 특색 활동, 학년 특색 활동, 학교 특색 활동, 지역 특색 활동 등 성모의 밤, 미사 및 종교 활동, 환경체험, 씨앗책 읽고 토론, 책숲 등
동아리 활동	학술 활동	인문관련활동 - 인문독서, 신문, 영자신문, 영어기사번역, 팝송 영어 수학관련활동 - 개념세미나,UNIQUE,FEEL,종이접기반 사회관련활동 - 정치●외교, 법, 경제신문, 국토사랑, 나라사랑, 시사토론 사회학 독서, 문화재 사랑 활동 등 과학관련활동 - 화학, 생명, 물리, 지구과학관련 연구활동 진로 및 봉사 활동 - 각종 진로관련 활동, 한울봉사, 학생회
	문화 예술 활동	문예, 연극, 영상제작, 합창, EM환경, 밴드, 미술, 유럽문화연구반, 방송 풍물, 고전영화감상, 댄스활동 등
	스포츠활동	축구, 배드민턴, 마라톤, 줄넘기 활동 등
	실습 노작활동	수공예 활동 등
봉사 활동	교내 봉사 활동	교실 및 복도 물청소, 학습부진 친구, 장애인, 병약자, 다문화 가정 학생 돕기 등
	지역사회 봉사 활동	노인 복지시설 요셉의 집 일손 돕기 등 등대의 집, 모이세, 성모의 집, 필리핀 아동 돕기 기부 활동 독거노인을 위한 뜨개질 봉사 활동
	자연환경 보호 활동	깨끗한 환경 만들기, 자연 보호, 식목 활동 등 공공시설물, 문화재 보호 등 (창체활동 시간 외 개별 활동 유도)
	캠페인 활동	봉사 활동 소양 교육, 장애체험(인권교육), 헌혈 등 캠페인 활동 등
진로 활동	자기이해 활동	MBTI 검사, 와이즈멘토 진로 검사 및 해석 강연 후 커리어 맵 작성 진로 진학 특강, 진로 활동 정규수업 등
	진로 정보 탐색 활동	학업 정보 탐색, 입시 정보 탐색, 학교 정보 탐색 등 직업 정보 탐색, 대학 강사를 활용한 진로 진학 설명회 개최 등
	진로 계획활동	자기주도 학습 계획, 보고서 작성, 명함 만들기 등
	진로 체험활동	직업 체험활동 등

* 출처: 류영철(2015), 고교 창의적 체험활동 교육과정 성과분석, p.10

창의적 체험활동은 학교 교육과정 안에서 학생들이 졸업을 위해 반드시 들어야 할 수업과 같은 역할을 한다. 교육부에서는 창의적 체험활동을 24단위 이상 실시할 것을 권장하고 있다. 1단위는 17시간이므로 한 학생이 3년 6학기 동안 이수할 자율활동, 동아리활동, 봉사활동, 진로활동의 총 시수는 24×17, 즉 408시간이다. 창의적 체험활동의 각 영역을 균등하게 운영한다면 다음과 같은 결과가 나온다.

〈창의적 체험활동 학년별·영역별 균등 편성〉

이수단위(시간)

활동영역	1학년		2학년		3학년		계
	1학기	2학기	1학기	2학기	1학기	2학기	
자율활동	1(17)	1(17)	1(17)	1(17)	1(17)	1(17)	6(102)
동아리활동	1(17)	1(17)	1(17)	1(17)	1(17)	1(17)	6(102)
봉사활동	1(17)	1(17)	1(17)	1(17)	1(17)	1(17)	6(102)
진로활동	1(17)	1(17)	1(17)	1(17)	1(17)	1(17)	6(102)
계	4(68)	4(68)	4(68)	4(68)	4(68)	4(68)	24(408)

* 출처: 교육과학기술부(2010), 손에 잡히는 창의적 체험활동, p.22

창의적 체험활동의 시수는 학생의 요구와 학교의 사정에 따라 융통성 있게 운영할 수 있다. 즉 동아리활동이 균등하게 편성되면 학생이 졸업할 때까지 102시간을 이수하지만 학교에 따라 더 많을 수도 있고 더 적을 수도 있다는 것이다. 다음은 창의적 체험활동이 균등 편성과 동아리활동 중심 차등 편성이 함께 제시된 예시이다.

〈고등학교 창의적 체험활동 연간 운영시간 편성의 예시〉

창의적 체험활동 영역	자율활동	동아리활동	봉사활동	진로활동	계
국가수준		408			408
영역별 균형 편성	102	102	102	102	408
동아리활동 중심 편성	68	204	68	68	408

* 출처: 부산광역시교육청(2014), 동아리활동 길라잡이, p.12

위 표는 학생들이 3년 동안 창의적 체험활동에 참여한 시간을 나타낸 것이다. 영역별로 균형 있게 편성하면 학생들이 네 가지 활동에 똑같이 102시간 참여한다는 것은 앞에서도 설명했다. 마지막에 있는 동아리활동 중심 편성을 보자. 3년 동안 학생들이 자율활동에 68시간, 봉사활동에 68시간, 진로활동에 68시간 참여한 반면, 동아리활동에는 무려 204시간이나 참여했다. 창의적 체험활동의 절반을 동아리활동에 할애했다. 물론 전혀 문제없는 교육과정이다. 학생들이 국가수준에서 요구하는 창의적 체험활동 408시간에 참여했기 때문이다.

창의적 체험활동과 학생부종합전형이 밀접한 관계가 있다는 것은 누구나 인정한다. 창의적 체험활동의 각 영역별 배정 시간이 유동적이라는 것은 학교생활기록부 기록 내용의 양과 질에 직접적인 영향을 미친다. 활동할 시간이 적은데 의미 있는 활동을 기대할 수 있을까? 학생에 대한 입학사정관의 판단에도 당연히 영향을 준다. 이제 선택의 문제가 남았다. 어떤 영역을 늘이고 어떤 영역을 줄일 것인가?

교사와 학생들의 판단이 가장 중요하고 가장 정확할 것이다. 다음은 김사훈 외(2014)가 고등학교 교사들이 창의적 체험활동의 어떤 영역을 중요하게 여기는지, 고등학교 학생들은 창의적 체험활동의 어떤 영역에 더 참가하고 싶은지 조사한 결과이다.

〈교사가 창의적 체험활동의 본질 구현을 위해 중요한 영역과
학생이 더 많이 참여하고 싶은 영역〉

구분	자율활동	동아리활동	봉사활동	진로활동	계
교사	64(14.8)	270(58.7)	26(5.7)	96(20.9)	460(100.0)
학생	228(20.7)	475(43.2)	122(11.1)	274(24.9)	1099(100.0)

* 출처: 김사훈 외(2014), 고등학교의 창의적 체험활동 교육과정 편성 운영에 관한 교사 인식 조사, p.385

교사는 58.7%가 동아리활동이 창의적 체험활동의 핵심이라 생각했고, 학생들은 43.2%가 동아리활동에 더 참여하고 싶다고 밝혔다. 교사와 학생 모두에게 고등학교 창의적 체험활동에서 가장 중요한 영역은 동아리활동인 것이다.

자율활동은 신입생 오리엔테이션과 같은 적응활동, 학급회의와 같은 자치활동, 입학식과 같은 행사활동 그리고 창의적 특색활동으로 구성된다. 학급 반장 같은 역할을 맡고 구체적인 활동을 한 학생이 유리하다. 하지만 대체로 학생 개개인의 특성을 드러내는 활동이 되기 힘들다.

봉사활동 중 학교교육과정 안으로 들어와 있는 교내 봉사활동은 대체로 전교생, 학년, 학급 단위로 실시된다. 소풍이나 체육대회 등 학교의 행사 후에 실시하는 환경정화 활동이 다수를 차지하고 있다. 학교가 특별한 봉사활동을 개발하지 않으면 교육과정 속의 봉사활동으로는 학생들 개개인의 역량을 키울 수 없다. 의미 있는 봉사활동을 하려면 학생 개인이 복지관, 요양원, 관공서 등과 같은 기관

을 정해서 주기적으로 활동에 참여해야 한다.

진로활동은 주로 심리검사, 학과나 진로 탐색 및 체험으로 구성된다. 상대적으로 중요한 영역임에는 틀림없으나 진로 담당 선생님이 학생 개개인의 특성에 맞게 학교생활기록부에 기록하는 것이 쉽지 않다. 대다수의 학교에서 진로활동에 많은 예산이 배정된다. 국가차원에서 강조하고 있다는 말이다. 학교생활기록부에서도 진로는 6번 진로 희망사항과 7번 창의적 체험활동의 진로활동 특기사항에 기록된다. 물론 진로 희망사항에 희망사유도 기록해야 한다.

교사와 학생들은 창의적 체험활동의 영역 중 동아리활동과 진로활동이 더 중요하다고 생각한다. 학교 현장에서 창의적 체험활동 각 영역의 시수 배정도 이런 경향을 반영하고 있을까? 경희대학교 입학사정연구위원인 이가영 외(2012)가 전국 190개 고교의 창의적 체험활동 이수시간 편성 현황을 조사한 결과, 자율활동은 평균 127시간, 동아리활동은 평균 101시간, 봉사활동은 평균 68시간, 진로활동은 평균 99시간 편성되어 있었다. 동아리활동은 204시간을 배당하는 학교에서부터 전혀 동아리활동 시간을 운영하지 않는 학교까지, 진로활동의 경우에도 최대 280시간에서 최소 0시간까지 학교마다 달랐다.

물론 동아리활동이나 진로활동 시수를 배정하지 않은 것은 극단적인 경우이다. 지금은 없을 것이다. 하지만 창의적 체험활동의 4가지 영역을 균등 분배하면 102시간이므로 단위 학교에서 자율활동은 많이, 동아리활동과 진로활동은 적당히, 봉사활동은 적게 한다는 것을 알 필요가 있다. 또한 입시에서 중요한 동아리활동의 시간 배분이 학교마다 다를 수 있다는 것을 학생이나 학부모님들이 인지했으면 좋겠다. 그래서 학생들이 동아리활동을 통해 전공 적합성, 인성, 창의성 등을 드러내고 싶어도 학교에서 그런 기회를 열어주지 못할 수 있다는 점을 반드시 알아야 한다.

2) 학교생활기록부 기록

동아리활동을 이야기하면서 한양대학교를 주목할 필요가 있다. 한양대학교 학생부종합전형의 경우 수능최저는 물론이고 자기소개서와 추천서도 없다. 오로지

학교생활기록부만으로 학생을 평가하겠다는 것이다. 주요 평가 영역은 4번 수상경력, 7번 창의적 체험활동상황, 8번 교과학습발달상황의 세부능력 및 특기사항, 10번 행동특성 및 종합의견이며 7번 창의적 체험활동상황에 동아리활동이 포함된다.

자기소개서도 중요하지만 반드시 학교생활기록부에 근거해야 한다. 학교생활기록부가 중요하다며 교내활동을 열심히 하지만 정작 활동 내용이 어떻게 기록되는지 모르는 학생이 많아서 답답할 때가 많다. 입학사정관들은 학교생활기록부 기록으로 판단한다. 그래서 좋은 대학에 가려면 열심히 교내활동에 참여해야 한다. 그러나 기록되어 있지 않으면 의미가 없다.

우선 창의적 체험활동의 기재 예시를 살펴보자. 공간이 부족하여 1학년의 동아리활동만 시간 및 특기사항을 입력하였다.

〈학교생활기록부 창의적 체험활동 기재 예시(고등학교)〉

7. 창의적 체험활동상황

학년	창의적 체험활동상황		
	영역	시간	특기사항
1	자율활동		
	동아리활동	224	(멀티미디어제작반)(34시간) 영상관련 분야에서 자신의 능력과 역량을 충분히 발휘하며, 특히 UCC 제작과 동영상 편집 능력이 탁월함 (배드민턴셔틀매니아클럽: 방과후학교스포츠클럽)(190시간) 클럽의 총무로 대회 주선 및 회원 모집을 도맡아 하고, 민첩성과 순발력이 뛰어나 강력한 스매시를 구사하며, ○○시(도) 대표로 제4회 전국 학교스포츠클럽대회에 참가하였고, 매주 토요일(13:00-16:00) 교내 연습과 타 학교와 경기 등 방과후학교스포츠클럽 활동에 열심히 참여함
	봉사활동		
	진로활동		

* 출처: 교육부(2015), 2015 학교생활기록부 기재요령, p.219

창의적 체험활동은 학년별로 자율, 동아리, 봉사, 진로의 순서로 기록된다. 수시모집에서는 고등학교 1, 2학년 그리고 3학년 1학기까지의 모든 창의적 체험활동상황이 대학에 제공된다. 참고로 담임교사가 기록하는 10번 행동특성 및 종합의견은 고등학교 1, 2학년까지만 제공된다. 봉사활동은 특기사항을 기록할 뿐 아니라 별도의 봉사활동실적 양식에 학생의 교내외 봉사활동에 대한 내용이 일자별로 기록된다.

동아리활동 특기사항을 보자. 우선 동아리가 두 개로 보인다. 멀티미디어제작반과 배드민턴셔틀매니아클럽. 정규교육과정 안에서 학생이 참여한 동아리는 무엇일까? 둘째, 예시에 나온 학생은 1학년 동아리활동에 224시간 참여했다. 3년 동안 참가할 동아리활동이 102시간 정도라고 앞에서 배웠는데 1학년 동아리활동 시간이 224시간이라니 너무 많아 보이지 않는가?

의문을 해결하기 위해 자료를 하나 더 제시하려고 한다. 『2015 학교생활기록부 기재요령』에는 동아리활동란에 기록할 수 있는 항목 6가지를 알기 쉽게 표로 제시하고 있다. 중학교에만 적용되는 두 가지를 제외하고 고등학교에서 인정되는 네 가지 활동을 인용하면 다음과 같다.

〈고등학교에서 입력 가능한 동아리활동〉

활동	입력 예시
정규교육과정 내 동아리활동	(멀티미디어제작반)(34시간) 영상 관련 분야에서~
학교교육계획에 의한 자율동아리활동	(로봇반: 자율동아리) 로봇공학 관련 기본 개념~
학교교육계획 이외의 청소년단체활동	(○○단: 청소년단체) ○○단의 일원으로서 주말, 방학기간을 활용하여~
정규교육과정 이외의 학교스포츠클럽활동	(배드민턴셔틀매니아클럽: 방과후학교스포츠클럽)(190시간) 클럽의 총무로~

* 출처: 교육부(2015), 2015 학교생활기록부 기재요령, p.58 변형

우선 학생들이 참여할 수 있는 동아리활동은 총 네 가지가 있으며 모두 학교생활기록부에 기록될 수 있다. 앞의 예에서 학생은 정규과정 내 동아리활동으로 멀티미디어제작반, 정규교육과정 이외의 학교스포츠클럽활동으로 배드민턴셔틀매니아클럽, 두 개의 동아리활동에 참여했던 것이다.

정규교육과정 내 동아리활동과 정규교육과정 이외의 학교스포츠클럽활동은 각각 동아리활동의 특기사항란에 이수시간이 기록되며 동아리활동 시간란에는 두

활동시간을 합친 시간이 기록된다. 앞의 예에서 학생은 멀티미디어반에서 34시간, 배드민턴셔틀매니아클럽에서 190시간 활동했으므로 동아리활동 시간란에는 두 활동시간을 합친 224시간이 기록되었다.

여러 개의 동아리활동을 할 수 있다니 슬슬 욕심이 생기는 학생들과 학부모님들이 많을 것이다. 기록내용이 많으면 많을수록 좋은 것 아닌가? 1학년 담임을 해보면 여러 개의 동아리활동에 참여하겠다는 거창한 계획을 세우는 학생들을 만난다. 특히 자신이 원하는 정규과정 내 동아리에 합격하지 못한 학생일수록 다른 동아리활동에 욕심을 낸다. 하지만 너무 많은 수의 동아리활동에 참여하는 것은 곤란하다.

첫째, 학교생활기록부에 기록되지 못할 수 있다. 학교생활기록부의 영역별 입력 가능 글자수는 이미 정해져 있다. 7번 항목인 창의적 체험활동에 속한 네 가지 활동의 영역별 특기사항에 관련된 부분만 제시하면 다음과 같다.

〈창의적 체험활동 영역별 입력 가능 최대 글자수〉

영역	세부 영역	최대 글자수 (한글기준)	비고
7. 창의적 체험활동상황	자율활동 특기사항	1,000자	
	동아리활동 특기사항	500자	
	봉사활동 특기사항	500자	
	진로활동 특기사항	1,000자	

* 출처: 교육부(2015), 2015 학교생활기록부 기재요령, p.239 일부

동아리활동 특기사항의 최대 입력 가능 글자수는 한글 500자이다. 동아리가 두 개면 어떻게 될까? 글자수를 잘 배분하면 두 개까지는 괜찮다. 동아리를 세 개 하는 학생도 간혹 보인다. 조금 무리수를 둔 것 같지만 중요한 내용만 잘 살려 기록하면 해볼 만은 하다. 그러나 네 개가 넘어가면 어떻게 될까? 동이리활동 특기사항란에는 해당 학생이 활동한 내용을 구체적으로 기록하는 것이 좋다. 한 학생이 네 개 이상의 동아리에서 활동한 내용을 한글 500자 안에 구체적으로 기록할 수 있을까?

참고로 위 표의 글자수는 한글 기준이다. 가끔 동아리활동 특기사항의 글자수를 1,500자로 알고 있는 학생이 있다. 한글 1자는 3Byte이고 한글 500자는 1,500Byte가 되기 때문이다. 그리고 학교생활기록부에 담당교사가 동아리활동 특기사항을 입력할 때 입력창 옆에 얼마를 기록했는지 Byte로 표시된다. 가령 900/1,500Byte라고 나오면 900Byte 즉 300자를 이미 입력했다는 것이다.

둘째, 동아리활동 기록내용 전체에 대한 신뢰가 떨어질 수 있다. 특히 자율동아리활동에 무리하게 참여한 학생에게 이런 현상이 생긴다. 정규과정 내의 동아리활동의 기록은 부실하고 여러 개의 자율동아리활동만 화려하게 기록된 학생들을 어떻게 바라볼까? 활동내용에 대한 부풀리기가 생겼다는 의심을 하지 않을까? 특히 자율동아리의 경우 교사가 학생들의 활동에 관여하지 않기 때문에 동아리활동 특기사항란이 학생의 의도대로 기록되는 경우가 많다. 지나치게 많은 동아리에 참여하고 있는 학생들은 하지 않은 활동을 했다고 하거나 사소한 활동을 크게 부풀리고 싶은 유혹에 빠지기 쉽다.

특히 자신의 능력치를 벗어난 내용이 기록되지 않도록 유의하자. 자율동아리에서 영자신문을 줄줄 읽고 영작활동에 우수성을 보인 학생의 영어 내신 성적이 낮다면? 동아리활동에 기록된 수준 높은 내용을 면접관이 질문했는데 기본적인 대답도 못 해낸다면? 해당 학생의 학교생활기록부 기록 내용 전체에 대한 신뢰도는 바닥으로 떨어질 것이다. 가입 동아리의 숫자에 너무 집착하지 말자. 동아리활동도 선택과 집중이 중요하다. 자신의 역량을 구체적으로 드러내줄 수 있는 동아리 한 개가 어정쩡한 동아리 열 개를 이길 수 있다.

학교생활기록부에는 동아리활동 이외에도 학생들의 역량을 드러내주는 기록사항이 많다. 의미 있는 동아리활동에 참여하고도 에너지가 남는 학생들은 학교 정규수업에 더 충실해야 한다. 동아리활동 특기사항과 학생들이 이수한 각 과목의 세부능력 및 특기사항은 동일하게 한글 500자 이내로 기록한다. 입력가능 글자수만 보면 동아리활동 1년과 1학년 1학기 과학이 동등하다는 것이다. 동아리활동만 잘하면 좋은 대학에 가는 것이 아니다. 동아리활동도 잘해야 명문대에 입학할 자격이 있다는 중요한 의미를 가진다.

3) 동아리활동 특기사항

　성적이 좋은 학생들이 동아리활동에 관심이 많다. 학급 임원에 적극적으로 도전하고 의미 있는 봉사활동에 많이 참여하며 교내 경시대회도 자주 나간다. 당연히 학교생활기록부의 기록에 많은 관심을 가진다. 어떻게 하면 생활기록부에 동아리활동이 잘 기록될 수 있을까? 물론 자신의 역량을 드러낼 수 있는 동아리활동에 참여한 후에 해야 될 고민이다. 하지만 똑같은 활동을 해도 동아리활동 기록 내용이 부실한 학생과 충실한 학생이 생길 가능성이 있기에 동아리활동 특기사항 기록도 미리 준비해야 한다.

　첫째, 동아리 담당교사와 좋은 관계를 유지하자. 교사들에게 동아리 지도는 중요하지 않은 업무이다. 반 아이들은 매일 보지만 동아리 아이들은 가끔 만난다. 동아리 아이들의 얼굴과 이름이 연결되지 않을지도 모른다. 담당교사에게 좋은 인상을 남겨라. 동아리 시간에 적극성을 보이는 것은 기본이고, 동아리 담당 교사가 정규수업에 들어오면 대답도 더 열심히 하고 절대 졸지 말자. 복도에서 만나면 크게 인사도 하자. 최소한 담당교사가 연말에 특기사항을 기록할 때 학생의 이름과 함께 학생 얼굴이 떠오르면서 긍정적인 기분이 들 수 있게 만들어놓자.

　둘째, 담당교사가 혼자 기록하게 내버려두지 말자. 교육부 매뉴얼대로 자기평가, 상호평가, 관찰, 포트폴리오 등을 활용하면서 동아리 학생 하나하나를 구체적으로 평가할 전지전능한 교사는 드물다. 교사가 1년 동안 참여한 동아리활동에 대한 내용을 써 오라고 하면 고맙게 생각하고 3인칭 시점으로 자신의 활동이 구체적으로 드러나게 쓴 글을 제출하라. 동아리를 하나 이상 한 학생은 미리 담당교사에게 다른 동아리가 있으니 글자수에 유의해 달라고 부탁해두자. 정규동아리 하나, 자율동아리 하나에 참여한다면 정규동아리는 300자 내외, 자율동아리는 200자 내외가 적당하다.

　동아리에서 임원으로 활동한 학생은 가급적 첫 문장에 해당 사실이 기록되도록 해야 한다. 입학사정관들이 첫 문장부터 학생에 대한 좋은 인상을 가지게 될 것이다. 학년 말 학교생활기록부 내용을 출력해서 확인하는 시간에는 자신의 활동 내용이 맞는지, 중요한 내용이 빠지지는 않았는지, 오탈자는 없는지 여러 번 확인해야 한다.

셋째, 활동 내용을 기록하는 습관을 가지자. 못 믿을 것이 기억력이다. 학년 말에 자신이 한 동아리활동이 얼마만큼 기억날까? 자신이 한 것도 기억 못 하는데 교사가 대신 기억해줄까? 대부분 교사에게 동아리보다는 학급이 더 중요하다. 행동특성 및 종합의견을 쓰려고 자신이 맡은 반 학생들을 관찰한 내용을 누가 기록해두는 교사는 있어도, 자신이 맡은 동아리 학생들의 활동을 누가 기록해두는 교사는 드물다.

동아리 카페가 있다면 동아리활동 후 총무가 활동내용을 올려주면 도움이 될 수 있다. 하지만 동아리활동 기록은 결국 학생 개개인의 몫이다. 활동 후 반드시 활동일시, 활동내용, 활동 후 배우고 느낀 점 등을 간단한 일지의 형태로 기록하자. 너무 사소한 내용의 기록에 집중하여 귀중한 시간을 날리고 스트레스만 더 받는 일이 없도록 유의하자. 동아리활동뿐 아니라 교과수업이나 동아리활동 이외의 창의적 체험활동에서 자신이 경험한 내용을 기록하는 습관을 기르자. 양식을 출력해서 손으로 써도 되고, 한글이나 엑셀 파일의 형태로 입력해도 좋다. 다음 동아리활동 일지의 예시 양식을 참고해서 자신만의 교내활동 기록양식을 만들어 활용해보자.

<동아리활동 일지>

영어회화반			
날짜	시간	활동내용	느낀 점
00월 00일 (00시00분~00시00분)	2	조별로 거리에 나가 외국인과 인터뷰하기(제한 시간 1시간)-브라질인, 영국인, 미국인, 인도네시아인 등과 인터뷰하고 보고서를 작성함	영어공부의 1차적 기능이 소통이라는 것을 실감했다. 멋진 인터뷰는 좋은 질문에서 나온다는 것을 알았다.
00월 00일 (00시00분~00시00분)	1	조별 발표수업 하기에서 발표자료 활동함(발표자료: 스티브잡스의 연설문, 영상자료와 단어게임, 퀴즈 형성평가)	발표수업 준비의 어려움을 겪으며 선생님들께 존경심을 느꼈다.

* 출처: 부산광역시교육청(2014), 동아리활동 길라잡이, p.78

4) 동아리 선택

동아리를 선택하기 전에 자신의 관심분야가 무엇인지 알아야 한다. 자기 자신을 먼저 알아야 된다는 말이다. 다음으로는 동아리활동 시간에 과연 어떤 활동을 하는지 알아야 한다. 동아리활동의 세부 영역과 각 영역별 대표적인 활동 내용은 다음과 같다.

〈동아리활동의 내용〉

동아리 활동	학술활동	외국어회화, 과학탐구, 사회조사, 컴퓨터, 인터넷, 신문활용, 발명, 다문화탐구 등
	문화예술활동	문예, 창작, 회화, 조각, 서예, 전통예술, 현대예술, 성악, 기악, 뮤지컬, 오페라, 연극, 영화, 방송 등
	스포츠활동	구기, 육상, 수영, 체조, 배드민턴, 인라인스케이트, 하이킹, 야영, 민속놀이, 씨름, 태권도, 택견, 무술 등
	실습노작활동	요리, 수예, 꽃꽂이, 조경, 사육, 재배, 설계, 목공, 로봇제작 등
	청소년단체활동	스카우트연맹, 걸스카우트연맹, 청소년연맹, 청소년적십자, 우주소년단, 해양소년단 등
	학교스포츠클럽 활동	정규교육과정 내에서 이루어지는 중학교 '학교스포츠클럽활동'과 정규교육과정 이외의 학교스포츠클럽활동(방과후학교스포츠클럽 등)
	또래조력활동	또래 상담, 또래 중재(조정, 중조)

* 출처: 교육부(2015), 2015 학교생활기록부 기재요령, p.52

외국어회화에서 조경이나 목공까지 동아리 시간에 할 수 있는 활동이 매우 다양하다. 그러면 모든 학교에 위와 같은 활동을 하는 동아리들이 존재한단 말인가? 학생들이 가장 많이 다니는 인문계 고등학교에서는 과연 어떤 동아리들이 주로 개설되어 있을까? 류영철(2015)은 창의적 체험활동의 성과를 분석하기 위해 수도권지역 5개 일반고교(경기2, 서울2, 인천1)의 교육과정계획서를 분석하여 공통적으로 나타나는 동아리활동이 다음과 같다고 밝혔다.

〈교육과정계획서에 나타난 공통적인 동아리활동〉

인문관련활동	수학관련활동	사회탐구활동	과학탐구활동	외국어관련활동
답사등 체험활동	학술논문활동	컴퓨터	사진/방송부	발명활동
문예/교지제작	가정/가사	스포츠활동	봉사활동	청소년단체활동
미술관련활동	음악관련활동	진로관련활동	신문제작	반크

* 출처: 류영철(2015), 교교 창의적 체험활동 교육과정 성과분석, p.11

자기가 원하는 진로에 직결되는 교과동아리 활동은 매우 매력적이다. 외국어 특히 영어동아리는 모든 학교에 존재한다. 토익이나 텝스와 같은 공인인증 영어 점수를 요구하는 외국어특기자 전형이 축소되면서 영어만을 잘하는 학생들이 좋은 대학에 들어가기 힘들어졌다. 하지만 동아리활동이나 교과별 세부능력 및 특기사항에 영어 관련 활동은 여전히 입학사정관들의 관심을 끈다. 대학에는 영어 전공만 있는 것은 아니다. 독일어 전공도 있고, 프랑스어 전공도 있다. 수시모집에서 제2외국어 동아리활동과 자신이 지원한 학과를 일치시킨 학생은 교수님들의 사랑을 많이 받을 것이다. 물론 외국어고등학교가 아닌 인문계고등학교에서 영어 이외의 외국어동아리활동은 매우 힘들 것이다.

최근 문과보다 이과에 대한 선호가 뚜렷해지면서 수학이나 과학동아리의 인기는 폭발적이다. 상위권 학생들은 대부분은 과학동아리에 많은 관심을 가진다. 과학동아리에 들어가는 것이 대학 들어가는 것보다 더 힘들 정도라고 보면 된다. 의대, 한의대, 치대 등 의학계열의 인기를 반영한 것이다. 그렇다고 상위권 학생이 대부분 의사가 되는 것은 아니다. 힘들다는 게 눈에 보여도 진로희망을 3년간 의사로 끌고 가는 학생들을 보면 슬픈 마음마저 든다. 개인적으로는 수학동아리의 인기가 더 많았으면 좋겠다. 의학계열의 입학생보다 공학계열의 입학생이 훨씬 많기 때문이다. 또한 상경계열을 희망하는 문과학생들에게도 수학동아리 활동은 매력적이다.

인문이나 사회 관련 동아리는 범위가 매우 넓다. 철학, 역사에서부터 정치, 경제에 이르기까지 다룰 수 있는 분야가 많다. 사회적인 이슈에 대한 토론활동을 해보는 것이 좋다. 찬반토론의 경우 토론 규칙을 제대로 지켜서 해볼 것을 권한다. 토론활동은 신문활용교육(NIE)과 연계하는 것이 좋다. 제대로만 하면 학년 말 동아리활동 특기사항에 쓸 내용이 무궁무진한 것이 인문이나 사회 관련 동아리활동이다. 또한 동아리활동에서 부족한 부분을 독서활동을 통해 보완하면 멋진 스토리가 만들어질 것이다.

반크(VANK)는 'VOLUNTARY AGENCY NETWORK OF KOREA'의 영어 약자로 홈페이지에 자신을 다음과 같이 소개하고 있다. "인터넷상에서 한국을 알고 싶어 하는 외국 친구들과 한인동포, 입양아들에게 이메일로 한국의 모든 것을 친절하게 알려주는 사이버 관광가이드이자 사이버 외교사절단입니다. 반크는 한국을 모르는 전 세계 외국인들에게 한국을 바르게 알리는 '사이버 외교관'을 양성할 뿐만 아니라, 전 세계 외국인과 한국인을 대상으로 친구 맺기를 주선하여 빈곤, 환경, 인권, 물 부족, 질병, 오염 등 지구촌 문제에 대한 실질적인 해결을 주도적으로 이끌어내는 '월드체인저'를 키워내고 있습니다." 제시된 표에서 반크는 유일하게 구체적인 동아리 이름이다. 외교부터 환경까지 활동의 폭이 워낙 넓어서 학생들의 다양한 관심을 반영할 수 있다는 것이 장점이다.

미술, 스포츠, 음악 등 예체능 동아리도 인문계 고등학교에 개설되어 있다. 예체능 동아리 중에서 가장 많이 개설된 동아리는 미술 관련 동아리이다. 예술고등학교 대신 인문계고등학교를 선택했지만 미대 진학을 희망하는 학생들은 미술 관련 동아리에서 활동할 것을 권한다. 수시모집에 지원하면 활동실적을 요구하는데 미술 관련 동아리에서 활동하지 않은 인문계고등학교 학생에게는 매우 불리하게 작용할 것이다. 물론 가입한 동아리가 활발한 활동을 하는 것을 전제로 한다.

교지제작이나 방송부는 전국의 모든 고등학교에 있다. 상담을 해보면 언론이나 방송 분야를 희망하는 학생들이 많다. 저학년일수록 이 분야에 대한 관심이 두드러진다. 하지만 최종적으로 그런 학생들이 지원하는 대학이 언론이나 방송이 아닌 경우를 많이 보았다. 막연한 동경으로 언론 방송을 생각하지 않았으면 좋겠다. 아무튼 학교마다 교지를 발행하고 각종 행사를 진행하므로 이런 동아리에 가입하면 더 적극적인 참여가 가능하다. 덤으로 교지를 제작하거나 방송을 진행한 학생들에게 교내 봉사활동 시간을 부여하는 학교가 많다는 사실을 알았으면 좋겠다.

봉사 관련 동아리도 거의 모든 학교에 개설되어 있다. 어차피 학교에서 하는 교내 봉사활동 이외에 개인적으로 봉사활동을 해야 한다. 봉사 관련 동아리에 가입하면 이런 걱정을 할 필요가 없다. 봉사동아리들은 양로원, 복지관 등 봉사활동 기관과 연계되어 있는 경우가 많아서 지속적인 봉사활동이 가능한 장점이 있다. 한때 봉사 관련 동아리의 인기가 매우 높았으나 지금은 약간 시들해졌다. 단순하게 봉사활동만 하는 동아리보다는 동아리활동을 통해 배운 전문성을 살려서 봉사활동에 참여하는 동아리를 더 좋아한다. 가령 동아리활동 시간에 배운 내용을 지역아동센터의 학생들에게 가르쳐준 학생은 의미 있는 동아리활동과 봉사활동에 동시에 참여한 것이다.

학술논문활동 동아리가 일반계고등학교에 존재한다는 사실은 특목고학생들에게는 위협적인 일이다. 학술논문 동아리에서는 자신이 관심을 가지고 있는 분야에 대한 소논문을 써보는 R&E(Research & Education)활동을 한다. 개인보다는 소수의 그룹으로 준비하는 경우가 많아 협동심이나 배려심 같은 인성 함양에도 도움이 된다. 학술논문활동 동아리를 운영하려면 지도교사의 수준 또한 높아야한다. 학교에 마땅한 지도교사가 없으면 예산을 활용하거나 재능기부의 형식으로지역사회나 대학에 있는 전문가의 도움을 받는 것이 좋다. 너무 수준 높은 논문만생각하면 결과물이 나오지 않거나 사교육기관을 통한 컨설팅의 유혹에 빠진다.입학사정관은 지원자가 논문을 쓰면서 배우고 느낀 점 그리고 지원자의 발전가능성에 더 주목한다는 점을 명심하자.

 인문계고등학교에 공통적으로 개설된 주요 동아리의 특징들을 간략하게 살펴보았다. 이제 어떤 동아리가 있는지 알았으니 선택만 하면 된다. 신입생들은 동아리선택에 매우 민감하다. 원하는 동아리에 합격되지 않으면 눈물을 흘리는 학생들도있고, 자신이 원하는 동아리에 합격해서 미소를 감추지 못하는 학생들도 있다. 대부분 학생들은 1학년 때 동아리를 선택하면 중간에 바꾸지 않고 3년 동안 그 동아리에서 활동하는 경향이 강하다. 처음 선택이 그만큼 중요하다는 것이다. 학생들은어떤 기준으로 자신의 동아리를 선택하고 있을까? 이인진(2015)은 서울 강동지역인문계고등학생을 184명을 대상으로 실시한 설문조사를 통해 학생들이 동아리를결정하는 요인을 분석하였다. 조사대상의 숫자가 많지 않아 아쉽지만 전국의 인문계고등학교 학생들도 비슷한 이유로 자신이 원하는 동아리를 결정했을 것이다.

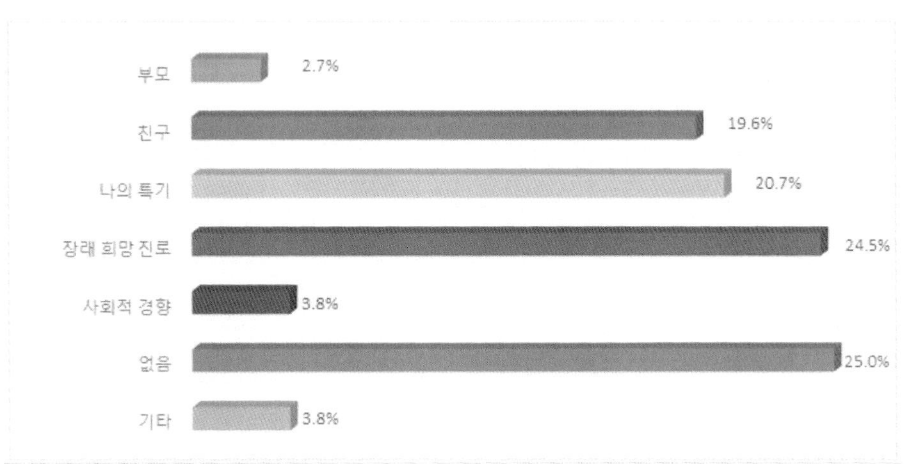

* 출처: 이인진(2015), 진로준비를 위한 동아리활동과 봉사활동 현황분석, p.39

〈동아리 결정 요인〉

가장 먼저 눈에 띄는 것은 '없음'이라는 응답이다. 이런 응답을 한 학생들 중에는 고등학생이 되어도 여전히 자신이 무엇을 잘하는지 모르는 학생들, 어떤 직업을 가져야 할지 결정하지 못한 학생들, 대학 갈 때 동아리활동이 필요 없다고 생각하는 학생들이 대부분일 것이다.

자신의 특기나 장래희망을 고려해서 동아리를 결정했다고 하는 학생들이 45%를 차지했다. 매우 바람직한 학생들이다. 만약 연구자가 학업성취도가 높은 학생과 낮은 학생을 비교한 연구를 진행했다면 학업성취도가 높은 학생 집단에서는 특기와 장래희망으로 동아리를 선택한 비율이 훨씬 더 높게 나타났을 것이다.

대략 다섯 명 중에 한 명의 학생은 친구가 동아리의 결정요인이었다. 학교도 학생들에게는 하나의 사회이므로 인간관계도 무시하지 못할 요소이다. 연구자는 학생들을 진로결정 집단과 미결정 집단으로 나누어서 동아리 결정요인을 조사했는데 진로를 이미 결정했다고 밝힌 학생들 중에서 남자는 친구로 여자는 특기나 장래희망으로 자신의 동아리를 선택하는 비율이 상대적으로 더 높았다. 친구 따라 동아리 가는 남학생이 여학생보다 더 많았다는 것이다.

5) 동아리 합격 전략

어떤 동아리들이 있는지 알았으니 이제 동아리에 가입할 차례다. 교육인적자원부에서 발행한 『초중고 창의적 체험활동 교육과정해설』에 따르면 동아리활동 부서의 일반적인 편성 절차는 다음과 같다.

우선 전년도 운영결과를 바탕으로 동아리활동에 대한 학생과 교사의 희망을 조사하고, 예상 동아리활동 부서를 선정한 다음, 게시판, 가정 통신문 등의 형태로 학생과 학부모에게 동아리 부서를 안내한다. 학생들로부터 동아리 희망조사서를 받아서 희망자 수, 지도교사 수, 활동 장소 시설 등을 종합적으로 고려하여 동아리활동 부서를 편성하고 임시 편성된 내용을 조정하고 재조정해서 편성을 완료한다. 다음은 교육부에서 제시한 동아리활동 희망조사서 양식의 예이다.

동아리활동 부서 희망 조사서

    학교에서 운영할 동아리활동 부서를 여러분의 희망에 따라 정하려고 합니다. 여러분이 희망하는 동아리활동 부서를 아래에 제시된 활동부서에서 선택하여 제1희망, 제2희망, 제3희망의 순으로 빈 칸에 동아리활동 부서명을 기록해 주십시오.

※희망 부서를 쓰기 전에 반드시 참고 사항을 잘 읽어 보고 기록해 주십시오.

0000년 0월 0일

○ ○ 고등학교장

[동아리활동 부서명]

• 육상부	• 탁구부	• 배구부	• 태권도부	• 배드민턴부
• 축구부	• 무용부	• 체조부	• 웅변부	• 서예부
• 합주부	• 합창부	• 영어회화부	• 사진부	• 과학부
• 사물놀이부	• 애니메이션부	• 밴드부	• 요가부	• 조소부
• 환경지킴이부	• 독서토론부	• 댄스부	• 방송부	• 회화부
• 십자수부	• 동화 구연부	• 문예창작부		

[참고사항]

1. 자기의 능력과 특기, 장래의 희망 등을 생각하여 위의 부서 중 제1희망, 제2희망, 제3희망의 부서를 하나씩 만을 희망 조사표에 기록해 주십시오.
2. 제1희망대로 되지 않을 경우도 있으니 제2희망, 제3희망에도 신중을 기하여 기록해 주십시오.

- - - - - - - 절 - - - - - 취 - - - - - 선 - - - - - - -

동아리 활동 희망 조사표

제　학년　반　번　이름 (　　　　　　　　)

희망순	제1희망	제2희망	제3희망
희망부서			

* 출처: 교육과학기술부(2009), 초중고 창의적 체험활동 교육과정해설, p.262

〈동아리 부서 희망 조사서(예시)〉

    희망조사서만 내고 원하는 동아리로? 너무 쉬워 보이지 않는가? 동아리활동이 형식적이었던 과거에는 가능했다. 3월 초에 학급별로 갈 수 있는 동아리명과 인원수를 토대로 대충 동아리를 정하고 동아리 시간에는 자습을 해도 그냥 넘어가던 시절이 있었다. 이제는 이런 방식으로 동아리 부원을 선발하는 시대는 갔다.

대학가에서는 '동아리 고시'라는 말이 등장했다. 취업 잘 되는 동아리는 합격하기도 어렵다는 세태를 반영한 것이다. 고등학교 동아리도 마찬가지이다. 자신의 진학에 도움을 줄 수 있는 동아리에 합격하려면 고시생의 마음으로 전략을 세워야 한다.

우선 어떤 동아리가 있는지 알아야 한다. 학교 홈페이지에서 정보를 찾자. 주로 '학생마당' 또는 '학생활동' 란에 동아리에 대한 정보가 있다. 중학생을 대상으로 한 고등학교 입시설명회가 있다면 꼭 참석하자. 교감선생님이나 교무부장선생님께서 그 학교에서 가장 잘 나가는 동아리에 대한 자랑을 하실 확률이 높다. 인맥을 동원해보자. 학생은 선배들에게 학부모님들은 지인들을 통해서 정보를 모으자. 가끔 학부모님들, 특히 어머님들의 정보력에 깜짝 놀란다. 동아리 교사가 누구인지, 어떤 활동을 하는지, 동아리 선배들은 주로 어떤 대학에 진학했는지, 어떻게 하면 그 동아리에 들어갈 수 있는지 세세한 정보들이 어머님들의 입소문을 탄다.

입학 후에도 신입생들에게 동아리에 대한 정보는 계속 들어온다. 대부분의 학교들은 3월 초에 신입생을 대상으로 오리엔테이션을 실시한다. 학교 안에서 하는 학교도 있고, 외부의 수련원을 이용하는 학교도 있다. 이때 부장선생님들이 각 부서에서 필요한 내용을 전달하는 시간이 있다. 교칙을 설명하는 학생부장선생님 말씀에 집중하는 것만큼 동아리활동을 설명하는 담당부장선생님의 말씀도 경청해보자. 신입생을 대상으로 강당에서 동아리설명회를 개최하기도 한다. 주로 각 동아리의 대표가 5분 내외로 자기 동아리에 대해 설명한다. 간혹 이때 발표하는 선배의 현란한 스킬에 넘어가 엉뚱한 동아리를 선택하기도 한다. 냉정하게 자신에게 어떤 동아리가 적합한지 판단하자. 발표 후 궁금한 내용이 있으면 개별적으로 선배에게 찾아가 질문을 해서 눈도장을 찍어두는 것도 좋다.

온라인이든 오프라인이든 학교의 각종 게시물을 잘 살펴보자. 신입생을 모집하는 포스터들로 3월이면 학교 게시판이 풍성해진다. 포스터에는 어떤 내용이 들어갈까? 기본적으로 활동내용이 나온다. 봉사점수도 챙겨갈 수 있는 교지편집반, 방송반, 도서반 등은 해당 내용을 홍보하기도 한다. 지원서를 어디서 누구에게 받아서 언제까지 누구에게 제출할지도 알려준다.

가입할 동아리를 결정했다면 동아리 지원서를 성의껏 작성해야 한다. 진학에 도움이 될 동아리들은 대부분 동아리 지원서를 요구한다. 지원서에 공통적으로 나오는 내용은 이름이나 연락처 등과 같은 인적사항, 동아리에 지원하게 된 동기, 동아리에서 앞으로 해보고 싶은 활동이다. 특기나 장기, 좋아하거나 싫어하는 과목 등 해당 동아리 선배들이 궁금한 내용이 추가되기도 한다. 1학년 담임을 해보면 3월 초 야간자율학습시간에 동아리지원서를 작성하느라 바쁜 친구들이 간혹 보인다. 정말 잘하고 있는 것이다. 멀리 보면 동아리지원서를 잘 써서 원하는 동아리에 합격하는 것이 더 중요하다.

보기 좋은 떡이 먹기도 좋은 법. 일단 글자를 깨끗하게 쓰자. 손글씨에 자신이 없더라도 정성껏 쓴 흔적을 보이자. 양식이 있으면 타이핑해서 제출해도 좋다. 가급적 빈칸 내용을 꽉 채우자. 양이 적다는 것은 그만큼 관심이 적다는 것이다. 가장 중요한 부분은 지원동기와 활동계획이다. 자신의 꿈과 동아리활동이 어떻게 연결되는지 밝히자. 지원할 동아리가 어떤 활동을 해왔는지 미리 파악해보고 자신이 어디에 관심이 있는지 설명하자. 기존 활동의 바탕 위에 자신이 새롭게 해보고 싶은 비전을 제시해도 좋다. 구체적으로 자신의 역량이 드러나게 쓸수록 유리하다. 재미있게 쓰려고 황당한 내용만 나열하는 것은 피하자. 성의 없어 보인다. 장기나 특기를 쓰는 칸이 있으면 가급적 비우지 말자. 동아리활동과 관련되지 않는 특기라도 혹시나 모르니 써보자. 노래나 춤에 소질이 있다고 쓴 학생들은 면접에서 시킬 수도 있으니 미리 마음의 준비를 해두자.

동아리지원서를 제출했다면 이제 가장 중요한 면접이 남았다. 일단 기본질문은 흔들리지 말고 대답하자. 당연히 제출한 서류에 나오는 지원동기나 활동계획 등이 기본질문에 속한다. 면접 방법은 동아리의 특성에 따라 너무나 다양하다. 다음은 동아일보(2012년 2월 21일)에 소개된 고등학교 동아리 면접에 관한 기사이다.

오모 양(17)은 순서가 되자 문을 열고 방으로 들어섰다. 칠흑 같은 어둠 속에 의자 하나만 덩그러니 놓여 있다. 방송용 카메라에서 새어나오는 불빛에 의지해 자리에 앉자 어둠 속에서 차가운 목소리가 들려왔다. ˝장기자랑 해봐요.˝ 쭈뼛거리던 오 양이 노래를 부르려 하자 어둠 속 목소리는

"진짜 하려고 했어요? 여기가 무슨 오디션장인가?"라고 쏘아붙였다. "리비아 사태에 대해서 말해보세요"라는 질문이 이어졌다. 오 양이 대답하지 못하자 "그런 것도 몰라?"라는 냉소적 한마디가 돌아왔다.

취조실이 아니다. 대입 면접장도 아니다. 이곳은 전남지역 한 자율형 사립고 방송반의 신입부원 선발을 위한 면접장. 생방송인 교내방송을 떨지 않고 배짱 있게 진행할 수 있는 신입부원을 뽑기 위한 '압박면접'이었다.

오 양은 "면접을 하다 울음이 터져 훌쩍이며 면접장을 나온 학생도 있다"면서 "무섭긴 하지만 이 과정에서 좋은 평가를 받아야 동아리에 들어갈 수 있다"고 말했다.

최근 대입 수시전형이 확대되면서 입시에서 주요 비교과활동 '스펙'으로 활용되는 교내 동아리에 가입하기 위한 고교생들의 경쟁이 치열하다. 새 학기를 앞두고 실력 있는 신입부원을 뽑기 위해서 각 동아리들은 별의별 선발방법을 총동원한다.

1박2일 엠티를 가서 합숙하며 '다면 심층평가'를 하는가 하면, 면접 대기실에 동아리 선배가 '비밀요원'으로 투입돼 지원자가 눈치 채지 못하는 방법으로 '인성 면접'을 하기도 한다. 최근 주요 동아리의 지원자가 대폭 늘어 경쟁률이 높아진데다 선발과정도 까다롭다 보니 학생들 사이에서는 '대학 가기보다 인기 동아리 가입하기가 더 힘들다'는 말이 나올 정도.

한 고교 경제경영동아리는 '모의투자대회'를 열어 높은 수익률을 올린 학생을 선발할 계획. 동아리 가입 희망학생을 대상으로 약 한 달간 한국은행 경제교육 홈페이지에서 제공하는 모의투자 게임을 진행한 뒤 수익률을 평가하겠다는 것. '3년 만기 국채거래', '국제원유 선물거래' 등에서 좋은 성과를 내야 고교 경제동아리에 들어갈 수 있다니…….

이 동아리 증권부장인 이모 군(16)은 "수익률 5등 정도까지를 우선 선발할 생각"이라면서 "수익률이 뛰어난 학생은 입시 활용도가 높은 주요 직책을 맡을 가능성이 높다"고 말했다.

제주의 한 여고 외국어신문반은 외국어 면접을 통과해야 가입할 수 있다. 동아리 지원학생은 자신이 희망하는 언어(영어, 일본어, 중국어 등)에 맞춰 선배 면섭관 3인이 진행하는 면접을 받는다. 질무과 답변 모두 해당 언어로만 이루어진다.

이 동아리 김모 양(17)은 "대학 수시모집을 통해 어학특기자나, 어문계열 학과로 지원하려는 학생들에게 인기가 많다. 지난해는 12명 선발에 80명 넘게 지원했을 정도"라면서 "러시아어를 할 줄 아는 학생은 '특채'가 되기도 했다"고 말했다.

오디션 프로그램 열풍에 힘입어 동아리 신입부원 선발을 위한 서바이벌 오디션이 열리기도 한다. 울산의 한 고교 방송반은 끼와 적극성 등을 평가하기 위해 장기자랑 오디션으로 신입부원을 뽑는다. 50여 명의 지원자가 '최종 8인'에 들어가기 위해 경쟁을 펼쳤다.

춤과 노래는 기본. 성대모사를 하거나 '팔 힘이 세야 일을 잘할 수 있다'며 면접관 학생에게 팔씨름을 제안한 학생도 있었다. 이 학교 박모 군(17)은 노래방서 리허설을 하는 등 10일간 맹연습을 한 끝에 가수 강진의 '땡벌'을 선보여 동아리에 들어갔다.

박 군은 "방송반 경력은 미디어 관련 학과에 지원할 때 유리할 뿐더러 봉사시간도 40시간이나 인정해주기 때문에 경쟁이 치열하다"고 말했다.

이 기사의 제목은 '고교 동아리 가입…… 무한 경쟁시대'였다. 이쯤 되면 고등학교 동아리 면접에 통과하는 것이 수시모집 면접 통과보다 힘들다는 생각이 든다. 자녀들이 이렇게 힘든 길을 가는데 부모님들은 그냥 보고만 있어야 할까? 지금 고등학생들은 내신성적과 학력고사로 대학을 갔던 부모님들이 상상할 수 없을 정도로 할 일이 많다. 제발 좀 도와주자. 동아리에 대한 정보나 예상 질문 등에 대한 정보를 함께 찾자. 그마저도 힘들면 모의 면접이라도 한번 해주는 것이 어떨까? 어머님보다는 아버님이 더 좋을 것 같다. 오랜만에 자녀와 마주보고 앉아서 질문을 던져보자. 자세는 바른지, 시선처리는 잘 되는지, 목소리는 적당한지, 질문에 대한 대답은 적절한지 피드백을 주자. 그리고 절대 지적하다가 싸우지 말자.

면접이 끝나면 학생은 물론이고 부모님들도 가슴 졸이며 결과를 기다린다. 원하는 동아리에 합격하면 잔치라도 벌여야 될 판이다. 간혹 면접을 통한 동아리 부원 선발과정에서 불미스러운 일이 생기기도 한다. 지원자의 개인기나 동아리활동과 상관없는 질문, 심지어는 선후배 간의 인맥이 합격을 결정하는 경우도 있다. 동아리의 목적에 맞는 내용으로 면접을 준비했던 학생들에게는 큰 충격이다. 동아리 신입생 선발은 대개 선배들이 책임지고 교사가 개입하지 않는다. 3월 초 가장 바쁜 시기라 개입할 여력도 없다. 다행히 모집시기부터 선발 방법이나 기준을 밝히는 모범적인 동아리들도 많다. 심지어는 예상 질문을 공개하는 경우도 있으니 신입생들은 미리 체크해보기 바란다.

동아리 합격자발표가 나면 불합격한 학생들은 어떻게 될까? 교육과정 안에 있는 동아리는 학생들이 의무적으로 가입해야 한다. 면접에서 떨어졌다고 동아리활동에서 제외되지 않는다. 원하지 않는 동아리로 강제 배정될 것이다. 이런 학생들이 선택할 수 있는 방법은 무엇일까? 우선 강제 배정되었지만 그 동아리의 성격에 맞는 활동을 통해 동아리를 활성화시키는 것이다. 강제 배정된 동아리의 경우 부원들의 의욕이 낮고 지도교사도 무관심한 경우가 많다. 잘만 하면 역경극복의 사례가 될 수 있지만 좌절의 연속일 수도 있음을 명심하자. 다음으로 새로운 동아리를 만드는 방법이 있다. 짧은 시간 안에 같은 뜻을 가진 친구들을 모으고 담당교사를 섭외하여 정규동아리로 등록하는 것도 쉽지 않다. 이런 학생들은 자율동아리활동에 더 적극적으로 도전해볼 것을 권한다. 자율동아리는 별도의 지면을 할애하여 설명하겠다.

신입생들이 진로에 맞는 동아리에 가입하는 것은 고등학교에서 만나는 첫 번째 어려움일 것이다. 간혹 원하는 동아리에 들어가지 못한 신입생들이 수시모집은 이제 끝이라는 절망에 빠지기도 한다. 절대 그럴 필요 없으니 안심하자. 동아리활동 이외에도 자신이 지원할 학과에 필요한 역량을 보여줄 수 있는 활동이 많다는 것을 명심하자. 수학과에 지원할 학생이라면 수학동아리 활동이 아니더라도 수학 과목 세부능력 및 특기사항이나 수학 내신성적의 꾸준한 상승 그리고 수학 관련 수상경력 등에서 얼마든지 수학에 대한 자신의 역량을 드러낼 수 있다. 물론 동아리활동에서 전공 적합성까지 드러나면 좋다. 하지만 지원자가 배우고 느낀 점 특히, 그 속에서 반짝이는 창의성과 인성을 드러낼 수 있다면 어떤 동아리활동도 귀중한 자산이다.

6) 자율동아리

자율동아리? 고등학교를 졸업한 지 오래된 이들에게는 낯선 단어다. 아이들의 진학에 관심이 있는 부모님과 없는 부모님을 구분하는 기준이 될지도 모르겠다. 『2015 학교생활기록부 기재요령』에 의하면 자율동아리활동은 정규교육과정으로 편성되지 않고 학교교육계획에 의해 실시된다. 학교생활기록부의 동아리활동 이수시간에는 포함되지 않지만 동아리활동 특기사항란에는 활동내용과 특기사항을 기록할 수 있다. 자율동아리 구성절차는 다음과 같다.

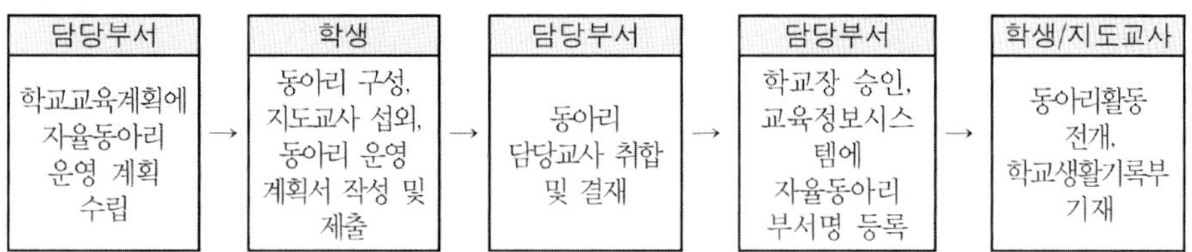

* 출처: 교육부(2015), 2015 학교생활기록부 기재요령, p.59

〈자율동아리 구성 절차〉

운영계획서에는 동아리 이름, 동아리 부원, 지도교사 이름, 주요 활동내용, 활동 장소 등이 명시된다. 각 동아리 학생들이 운영계획서를 담당교사에게 제출하면 담당교사가 취합해서 학교장 결재를 득해야 활동을 시작할 수 있다. 학기 초부터 자율동아리활동을 시작해야 한다. 학기 중간에 구성된 자율동아리활동은 학교생활기록부에 기록할 수 없다. 거듭 강조하지만 기록되지 않은 활동은 하지 않은 활동과 같다. 수시모집에 전혀 도움이 안 된다는 말이다.

자율동아리의 부원의 숫자는 정규동아리보다 적은 것이 좋다. 정규시간표에 편성된 활동이 아니므로 너무 많으면 함께 모이기도 쉽지 않다. 동아리 부원들의 구성은 선배 후배가 함께할 수도 있고, 같은 학년의 동기들만 참여할 수도 있다. 선배가 있으면 동아리활동의 노하우가 그대로 이어지는 장점이 있다. 졸업을 하고도 자율동아리 후배를 챙겨주는 선배도 있다. 같은 동기들만 모일 경우 편안하게 의사소통하며 활동을 진행할 수 있다. 1학년부터 선배들 눈치 볼 필요 없이 더 주도적으로 활동에 참여할 수 있는 장점이 있다.

자율동아리 활동시간은 탄력적이다. 정규동아리 활동시간보다 많을 수도 있고 적을 수도 있다. 정규 일과 후에 활동을 시작하므로 집에 일찍 가버리는 부원이 많으면 활동이 원활하지 못하다. 학생들이 집에 가지 않고 기숙사 생활을 하는 학교에서 동아리활동이 잘 되는 것은 그만한 이유가 있는 것이다.

지도교사는 학생들이 직접 섭외해야 한다. 대부분의 교사들은 정규동아리를 하나씩 지도하고 있다. 교사가 반드시 해야 할 의무인 경우가 많다. 자율동아리 지도는 의무사항도 아니고 인센티브도 없다. 오히려 학교생활기록부에 활동내용을 기록하는 업무만을 떠맡게 되는데 어떤 선생님이 선뜻 나서주실까? 두 가지 부류이다. 동아리활동에 관심이 많은 열혈교사이거나 냉정하게 거절 못한 착한 교사.

어떤 학생들이 자율동아리에 참여해야 할까? 학생부종합전형으로 대학에 가고 싶은 학생들은 모두 자율동아리에 관심을 가져야 한다. 1학년 때는 상위권 학생이라면 누구나 학생부종합전형에 신경을 쓴다. 당연히 자율동아리활동도 활발하다. 학년이 올라갈수록 자율동아리활동에 신중을 기하자. 학생부 교과전형이나 논술 그리고 정시를 염두에 둔 학생은 내신이나 수능 최저 등급 관리가 더 중요하다. 진로와 관련된 정규동아리에 가입하지 못한 학생들에게 자율동아리는 희망 전공과 관련된 역량을 키울 좋은 기회이다. 꼭 진로와 관련 없더라도 자신의 특기와 장점을 잘 살릴 수 있는 동아리가 있다면 소신을 가지고 도전해보자.

자율동아리, 몇 개를 해야 하나? 개인마다 역량에 따라 다를 수 있지만 자율동아리 숫자가 중요한 것은 결코 아니다. 자신이 가진 모든 역량을 동아리활동에만 쏟는 것은 어리석은 짓이다. 동아리활동 이외에도 3년 안에 해야 할 일이 너무 많다. 이미 언급한 것처럼 동아리활동은 학교생활기록부에 한글 500자만 입력할 수 있다. 활동이 너무 많으면 기록할 수 없다. 하나 정도를 추천한다. 역량이 넘치면 둘까지도. 하지만 그 이상은 곤란하다.

가장 중요한 것은 동아리활동 내용이다. 정규동아리에서 할 수 있는 모든 활동을 자율동아리에서 할 수 있다고 생각하면 된다. 정규동아리보다 더 활발한 활동이 얼마든지 가능하다. 다음은 뉴스타운(2016년 2월 16일)에 실린 자율동아리활동에 관한 기사이다. 제목은 "경화여고, 자율동아리 '내 고향 대구 발견' 사진전 개최"이다.

경화여자고등학교 자율동아리 <내 고향 대구 발견> 사진전이 5일부터 15일까지 중구 태평로 화상전문 푸른병원 14층 갤러리 더 블루에서 개최한다.

<내 고향 대구 발견>은 대구에 대해 공부하고 이해하며 동아리에서 배우고 느낀 내용을 기사로 작성하는 활동을 하는 자율동아리이다.

뷰파인더를 통해 바라보는 역사 속의 나라는 주제를 가지고 동아리 이름 그대로 고향 대구를 발견하여 사진을 찍는다. 이러한 활동을 통해 자신에 대해 생각해보는 시간을 가진다. 여러 사람들과 어울리며 다양한 경험을 쌓을 수 있다. 또 처음부터 끝까지 스스로 활동을 해나간다는 점에서 다른 동아리들과 차별화되어 있다.

경화여고 정왕부 선생은 "대구에서 태어나 자라면서 정작 대구에 대해 자세히 모르는 학생들을 위해 <내 고향 대구 발견> 동아리를 시작했다"며 "고등학생이 되어 남이 시키는 대로가 아닌 사회에 나가 자발적으로 문제를 해결할 수 있는 능력을 기르고자 했다"고 말한다.

이번 전시회에 참여한 권채영(경화여고 1학년)은 "<내 고향 대구 발견> 동아리를 통해 자신에 대해서 생각해볼 수 있는 시간을 가질 수 있었고, 여러 사람들을 만나며 다양한 경험을 쌓을 수 있었다"고 전시회 소감을 밝혔다.

<내 고향 대구 발견> 동아리는 출사를 다녀온 후 매달 리더를 바꾸고, 인터뷰를 위한 섭외, 촬영을 하는 과정을 겪으며 기사를 쓰고 있다. 대구에 관하여 배우고 익히면서 대구 사람임에 대한 정체성을 갖추어 나갈 수 있었다. 앞으로 이어질 전시회에도 좋은 성과가 있을 거라 기대된다.

우선 학생들의 관심이 지역사회로 확장된 점이 눈에 띈다. 학생들이 동아리활동의 결과물을 만들어냈다는 점 또한 칭찬해야 한다. 전시장은 갤러리 같은 장소가 아니어도 좋다. 학교 축제 때 전시해도 된다. 가장 주목하고 싶은 것은 "출사를 다녀온 후 매달 리더를 바꾸고, 인터뷰를 위한 섭외, 촬영을 하는 과정을 겪으며 기사를 쓰고 있다"는 사실이다. 이 동아리는 부원 모두가 리더이다. 주도적으로 활동에 참여할 수밖에 없다. 당연히 배우고 느낀 점도 구체적일 것이다. 3학년이 되면 자기소개서 2번 항목과 3번 항목에 쓸 내용이 많을 학생들이다.

모든 자율동아리가 신문에 날 것 같은 결과를 내는 것은 아니다. 자율동아리활동은 글자 그대로 학생들의 자율성이 강조된다. 담당교사는 학생들이 어떤 수준의 활동을 하는지 잘 모를 수도 있다. 대개 학교에서는 학생들에게 자율동아리 일지를 작성해 오라고 해서 활동의 근거로 삼는다. 다음은 자율동아리 일지의 한 예이다. 학년 말에 초인적인 기억력을 발휘하거나 친구 일지를 다급하게 옮겨 쓰는 학생들을 보면 예나 지금이나 학교는 변한 게 없다는 생각이 든다.

<자율동아리활동기록지 예시>

자율동아리활동기록지					
동아리명					
활동일시 및 장소	201 . . .( )		~	장소:	
참가 학생					
연번	힉번	성명	연번	학번	성명
1			5		
2			6		
3			7		
4			8		
활동계획(차시)					
세부 활동 내용					
확 인 자			담당교사:		(서명)

7) 청소년단체활동

청소년단체에는 무엇이 있는지 먼저 알아야 한다. 청소년이 두 명 이상 모인다고 될 일이 아니다. 학교교육계획 이외의 청소년단체활동으로 학교장이 승인할 수 있는 청소년단체는 다음과 같다.

<청소년단체 현황>

(2015.03. 현재)

연번	청소년단체	소관부처 (소관법령)	전화번호 (팩스번호)	홈페이지
1	대한적십자사청소년적십자(RCY)	보건복지부 대한적십자사 조직법	02-3705-3705 (02-3705-3777)	rcy.redcross.or.kr
2	대한청소년충효단연맹	여성가족부 민법제32조	043-221-2918 (043-221-2919)	www.chunghyo.or.kr
3	세계도덕재무장(MRA/IC)한국본부	교육부 민법제32조	02-2662-7360 (02-2662-7361)	www.mrakorea.or.kr
4	파라미타청소년연합회	여성가족부 민법제32조	02-428-0451 (02-428-0455)	www.paramita.or.kr
5	한국4-H본부	농촌진흥청 한국4에이치활동 지원법	02-754-7891 (02-774-8889)	www.korea4-h.or.kr
6	한국YMCA전국연맹	문화체육관광부 민법제32조	02-733-6801 (02-738-3013)	www.ywca.or.kr
7	한국걸스카우트연맹	여성가족부 스카우트활동 육성에 관한 법률	02-738-1501 (02-732-5843)	www.girlscout.or.kr
8	한국과학우주청소년단	미래창조과학부 민법제32조	02-6335-2000 (02-6335-2020)	www.yak.or.kr
9	한국로타리청소년연합	여성가족부 민법제32조	02-739-6369 (02-722-6455)	www.rotarykorea.org
10	한국스카우트연맹	여성가족부 스카우트활동 육성에 관한 법률	02-569-7231 (02-569-7228)	www.scout.or.kr
11	한국청소년발명영재단	특허청 민법제32조	02-953-7543 (02-953-7545)	www.kyic.org
12	한국청소년봉사단연맹	여성가족부 민법제32조	02-886-8522 (02-886-8521)	www.civo.net
13	한국청소년연맹	여성가족부 한국청소년연맹 육성에 관한 법률	02-723-6165 (02-723-6167)	www.koya.or.kr
14	한국항공소년단	산업통상자원부 민법제32조	02-841-9291 (02-845-8138)	www.yfk.or.kr
15	한국해양소년단연맹	해양수산부 한국해양소년단연맹 육성에 관한 법률	02-2663-4163 (02-2663-4177)	www.sekh.or.kr
16	기독교청소년협회(CYA)	전라북도 민법제32조	063-272-7022 (063-271-7040)	www.cya21.org
17	성산청소년효재단	문화체육관광부 민법제32조	032-438-4293 (032-421-4783)	www.sungsan1318.or.kr
18	세계화교육문화재단	외교부 민법제32조	02-312-3550 (02-392-3560)	www.globaleducation.or.kr
19	숲사랑소년단	산림청 민법제32조	02-968-0868 (02-968-0818)	www.greencause.or.kr
20	한국YWCA연합회	문화체육관광부 민법제32조	02-774-9702 (02-774-9724)	www.ywca.or.kr
21	흥사단	교육부 민법제32조	02-743-2511 (02-743-2515)	www.yka.or.kr

* 출처: 교육부(2015), 2015 학교생활기록부 기재요령, p.191

청소년단체활동은 학교생활기록부 동아리활동 특기사항에 두 가지 방법으로 기록할 수 있다. 첫째, 정규과정 내 동아리로 기록하는 것이다. 가입한 단원들은 다른 정규동아리에 가입할 수 없다. 둘째, 학교교육계획 이외의 청소년단체활동으로 기록하는 것이다. 가입한 단원들은 반드시 다른 정규동아리에 가입해야 한

다. 이럴 경우 해당 학생의 정규동아리활동과 청소년단체활동이 모두 학교생활기
록부에 입력된다. 학교 현장에서는 대체로 첫 번째 방법으로 운영된다. 학교교육계
획 이외의 청소년단체활동은 활동결과를 공문으로 처리해야 해서 절차가 번거롭다.
담당교사도 학교교육계획 이외의 청소년단체활동으로 동아리를 운영하면 정규교육
과정 내의 동아리를 하나 더 맡을 우려가 있어서 첫 번째 방법을 선호한다.

　　동아리활동으로서 청소년단체활동의 매력은 단위 학교에서 할 수 없는 활동을
상위단체에서 조직적으로 지원해준다는 것이다. 대표적인 단체인 RCY(Red Cross
Youth)의 경우 대한적십자사의 직접적인 지원을 받는다. 응급처치, 헌혈, 청소년
수련활동, 불우이웃돕기와 관련된 봉사활동, 반기문 총장 방문 등 활동의 범위가
매우 넓다. 반기문 총장도 학생시절 RCY의 옛 이름인 JRC를 통해 많은 경험을
했다고 한다. 스승의 날을 처음 만든 단체라서 그런지 교사들도 좋게 본다. 사회
복지에 관심이 많은 학생이라면 도전해보자.

　　청소년단체활동은 초등학교에서 가장 활발하다. 초등학교 시절 스카우트에서
실시한 야영이 아직도 기억나는 부모님들도 계실 것이다. 고등학교의 경우 활발
하게 활동하는 청소년단체도 있고 유명무실한 경우도 있으니 가입하기 전에 사전
조사를 철저히 할 필요가 있다.

8) 학교스포츠클럽

　　교육인적자원부의 지원으로 학교스포츠클럽 연구를 주도한 허현미(2007)에 의
하면 학교스포츠클럽은 개인의 성, 인종, 능력, 경제적 지위 등에 상관없이 스포
츠활동에 취미를 가진 학생들이 자발적으로 참가하는 활동이며 동일학교 학생(대
한체육회 등록 선수 제외)으로 구성하고 교육청에 등록하여 학교 내에서 자율적
으로 결성 및 운영되는 체계화된 조직이다. 전국체전에서 메달을 따서 학교의 이
름을 높이는 운동부와는 다른 개념이다. 다음 표를 보면 학교스포츠클럽을 쉽게
이해할 것이다.

<학교스포츠클럽과 학교운동부 차이점>

구분	학교스포츠클럽	학교운동부
성격	▶ '보는' 스포츠 → '하는' 스포츠 ▶ 생활체육(Sports for all Student) ▶ 일반 학생의 자율체육활동 활성화 ▶ 1학생 1스포츠클럽	▶ 경기력 향상 → 국위 선양 ▶ 전문체육(Elite Sports) ▶ 전문체육인을 희망하는 학생들의 활동 ▶ 1교 1기
대상	▶ 일반 학생	▶ 학생 선수(대한체육회 선수 등록)
주무 부처	▶ 교육부: 학교스포츠클럽 운영 　(문화부: 지역스포츠클럽 운영)	▶ 문화부(대한체육회) 　- 문화부: 대회개최 등 지원 　- 교육부: 교육적 운영·관리
종목	▶ 학생들의 활용도가 높은 종목 　: 축구, 농구, 소프트볼, 배드민턴, 인라인, 　롤러 등	▶ 인기/비인기 종목으로 구분 　- 인기: 축구, 야구, 농구, 골프, 등 프로구 　단이 있는 종목 　- 비인기: 육상, 체조, 투기(체급) 종목
대회	▶ 교육청, 지자체, 국체협, 언론 등에서 산발 적 대회 개최	▶ 전국(소년)체육대회 등 체육회, 교육청 중심 대회 개최

* 출처: 허현미(2007), 학교스포츠클럽 운영의 발전방안에 관한 연구, p.47 재인용

　정규교육과정 이외의 학교스포츠클럽활동 시간은 동아리활동 이수시간에 반영되고 활동내용은 동아리활동 특기사항에 기록된다. 학교스포츠클럽은 어떤 효과가 있을까? 당연히 학생들이 건강해질 것이고, 함께 운동을 하니 사회성도 높아질 것이다. 더불어 학교폭력대책의 일환으로도 충분히 교육적 효과가 있을 것이다. 체육학과에 지원할 학생, 그리고 교대를 희망하는 학생도 여력이 있어 관심을 가지고 참가하면 비교과 영역의 충실한 활동으로 기록될 것이다.

02 동아리활동 전략세우기

1) 계획

모든 활동의 시작은 계획 세우기이다. 동아리활동 계획은 누가 세워야 할까?
교사? 학생? 당연히 함께 세우는 것이다. 경험이 축적된 동아리일수록 계획부터
학생들의 참여가 더 높다. 누가 계획 수립을 주도하든 활동할 내용을 공유하는 것
이 중요하다. 동아리활동 계획서에는 차시별 계획서와 연간 계획서가 있다. 차시
별 계획서에는 시간, 장소, 준비물 등 해당 시간 활동에 대한 기초정보와 주요활
동 내용을 기록한다.

전체주제	영상 촬영법		
본 주제	학교행사(금요모임) 촬영하기	구분	(6) / (33)
활동규모	☐개별 ☐동아리 ☐학급 ☐학년 ☐학교	활동일 00.00	소요시간　1시간

단계	활동 내용	수업장소 및 준비물
활동 목표	- 행사 영상 촬영	
유의 사항	- 정해진 식순에 따라 진행되는 행사 촬영 시 유의점을 알아둔다. - 동아리활동의 모든 과정을 자료화하여 개인별 진로활동에 활용한다.	
사전 활동	- 금요모임 식순과 특이 사항을 점검한다. - 카메라를 점검하고 배터리 충전 상태를 확인한다. - 촬영 테이프, 메모리 용량을 점검하고 준비한다.	카메라와 부속장비
주요 활동	- 카메라 위치와 촬영 학생을 배치한다. - 먼저 학습한 촬영 기법에 따라 흔들림 없이 촬영한다. - 행사가 끝난 후에도 카메라를 바로 끄지 않고 행사 뒤 모습까지 촬영한다. - 촬영 후 라벨에 행사명과 일시를 기록하여 보관한다.	강당 카메라
사후 활동	- 촬영 내용을 확인하고 시사회를 갖는다. - 부족한 부분을 확인하고 다음 촬영에 참고한다.	테이프 TV모니터

* 출처: 부산광역시교육청(2014), 동아리활동 길라잡이, p.25

〈영상동아리 차시 계획서 예시안〉

　　교사가 매번 차시별 계획안을 문서로 제출하기는 힘들다. 서류에 집착할 필요는 없다. 형식적으로 흘러가면 시간과 노력만 허비할 수 있다. 다만 학생들은 차시별 활동이 끝나면 자신이 활동한 내용을 활동일지 형식으로 기록해두어야 한다. 연말에 동아리활동 특기사항을 기록할 때 도움이 되기 때문이다. 동아리활동 보고서 대회와 같이 동아리활동 관련 교내대회를 실시하는 학교에 다닌다면 활동 후 기록 관리에 신경을 써야 한다. 교내상은 성실하고 우수한 활동에 대한 확실한 증빙자료이다.

연간 계획서에는 연간 지도목표와 운영방침, 연간 계획표가 들어간다. 연간 계획표는 크게 두 가지 방법으로 작성할 수 있다.

〈연간 계획표 예시 1〉

동아리 명	3월	4월	5월	6월	7월	8월	9월	10월	11월	12월
00반										

월별로 간략하게 어떤 활동을 하는지 표시한 것이다. 동아리가 1년 동안 어떤 활동을 하는지 한눈에 파악할 수 있는 장점이 있다.

〈연간 계획표 예시 2〉

학기	날짜	활동내용	시간
1	3/16	오리엔테이션	2
	4/13	ㅇㅇㅇ에 대한 토론	2
		이하 생략	

1년간 동아리활동을 날짜별로 정리한 것이다. 창의적 체험활동을 각 영역별로 균등분배 했을 때 동아리활동은 총 102시간, 학년별 34시간이다. 차시마다 2시간 활동할 경우 1년에 17번의 활동을 계획해야 한다. 1년이 길면 둘로 쪼개어 학기별로 주요활동 주제와 차시별 활동내용을 정해도 좋다. 거듭 밝히지만 교사의 주요업무는 동아리 지도가 아니다. 다음 차시가 언제인지 신경 쓸 겨를이 없는 교사도 많다. 동아리 회장을 중심으로 학생들이 더 적극적으로 나서야 한다. 3월 초가 되면 학생들에게 학사일정표를 공개한다. 중간고사, 기말고사, 체육대회, 소풍만 확인하지 말고 동아리활동 시간이 언제인지 꼭 체크해둘 필요가 있다.

최은아(2013)는 교사들을 대상으로 동아리활동 연간계획이 제대로 실행되고 있는지 조사했는데 그중 "매우 그렇다"라고 대답한 교사의 비율은 37%였다. 다음은 이를 학교와 직급으로 나누어본 것이다.

<동아리활동 연간 계획을 매우 잘 지킨다고 응답한 비율>

구분	학교		직급	
	중학교	고등학교	관리자	교사
응답 비율	48.5	31	50	28.3

* 출처: 최은아(2013), 학교 동아리활동 활성화 방안에 관한 연구, p.83

37%의 교사가 "매우 그렇다"라고 응답했지만 구분해서 살펴보면 중학교보다는 고등학교가 낮고, 관리자 즉 교장, 교감 선생님보다 교사가 낮다. 교장, 교감 선생님들은 동아리활동을 지도하지 않는다. 따라서 동아리활동의 연간계획을 매우 잘 지킨다고 대답할 확률이 가장 낮은 집단은 고등학교에서 동아리활동을 실제로 지도하고 있는 교사들이다.

이승택(2013)은 『학교동아리』에서 3년 단위로 동아리활동을 계획하라고 충고하고 있다. 고등학교가 3년이니까 3년 단위로 계획하는 것이 더 효율적이라는 것이다. 3년을 통해 학생들이 성장할 수 있도록 지도해야 한다는 의견도 공감한다. 이유를 하나 더 추가하자면 3년을 생각하고 해마다 활동내용이 다르게 계획을 세우면 동아리 부원들의 학교생활기록부 기록 내용도 그만큼 더 다양해진다는 것이다. 향상되는 모습도 보이지 않은 채 비슷한 내용이 3년 동안 기록된 동아리활동 특기사항은 피해야 한다.

동아리활동을 계획할 때 학생들이 직접 참여하는 것이 좋다. 다음의 표는 현재 지도하고 있는 동아리 학생들을 관심 분야가 비슷한 친구들끼리 모둠을 만들게 한 후 지속가능발전을 주제로 각 모둠에서 진행하고 싶은 프로그램을 마련하게 지도한 것이다. 새로운 프로그램을 만들기보다는 창의인성넷(www.crezone.net)의 자료실에 게시된 프로그램을 자신들의 여건에 맞게 수정 보완해서 사용하라고 안내하였다.

〈학생들이 선택한 프로그램〉

연번	관심분야	프로그램	개발학교
1	경제, 무역	양극화와 공정무역	도농고
2	윤리	동서양 윤리사상가가 바라본 환경문제	서대전고
3	교육, 문화	대한민국은 다문화사회	미추홀외고
4	건축, 미술	지속가능발전 교실 디자인하기	인화여고
5	생물	자연사박물관에서 배우는 생물다양성	보문고
6	과학, 기술	적정기술을 探(탐)하다	보문고

모둠별로 계획한 내용을 다른 모둠원들과 지도교사의 피드백을 거쳐 보완했다. '양극화의 공정무역' 프로그램의 경우 공정무역에 대한 이론학습을 진행한 뒤 기존 프로그램에는 없는 공정무역마크 디자인하기를 실시할 계획이다. '대한민국은 다문화사회' 프로그램의 경우 다문화에 대한 토론학습을 진행하되 기존 프로그램보다 더 다양한 토론 자료를 활용할 계획이며, '자연사박물관에서 배우는 생물다양성' 프로그램의 경우 기존 프로그램을 가져오되 학교가 위치한 울산지역의 대표적인 동물인 고래를 적극적으로 활용할 계획이다. 교사가 혼자 프로그램을 마련할 때보다 학생들이 참여하면서 활동의 내용과 방법이 더 다양해지는 효과가 있었다. 이런 다양한 활동은 동아리활동 특기사항에 기록되어 학생들의 진학에 도움을 줄 것이다.

2) 규칙과 역할

학교 동아리도 작은 사회라고 할 수 있다. 학생들은 활동 중간중간 희로애락을 경험하게 된다. 외적인 요인으로 인한 어려움은 견딜 수 있다. 문제는 내부에서 오는 갈등이다. 학기말이 되면 "저는 다른 동아리로 좀 가면 좋겠어요." 또는 "선생님, 동아리 좀 옮기고 싶은데요." 이렇게 불만을 호소하는 학생들을 만난다. 보기 싫은 사람 계속 보는 것도 고통이다. 진로와 적성이 맞지 않다면 그나마 다행이지만 부원들끼리 마음이 맞지 않다면 난감한 일이다. 불필요한 갈등을 사전에 막으려면 같이 동아리활동 규칙을 만드는 것도 한 방법이다.

〈동아리활동 규칙 정하기(예시)〉

구분	규칙사항
활동	- 전화번호나 연락처가 바뀌면 동아리 회장과 선생님에게 즉시 알린다. - 동아리활동 참가 시 학부모 동의서를 반드시 제출한다. - 활동에 참여 시에는 안전에 유의한다. - 자율적이고 책임감 있게 적극적으로 동아리활동에 참여한다. - 동아리 구성원으로서 목표를 가지고 성실히 활동한다. - 자신의 끼와 창의성에 도전한다. - 자율과 책임으로 즐겁게 생활한다. - 약속된 시간은 철저히 지켜야 한다.
예절	- 바른 언어를 사용하여 서로 인사를 주고받는다. - 선후배 간에 인사를 잘하고 친절하게 대한다. - 이성 간에 확실한 예의를 지키며 존중하고 상호 배려한다.
책임	- 동아리 회원은 자신의 역할분담에 충실하게 행동해야 한다. - 동아리 임원 및 구성원은 각자의 역할을 충실히 수행한다.
관리	- 동아리실은 정해진 시간에만 사용하며 동아리 구성원과 동아리 졸업생 외에는 선생님의 허락 없이 출입할 수 없다. - 동아리실에는 지도교사 허가 없이 출입을 제한한다. - 시설물을 아껴서 사용하여야 하며 청결해야 한다.
기록	- 각종 활동을 창의적 체험활동 종합지원시스템(에듀팟)에 평소에 기록하도록 한다. - 각종 행사 사진은 행사 1주일 후 동아리 전용 웹하드에 저장하여 개별적으로 다운로드 받는다. - 각종 자료는 서로 공유하고 제공한다.

* 출처: 부산광역시교육청(2014), 동아리활동 길라잡이, p.29

위에서 제시된 내용은 어디까지나 예시에 불과하다. 동아리마다 얼마든지 달라질 수 있다. 동아리들이 정해야 할 규칙 중에 가장 중요한 것은 불성실한 학생에 대한 처분이다. 지각이나 결석을 한 학생들에 대한 처벌 규정을 정하는 것이 필요하다. 외부활동을 하려고 약속을 정했는데 한 명이 안 와서 전체가 기다리는 일이 생기지 않아야 한다. 지각이나 결석의 횟수에 비례해서 처벌도 만들어야 한다. 활동 준비를 소홀히 한 학생에 대한 처벌 규정을 정해야 한다. 발표할 학생이 준비를 해오지 않아서 전체 학생이 당황하는 일이 없어야 한다.

구성원들의 역할이 명확할수록 동아리활동도 원활하다. 역할을 정하려면 당연히 직책이 있어야 한다. 일단 동아리 회장, 부회장은 모든 동아리에 있는 직책이다. 수시모집이 중요해지면서 동아리 회장 선거도 치열해졌다. 리더십, 전공역량, 창의성 등 좋은 것은 다 보여줄 수 있으니 역량이 된다면 주저하지 말고 동아리 회장에 도전하는 것도 적극성을 보여주는 계기가 된다.

동아리 회장, 부회장에게 역할이 집중되는 것을 경계할 필요가 있다. 동아리가 잘 안되고 있다는 반증이다. 이끄는 사람은 힘들고 따라가는 사람도 즐겁지 않다. 동아리활동 직책에는 정해진 규칙이 없다. 역할이 명확하면 얼마든지 직책을 만들 수 있다. 재정을 관리하고 부원들 생일을 챙겨주는 총무, 동아리활동 결과를 카페에 올려주는 서기, 동아리 봉사활동 터전을 찾고 활동을 준비하는 봉사부장, 활동 관련 교육 자료를 준비하는 교육부장 등 동아리활동의 특성에 따라 다양한 직책을 만들어야 한다. 프로젝트별로 팀장이나 조장을 정해도 좋다. 동아리 부원 전체가 직책을 가지기는 힘들다. 하지만 부원들 각자 맡은 역할이 있고, 동아리활동 특기사항란에 그것이 구체적으로 드러나도록 활동해야 한다는 점을 명심해야 한다.

3) 학교의 지원

신입생 선발 방법으로 학생부종합전형의 영향이 커질수록 충실한 동아리활동에 대한 학생과 학부모님들의 요구도 커진다. 당연히 이런 요구에 효과적으로 답을 주는 학교가 그 지역의 명문고로 자리 잡을 것이다. 학생들이 만족할 수 있는 동아리활동을 위해 학교는 많은 준비를 해야 한다.

우선 동아리활동 시간 편성을 잘 해야 한다. 창의적 체험활동의 각 영역별 시간 배정은 학교마다 다를 수 있다는 점을 앞에서 밝혔다. 충분한 동아리활동 시간을 편성하기 위해 노력해야 한다. 이 과정에서 중요한 사람은 바로 학교의 교장, 교감 선생님이시다. 최은아(2013)는 교장, 교감 선생님 즉 관리자의 마인드가 전반적인 동아리활동 편성에 영향을 미치는지 조사했는데 설문 참여 유형별로 "매우 그렇다"고 응답한 비율은 다음과 같다.

〈동아리활동 편성에서 관리자의 마인드가 매우 중요하다고 응답한 비율〉

참여유형별		
관리자	교사	학생
39.5	62.3	50

* 출처: 최은아(2013), 학교 동아리활동 활성화 방안에 관한 연구, p.57

관리자의 마인드가 중요하냐는 질문에 "매우 그렇다"는 응답을 가장 적게 한 집단은 관리자 본인 분들이셨다. 겸손하신 것이다. 학생보다는 교사가 학교 사정을 더 잘 안다. 교사의 62.5%가 "매우 그렇다"고 응답한 것에 주목하자. 관리자는 배의 방향키를 잡고 계신 분이다. 조금만 돌려도 나중에는 큰 차이가 난다. 관리자 특히 어떤 교장선생님을 만나느냐가 중요하다.

둘째, 동아리활동 공간을 확보해야 한다. 과학실에 과학반, 영어실에 영어반, 수학실에 수학반, 방송실에 방송반, 도서관에 도서반, 상담실에 또래상담반은 대부분 인기가 많은 동아리들이다. 안정적인 활동장소를 확보한 동아리는 그냥 잘 된다. 적합한 활동장소가 없는 동아리는 동아리활동 시간에 보통 담당교사가 담임을 맡은 교실에 모인다. 교육과정에서 정해진 동아리 시간 이외에는 활동 공간이 없는 것이다. 따로 모일 때마다 메뚜기처럼 여기저기를 옮겨 다니는 학생들을 보면 미안한 마음이 든다. 이런 학생들이 안정적인 동아리활동에 참여할 수 있는 동아리활동 전용 특별실을 더 많이 만들자고 제안한다. 앞으로 이상적인 학교시설의 모델이 될 것이다.

셋째, 동아리활동 예산을 확보해야 한다. 동아리활동에 사용할 수 있는 예산의 종류와 내용은 다음과 같다.

〈동아리활동 예산 종류 및 내용〉

구분	내용
학교 내 예산	학교 예산에서 동아리활동 경비 편성
학교 외 예산	교육청 동아리활동 지원금 교육부, 여성가족부, 지자체 동아리활동 지원금 한국과학창의재단, YSC 지원금 각종 재단의 연구비 지원금 각 기업체의 사회 메시나 활용 삼성 꿈 장학재단(배움터 교육 지원 사업) 청소년 동아리 관련 전문 기관 및 단체

* 출처: 부산광역시교육청(2014), 동아리활동 길라잡이, p.15

학교 내 예산은 대개 동아리를 담당한 부서에서 각 동아리들의 예산을 모으고 조정해서 학교장에게 제출하면 학교운영위원회를 거쳐서 학교장이 결정한다. 학교의 예산 총액이 정해져 있다는 것을 알자. 동아리활동에 조금 더 쓰면 다른 예산을 줄여야 한다. 동아리활동에 예산을 더 집행하려고 자신이 신청한 예산이 삭감되면 좋아할 교사들이 있을까? 교사들 사이에서 갈등의 원인이 될 수 있다.

학교 외 예산을 끌어와서 동아리활동에 쓰는 교사가 많은 학교가 좋은 학교다. 해당지역 교육청부터 사설 재단까지 학생들의 동아리활동을 도와주려는 단체가 많다. 대개 공모의 형태로 계획서를 받아 최종 지원학교를 결정한다. 담당교사의 정보력과 기획력이 매우 중요하다. 활동을 마치면 회계가 포함된 활동보고서를 제출하는데 역시 담당교사의 몫이다. 학교 외 예산으로 동아리활동을 열심히 한 공로를 인정하여 담당교사의 업무를 경감해주는 학교는 드물다. 담당교사의 의지와 희생이 필요한 것이다. 어려운 환경 속에서 동아리활동에 열정을 쏟아붓는 교사들이 생각보다 많은 것은 행복한 일이다.

넷째, 동아리활동과 관련된 행사를 많이 만들어야 한다. 한때 크게 주목받지 못했던 교내 대회나 행사들이 이제는 학생들의 꿈과 끼를 보여줄 수 있는 절호의 기회가 되었다. 동아리활동과 관련된 대회로는 동아리활동 발표대회나 동아리활동 보고서대회가 있다. 물론 학교마다 이름과 방법은 약간씩 다를 수 있다.

동아리활동 발표대회는 동아리의 주요활동 내용에 대한 원고를 제출하고 PPT나 차트를 이용해서 심사위원 앞에서 이를 발표하는 행사이다. 발표인원에 제한이 있기에 동아리 회장이나 부회장이 중심이 되는 경우가 많다. 동아리활동 보고서대회는 학생 개인이 자기가 동아리에서 활동한 내용을 정리한 포트폴리오를 제출하면 심사를 통해 수상자를 결정하는 방식으로 진행된다. 관심이 있는 학생이라면 누구나 참여할 수 있다. 처음에는 활동정리를 잘하다가 갈수록 내용이 부실해지는 안타까운 학생들이 많다. 동아리활동 내용을 정리해두면 나중에 동아리활동 특기사항을 준비할 때 요긴하다. 뭐든지 끝이 좋아야 한다.

교내축제는 학생활동의 종합선물세트와 같다. 동아리 학생들은 부스운영을 통해 동아리활동의 결과를 보여줄 수 있고, 예능에 재능이 있는 학생들도 무대공연을 통해 자신의 존재감을 드러낼 수 있다. 학생회 임원들도 전체적인 행사를 기획하고 진행하며 소중한 경험을 가질 수 있다.

　최근 신문기사는 아니지만 축제가 가지는 의미가 잘 드러나 있는 동아일보 (2010년 06월 29일) 기사 중 일부이다.

> 축제를 즐겨라. 연극, 전시, 가요제…… 무엇이든 좋다. 대학입학사정관은 그 안에서 당신의 열정, 역량, 리더십을 발견한다.
>
> (하략)

○ 리더십 어필의 기회

　축제는 리더십을 드러낼 절호의 기회다. 동아리 부장, 학급반장, 전교회장이든 상관없다. 단, 창조적으로 기획하고 추진하는 리더십을 발휘하는 것이 핵심. 최 양의 동아리는 해마다 사진전을 해왔다. 하지만 축제 때 전시할 생각은 못했다. 최 양은 축제 때 사진전을 하면 효과적으로 동아리의 활동을 알릴 수 있겠다고 판단하고 추진했다. 최 양의 표현을 빌리자면 '생각대로 밀어붙였던' DMZ 사진전은 청심국제고의 축제를 찾은 많은 학부모와 학생에게 좋은 평가를 받았다.

　축제 때 발휘했던 리더십은 대입 입학사정관전형에서 어필할 수 있다. 올해 성균관대 공학계열에 리더십전형으로 합격한 정ㅇㅇ씨(19) 서울 ㅇㅇ고 전교회장이였던 그는 참여율이 낮았던 축제를 활성화하기 위해 차별화된 축제를 기획했던 경험을 자기소개서에 담았다.

　정 씨는 "고등학교 시절 무엇이 가장 기억에 남느냐고 누가 물으면 공부에 대한 기억 외에 열정을 쏟았던 다른 무엇을 대고 싶었다"고 말했다. 그는 가장 인기 있는 순서 중 하나인 가요제의 변신을 시도했다.

　이전까지는 교내에서 원하는 학생이라면 누구나 가요제에 참가할 수 있었다. 정 씨의 생각은 달랐다. 성의 있는 공연을 보여주는 것이 중요하다고 생각했다. 그는 서울지역 전교회장단을 통해 다른 학교의 유명한 밴드부, 힙합댄스부 등을 조사해 일일이 연락했다. 교내외 지원자 모두 공정하게 오디션을 거쳐 선발했다. 여기에 아이디어를 더했다. 축제 당일 수백 명의 관객이 한 팀의 공연이 끝날 때마다 직접 점수를 매긴 카드를 들어보이도록 한 것. TV 프로그램에서 인기 있는 '쇼 서바이벌' 방식을 도입한 것은 큰 호응을 끌어냈다. 정 씨는 "즐거운 축제를 위해 발로 뛰니 함께 일하는 친구들과 팀워크가 매우 좋아졌고 불가능해 보였던 일들이 해결됐다”고 말했다.

○ 문제해결력 어필의 기회

축제를 특정 분야에 대한 열정을 발견하고 드러낼 기회로 삼을 수 있다.

한국예술종합학교(한예종) 연기과 새내기인 장햇살 씨(19·여). 평소 연기에 관심이 있었던 장 씨는 고2 축제 때 창작극 ‘황소와 오토바이’에 조연으로 출연해 인상적인 연기를 펼쳤다. 장 씨는 “연극은 해봤지만 축제 전까지 관객을 경험했던 적은 없었다”면서 “친구, 선생님들 앞에서 연기하면서 정말 즐거워하는 내 모습을 발견했다”고 했다.

무대 위는 연습실과 달랐다. 조명 아래서 관객들의 눈빛을 하나하나 느끼는 자신의 모습을 보면서 자신감을 얻었고 “감동적인 연기였다”는 칭찬이 쏟아졌다. 내신 성적 상위권에 모의고사도 1, 2등급이었던 장 씨는 이때부터 본격적으로 연기를 준비했고 특별전형으로 합격했다. 장 씨는 “대학입시에 대한 압박이 강했지만 축제를 통해 공부만 하는 줄 알았던 나와 친구들의 다른 모습과 끼를 발견할 수 있었다”고 말했다.

축제는 학생들이 주체적으로 기획하고 준비하는 것인 만큼 시행착오가 따를 수밖에 없다. 이때 입학사정관들이 주목하는 것은 바로 ‘문제해결력’이다. 평가자들은 결과만큼 문제 상황을 어떻게 해결했는지 주목한다.

성균관대 공학계열에 리더십 전형으로 합격한 정00씨는 축제를 기획하면서 준비해야 할 것이 너무 많아 우왕좌왕했다. 선배에게 조언을 구하고 서울지역 전교학생회장 모임에 가입해 다른 학교의 장점을 벤치마킹했다. 정 씨는 이런 경험을 성균관대 리더십전형의 자기소개서에 “기획, 준비, 집행 등 1인 다(多)역을 하면서 각 단계에서 필요한 자질이 무엇인지, 일을 효과적으로 진행하기 위해 핵심적으로 해야 할 일이 무엇인지 알게 됐다”고 썼다.

입학사정관은 정 씨에게 ‘축제를 준비하면서 갈등이나 힘든 일은 없었는지’를 물었다. 정 씨는 “동아리마다 축제 때 더 돋보이고 싶기 때문에 자리배치나 프로그램 시간 분배에 갈등이 있었다. 저마다 자신의 공연이 최고이기 때문에 우선권을 달라고 주장해서 심사기준을 만들어 오디션을 봤다. 겨뤄보고 서로의 실력을 인정하라는 의미였다. 여름방학 내내 일주일에 두 번씩 동아리 부장들과 전체 모임을 갖고 대화하면서 의견대립을 줄여갔다. 선생님, 친구들 사이에서 성공적인 축제라는 평가를 들었다"고 답했다.

축제를 책임지는 역할을 맡거나 주목을 받는 무대에 올라간 학생에게만 축제가 의미 있는 행사라고 생각하면 곤란하다. 어떤 역할을 맡아서 어떻게 준비했더니 어떤 결과가 나왔으며 그 속에서 무엇을 배우고 느꼈다는 스토리가 만들어진다면 누구에게나 축제는 소중한 경험이다. 당연히 학교는 학생들에게 그런 경험의 기회를 제공할 의무가 있다.

다섯째, 동아리활동과 관련된 학교장상을 많이 만들어야 한다. 네 번째 항목인 동아리활동 관련 행사나 대회와 밀접하게 관련된 내용이다. 사교육 경감을 위해 외부상의 중요성이 떨어지면서 학교마다 경쟁적으로 교내상을 만들고 있다. 정말 잘하고 있는 것이다. 최은아(2013)는 교내상이 동아리활동에 미치는 영향을 조사했는데 학교별 그리고 설문 참여 유형별 "매우 그렇다"고 응답한 비율은 다음과 같다.

〈학교장 시상이 동아리활동에 매우 큰 영향을 준다고 응답한 비율〉

구분	학교별		참여유형별		
	중	고	관리자	교사	학생
비율	42.6	49.5	47.4	41.5	53.1

* 출처: 최은아(2013), 학교 동아리활동 활성화 방안에 관한 연구, p.79

누가 가장 절실하게 상을 원하고 있을까? 중학교는 42.6%이고 고등학교는 49.5%이다. 고등학교가 더 절실하다. 그리고 참여유형별로는 관리자의 47.4%, 교사의 41.5%, 학생의 53.1%가 학교장상이 매우 중요하다고 응답했다. 종합해보면 동아리활동 관련 학교장상을 가장 원하는 집단은 고등학교 학생들인 것이다. 학생부종합전형에서 수상경력과 동아리활동이 모두 중요하니 당연한 결과이다.

학생들의 요구에 반드시 학교가 응답할 필요성이 있다.

4) 봉사활동과 연계

내신 관리부터 출결 관리, 수상 관리, 동아리활동 관리, 과목별 세부능력 및 특기사항 관리, 진로희망사항 관리, 독서활동상황 관리까지 고등학생들은 이미 바쁘다. 이런 학생들에게 개인 봉사활동 시간까지 알아서 채워오라고 말하는 것은 잔인한 일이다. 창의적 체험활동의 네 가지 영역 중 봉사활동과 연계하기 가장 좋은 것이 바로 동아리활동이다. 봉사활동까지 함께 해결할 수 있는 동아리는 해마다 신입생들이 몰리는 알짜 동아리이다.

동아리활동을 봉사활동과 연결하는 방법은 두 가지가 있다. 첫째, 교내 봉사활동을 동아리 부원들이 함께하는 것이다. 예를 들어 도서반 부원들은 동아리활동 시간 외에도 개인적인 시간을 희생하며 점심시간에 도서관을 관리한다. 학교로서는 고마운 일이니 교내 봉사활동으로 인정해주겠다는 것이다. 보통 부원들의 활동 시간을 1년 단위로 계산해서 연말에 교내 봉사활동 시간을 부여한다. 둘째, 개인 봉사활동을 동아리 부원들이 함께하는 것이다. 동아리 부원들이 가진 역량을 지역사회를 위해서 쓰는 재능기부의 형태가 되면 가장 이상적이다. 과학반 부원이면 과학관 해설도우미나 과학부스 운영도우미로 활동할 수 있고, 영어반 부원이면 가까운 지역아동센터 어린이들에게 영어를 가르칠 수 있을 것이다.

동아리 부원들이 봉사활동을 함께 가기로 결정했다면 봉사활동 대상과 장소를 찾는 일이 남았다. 동아리 선배들이 봉사활동 터전을 미리 만들어놓았으면 다행이다. 감사하는 마음으로 숟가락만 얹으면 된다. 정해진 봉사활동 터전이 없는 동아리들은 이제 어려움이 시작된 것이다. 우리 동아리도 봉사활동을 하겠다고 선언만 한다고 될 일이 아니다. 세상은 넓고 봉사활동 장소는 많다. 그리고 봉사활동을 하겠다고 매달리는 동아리들은 더 많다. 우리나라에는 국민들의 봉사활동을 돕겠다고 나선 행정부처가 세 곳이나 있다.

〈봉사활동 인증기관〉

사이트 이름	주소	소속
청소년자원봉사시스템(Dovol)	dovol.youth.go.kr	여성가족부
사회복지자원봉사인증관리(VMS)	www.vms.or.kr	보건복지부
1365자원봉사포털	www.1365.go.kr	행정자치부

영어동아리 학생들이 교육봉사를 한다고 가정하고 봉사활동 터전을 찾아보자. 다음은 사회복지자원봉사인증관리(VMS) 사이트에서 '참여마당'의 '자원봉사모집'을 클릭한 후 검색 조건을 '영어'로 하고 검색을 실행한 화면이다.

〈VMS 사이트의 자원봉사자 모집 화면〉

영어학습을 지도해줄 수 있는 자원봉사자를 찾는 내용이 나타난다. 어린이들에게 영어를 지도해줄 자원봉사자를 구하는 곳은 지역아동센터일 경우가 많다. 먼저 서울, 경기 등 광역 지역을 확인한 후 '봉사명'을 클릭해보자. 개인정보유출 관계로 사진 없이 말로 설명하니 이해해주시길 바란다. 대전 중구와 같이 더 구체

적인 지역, 봉사 장소, 봉사 대상자, 요청인원, 활동분야, 활동주기, 활동기간, 봉
사 상세내용, 담당자 연락처 등이 나온다. 특히 화면 하단에 있는 지원 자격을 유
심히 보자. 봉사활동 터전에서는 성인이나 대학생을 선호한다. 고등학생은 역량
이 부족하고 시험기간에는 봉사활동에 참여할 수 없어서 활동의 연속성도 떨어진
다고 판단하는 것이다. 일단 봉사활동 터전과 연결되면 동아리 부원들 하나하나
가 활동에 진정성을 가져야 한다.

동아리가 봉사활동을 하겠다고 먼저 나설 수도 있다. 다음은 사회복지자원봉사
인증관리(VMS) 사이트에서 '참여마당'의 '봉사활동신청'을 클릭한 후 검색 조건
을 '동아리'로 하고 검색을 실행한 화면이다. 봉사활동에 적극적으로 나선 동아리
들이 보인다.

〈VMS 사이트의 봉사활동 신청 화면〉

자원봉사자 모집과는 반대의 상황이라고 보면 정확하다. 지역아동센터와 같이
자원봉사자를 구하는 봉사활동 터전에서는 먼저 광역 지역을 확인한 후 '봉사명'
을 클릭할 것이다. 봉사지역, 활동분야, 활동주기, 활동기간, 상세내용을 읽어보고

자신들이 원하는 자원봉사자라는 판단이 들면 봉사활동에 참여해달라고 요청할 것이다. 봉사활동을 신청할 때 상세내용을 잘 써야 한다. 가령 지역아동센터에서 교육봉사활동에 참여하고 싶다면 아이들과 함께할 수 있는 매력적인 프로그램을 구체적으로 만들어 실행하는 것도 좋은 방법이다.

5) 외부의 지원

학교는 당연히 학생들의 동아리활동을 도와야 한다. 다행히 학교 밖에도 도와 주려는 곳은 많다. 우선 가장 큰 우군은 교육청이다. 교육청이 동아리 관련 사업을 펼칠수록 해당지역 학생들의 학생부가 풍성해진다. 뉴시스(2015년 4월 29일)는 서울시교육청이 '2015 학교협동조합 등 사회적 경제동아리 공모'를 통해 20팀(초등학교 3팀·중학교 5팀·일반고 10팀·특성화고 2팀)에 100만 원을 지원했다고 전했다. 역시 뉴시스(2015년 12월 6일)에 울산시교육청이 울산과학관 빅뱅홀과 코스모스 갤러리에서 '제1회 울산 학생저자 책 축제'를 열어 초중고 학생 책 쓰기 동아리의 활동 결과물인 책 377편을 전시했다는 기사가 나왔다. 어떤 형식이든 전국의 모든 교육청은 동아리활동 지원사업을 진행한다. 대부분 공모의 형식이므로 도전하지 않으면 지원도 없다.

둘째, 공공성을 갖춘 외부 기관들이다. RCY와 같은 청소년단체들은 이미 각 학교마다 정규동아리로 활동하고 있다. 월드비전, 기아대책, 한국 JTS 같은 구호 단체들은 학교동아리들과 연계하여 봉사활동이나 세계시민교육을 진행하기도 한다. 동아리활동에 가장 많은 도움을 줄 수 있는 기관은 청소년활동진흥원 및 진흥센터 그리고 한국과학창의재단이다.

청소년활동진흥원은 중앙에 청소년활동진흥센터가 각 지역에 있다. 이름부터 어른은 안 된다고 선언한 청소년활동의 대표적인 조력기관이다. 청소년활동진흥원 사이트에서 '청소년활동검색'을 클릭하고 '내게 맞는 활동 찾기'에서 참가대상을 '단체'로 지역을 '서울'로 연령을 '고등학생'으로 입력하고 검색을 진행한 모습이다.

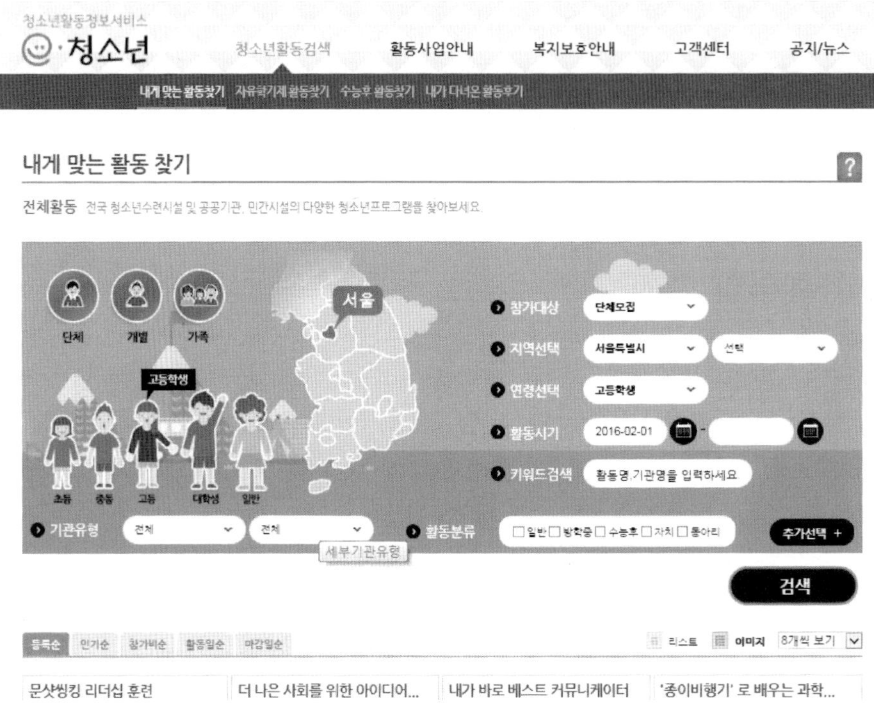

〈한국청소년활동진흥원 사이트에서 청소년활동 검색〉

리더십 훈련, 커뮤니케이션 능력 개발, 종이비행기로 배우는 과학까지 다양한 프로그램이 나온다. 주로 강사가 해당 학교로 직접 와서 프로그램을 진행하며 대학생 멘토가 강사인 경우 별도의 비용이 들지 않는 장점도 있다. 자신이 활동하고 있는 동아리와 관련된 프로그램이 있으면 학교로 초청해도 좋고 활동의 아이디어만 가져와서 동아리활동 시간에 적용해보아도 좋겠다. 청소년활동진흥센터는 조금 더 지역밀착형으로 운영된다. 울산 청소년활동진흥센터의 경우 'Yes울산 청소년리더십동아리'를 모집한다. 리더십동아리로 선정되면 센터는 각 동아리들이 지역사회변화를 위한 활동을 진행하는 모든 과정을 돕는다.

동아리활동의 아이디어를 가장 많이 얻을 수 있는 곳은 한국과학창의재단이다. 과학에 관심이 있는 학생들은 이미 친숙한 기관이다. 대한민국과학창의축전 개최, 지역과학축제 개최 지원, 청소년과학탐구반(YSC) 지원, 생활과학교실 운영, 과학중점학교운영 지원, 과학영재교육기관 지원, 수학교육선도학교 운영, STEAM

R&E 지원 등을 책임지는 기관이다. 과학동아리 활동이 활성화된 학교는 어떤 형태로든 한국과학창의재단과 인연이 있을 것이다. 이름에 다시 주목해보자. 한국과학재단이 아니라 한국과학창의재단이다. 동아리활동의 상위 영역인 창의적 체험활동에 나오는 바로 그 창의! 과학에 관심 없으니 우리 동아리와 관계없다고 지나치지 말고 한국과학창의재단에서 운영하는 창의인성교육넷(크레존)에서 동아리활동의 다양한 아이디어를 찾아보자. 크레존에서 '창의체험활동'을 클릭하면 나오는 '창의체험자원', '창의체험 프로그램', '창의체험 수업모델', '역사체험 프로그램' 등에서 동아리활동의 유용한 정보를 찾아보자. '창의체험 수업모델'은 권역별로 제시되는데 다음은 고등학생용 수도권 창의체험 수업모델을 선택한 화면이다.

〈크레존의 창의체험 수업모델〉

윤동주문학관과 관련된 내용이 보인다. 교과연계 체험으로 계획된 수업모델이지만 문학과 역사에 관심 있는 동아리라면 참고할 만한 자료이다. 화면 하단에는 한글파일로 된 지도안이 있다. 사전 활동, 본 활동, 사후 활동은 물론이고 심화 활동까지 윤동주문학관과 관련해서 할 수 있는 다양한 아이디어로 가득하다. 사전, 사후 활동지까지 친절하게 첨부되어 있다. 그대로 따라 해도 좋고 동아리 여건에

맞게 변형하면 더 좋다. 윤동주문학관 이외에도 다양한 분야의 프로그램이 있으
니 각자의 동아리에 적합한 내용을 찾아서 활용할 필요가 있다.

동아리 담당교사들도 크레존에 더 많은 관심을 가지시면 좋겠다. 크레존에서
'창의교육'을 선택하면 '지속가능발전교육 교사연구회', '창의체험자원 교사연구
회', '창의 인성 수업연구회'가 나온다. 공모의 형식으로 진행되므로 자신이 맡고
있는 동아리와 관련된 분야에 도전해보시기를 권한다. 2015년 창의체험자원 교사
연구회에 선정되어 동아리 학생들과 프로그램을 만든 경험을 말씀드리면 지원받
은 500만 원으로 학생들이 하고 싶은 것 하고 가고 싶은 곳 가면서 좋은 기회를
가졌다는 것이다. 공모에 지원할 때는 여러 명이 팀을 구성해야 하니 주변에 뜻이
맞는 교사들과 네트워크가 잘 되어 있으면 편하다는 점도 알아두어야 한다.

6) 동아리의 벤치마킹

변화의 아이디어는 어디에서 가져올까? 잘 하는 동아리를 벤치마킹하면 된다.
그러나 같은 학교 안에서 잘 하는 동아리는 큰 도움이 안 된다. 토론반이 잘 안된
다고 같은 학교 과학반 활동을 따라할 수는 없다. 다른 학교로 눈을 돌려야 한다.

가장 편하고 빠르게 자신이 속한 동아리활동의 아이디어를 얻는 방법은 인터넷
에 있다. 스마트폰이 있으면 내 손 안에 있는 것이다. 에듀동아는 명문고 우수동
아리 탐방을 싣고 있고 내일신문에도 꾸준히 모범적인 고등학교 동아리활동이 연
재되고 있다. 그마저도 찾기 싫으면 그냥 검색창에 영어반이면 영어동아리, 과학
반이면 과학동아리라고 입력하고 검색을 누르면 된다. 다음은 인터넷 검색창에서
토론동아리라고 입력하고 검색을 실행한 결과를 통해 찾은 정보이다. 경기교육신
문(2016년 2월 22일)에 실린 세마고등학교 토론 자율동아리에 '다랑소울'에 관한
내용 중 일부를 소개한다.

> 다랑소울은 매주 목요일 야자시간을 활용해 활동하는데 대학생 토론 멘토
> 수업, 즉흥토론, 각종 교내외 토론대회 출전, 오산시 토론리그 초등부 심사
> 등의 활동을 하고 있다. 토론 실력을 길러나가며 우수한 성과를 올리는 것

은 물론이고 부원들의 친목 또한 도모하고 있다.

지난 1년 동안 다룬 토론주제를 나열해보면 ▲ 문·이과 통합, 실행되어야 하나 ▲ 슬럼가 관광에 있어 실보다 득이 큰가 ▲ 어린이집 CCTV 설치를 의무화해야 하는가 ▲ 저체중 모델의 활동을 제한해야 하는가 ▲ 동성결혼을 합법화해야 하나 ▲ 본 의회는 인공지능 로봇에게도 법적 권리를 부여할 것을 제안한다 ▲ 본 의회는 한·중·일 공동 역사교과서의 발간을 제안한다 ▲ 본 의회는 교육감 선거 시 청소년에게 투표권을 부여할 것을 제안한다 ▲ 법정 최고 금리를 25%로 인하해야 하는가 ▲ 영어 절대평가를 도입해야 하는가 ▲ 부유세를 우리나라에 도입해야 하는가 ▲ 자식은 부모의 범죄사실을 알려야 하는가 ▲ 통일 교육에 대한 고찰 등 20개가 넘는다.

(중략)

더욱 괄목할 만한 일은 용인외대부고, 민사고, 상산고, 청심국제고 등 특목고들이 참가한 전국대회에서 3년 연속해서 당당히 1위를 차지했다는 점이다. 그렇다고 다랑소울이 대회에만 출전하는 딱딱하고 지루한 동아리는 결코 아니다. 학교 축제에서도 최고의 동아리답게 '부스 방문객 1위'라는 기록도 세웠는데, 토론의 필수 자질인 말하기·듣기·쓰기를 활용한 '귀신의 집-학교 편'을 운영해 폭발적인 인기를 모았다.

내년에는 진로와 관련된 활동도 펼쳐나갈 생각이다. 본인의 진로와 관련된 주제를 각자 선정해 의견을 나누고 토론할 예정인 만큼 학교생활기록부 기록에도 좋은 동아리이다.

다랑소울 부원들을 흔히 '다랑이'라 부른다. 나는 지난 한 해 동안 제5기 다랑이로서 수상, 실력, 친목이라는 세 마리 토끼를 다 잡을 수 있었다. 올해 6기 다랑이도 잘 뽑아서 다랑소울의 전통을 쭉 이어나갔으면 좋겠다.

동아리에 소속된 학생이 학생기자가 되어 쓴 내용이다. 동아리활동 내용, 토론주제, 수상경력, 축제관련 아이디어, 진로와 연계한 활동까지 알짜 정보를 독자에게 주고 있다. 남이 잘하는 것을 보면 따라 하기 전에 포기하고 싶은 마음이 먼저 생긴다. 움츠리지 말자. 다랑소울처럼 전국대회에 나가서 일등을 할 필요는 없다. 벤치마킹의 핵심은 자신을 업그레이드시키는 것이다. 변화하는 과정에서 배우고 느끼며 성장하면 된다. 그리고 그것이 구체적으로 학교생활기록부에 기록되면 끝이다.

03 동아리 조직과 운영사례

1) 동아리 조직

동아리 구성원은 창의적 체험활동 동아리 시간에 활동이 용이하도록 보통 한 개의 반을 구성해야 하므로 1학년부터 3학년까지 1개의 반이 형성될 수 있도록 학년별로 10~12명 이내가 가장 적합하다. 동아리 조직은 신입생 모집을 위한 동아리 홍보, 면접 및 선발 순으로 진행된다. 그럼 과학동아리의 실제 구성과정을 사례를 통해 알아보기로 하자.

가) 동아리 홍보 및 지원

학기 초 3월 첫째 주에 신입생이 입학하고 보통 둘째 주부터 동아리 홍보를 통해 동아리 신입생을 모집하게 된다. 동아리 홍보는 동아리 선배들이 1학년 교실을 돌아다니며 홍보를 통해 모집하는 방법도 있지만 동아리 홍보를 위해 따로 시간을 배정하여 1학년 전체를 대상으로 강당 등에서 홍보를 하는 것이 좋다. 교실마다 돌아다니며 홍보를 하는 경우 전통이 있고 선배들이나 지도교사가 열의가 있는 동아리의 경우 홍보가 잘 되지만 신생동아리나 지도교사가 없거나 관심이 없는 동아리의 경우에는 홍보가 제대로 이루어지지 않는다. 그리고 비슷한 동아리를 비교하면서 선택하기 어렵기 때문에 학연이나 지연 등으로 신입생이 선발될 수 있다. 따라서 동아리 홍보는 학교 차원에서 3월 둘째 주에 방과후나 창의적 체험활동 시간을 할애하여 모든 동아리에 홍보 기회를 제공하여 신입생들이 자신의 진로에 맞는 동아리를 객관적으로 선택할 수 있도록 기회를 제공해주어야 한다.

동아리 홍보 전에 먼저 학교에서 동아리활동의 중요성과 동아리 선택이 진로에 어떤 영향을 미치는지에 대해 교육을 시키는 것이 좋다. 이때 앞에서 언급했듯이 동아리의 종류에는 어떤 것이 있으며, 이들 동아리활동의 세부 영역과 각 영역별 대표적인 활동 내용은 무엇이 있는지 한눈에 알아볼 수 있는 표를 제작하여 신입생들에게 제공해주는 것이 좋다. 다음의 표는 삼일여자고등학교 동아리 소개를 위한 실제 사례이다. 1차로 희망은 면접이 없는 동아리 지원을 받고, 2차 희망조사에서는 동아리 면접에 탈락한 학생들을 위주로 조사를 한다.

동아리활동 부서개설 현황 및 희망조사서 (1차)

학교에서 운영할 동아리활동 부서를 여러분의 희망에 따라 정하려고 합니다. 여러분이 희망하는 동아리활동 부서를 아래에 제시된 활동부서에서 선택하여 희망하는 부서의 부장에게로 제출해주십시오.

영역	동아리 명	활동내용	비고
학술	가이아	천체관측 및 과학 봉사활동	2-2 000
	가이아 3	천체 관측 및 지구환경에 관련된 활동	3-4 000
	효원	시사 경제 토론 및 발표, 각종 봉사활동 참가	2-8 000
	SSC	STEAM 활동, 과학축전 및 과학전람회 등 다양한 행사 운영	2-5 000
	시사회	시사토론 및 현장견학	2-1 000
	SSCI	발명반	2-4 000
	VANK	사이버외교사절단으로 모의 UN대회를 개최	2-4 000
	도서반	도서관 관리 및 운영	2-8 000
	MATH-AGE	수학축전 도우미활동, 교내 수학한마당 도우미활동	2-4 000
	독서토론 書林	토론을 통해 다양한 지식과 정보를 재구성, 문제해결력 신장	2-8 000
	수리연구회	수능에 출제되는 수학문제의 유형을 분석하고 해결방법을 모색	000선생님

영역	동아리 명	활동내용	비고
학술	발가대	고적답사 동아리로 고대에서 현대까지 주요 역사 유적지를 답사하여 역사에 대한 안목과 예술적 심미안을 기르고, 여행과 동아리활동을 통해 창의성 신장 및 공동체 의식 향상. 평소 1일 답사를 진행하고, 여름 겨울 방학에는 1박2일, 2박3일 답사를 진행	2-8 000
	JTS	지구환경지킴이(환경문제 인식교육, 빈그릇 운동), 나눔과 봉사 실천(JTS거리 모금 캠페인 참여 및 기부활동), 통일교육 등	2-10 000
	S.E.A	영어학습력 신장을 위한 학습활동. 자신의 진로와 연관된 독서활동을 통한 영어독서감상문 작성하기, 선암아동센터 정기 교육 기부 봉사활동	2-1 000
	TV로 보는 역사탐구토론반	수업시간에 다루었던 역사적 사실 및 사건 중 심화적인 내용이 담긴 동영상을 시청한 후 역사에 대한 지식을 토대로 토론활동	000선생님
	신문으로 보는 우리 세상	nie활동을 통해 시사적인 내용에 깊이를 더하고 대학진학에 관련한 면접대비 지식을 넓이는 데 목적이 있음	000선생님 (3학년만)
	유네스코	지속가능 발전, 공정무역, 모의 유엔 등	2-1 000
문화 예술	함초롬	교지 및 신문 제작	2-7 000
	서예교실	서예의 기초 이론 및 실습	2-3 000
	VIEW	교내 댄스동아리	2-6 000
	방송반(한울)	각종 학교행사와 관련한 방송보조	2-8 000
	HOLIC	대중가요 편곡해서 부르기, 악기배우기	2-10 000
	G-pro	컴퓨터 구조 파악 및 간단한 프로그램 만들기	2-2 000
	바로찬글	다양한 책을 읽고 문학 창작 활동(시, 소설, 수필 등 창작)을 하며 결과물을 모아 책자 발간	000선생님
	온비	만화 창작활동을 통한 창의력 신장	2-7 000
	배동	다양한 미술작품 창작활동 및 교내외 미술관련 봉사활동	2-6 000
	보드게임	폰으로 하는 게임이 아닌 사람과 사람사이를 이어주는 보드게임 활동	000선생님
	DECO I	powerpoint를 차근차근 배워서 여러 스킬들을 익히며, 스스로 주제를 정하고 발표활동	2-7 000
	펜글씨반	펜글씨를 통하여 심신의 안정과 집중력, 자신을 표현하는 방법을 배움	000선생님
	요가와 명상	명상음악과 함께 요가 동작을 배움으로써 몸과 마음의 긴장 완화에 도움을 주도록 함	000선생님
	사진반	사진촬영	000선생님
	Arin(아린)	건축에 대한 기본지식을 바탕으로 만들어진 원리를 이해하고 감상함	2-1 000
	영따라	시놉시스를 짜고, 시나리오를 작성하고, 콘티를 작성하고, 영화를 촬영하고, 편집하여 상영하는 동아리로 울산 청소년영상제 출품, 학교홍보영상 제작 등 실질적으로 영화를 만드는 활동	2-6 000

영역	동아리 명	활동내용	비고
실습 노작	연	만들기 동아리(생활소품 등)	2-1 000
	플라이트	승무원아카데미	000선생님
	보건반	기본간호 소개, 간단한 응급처치법 습득, 보건교육 (비만예방, 금연, 금주, 건강관리 등)	2-7 000
	씨밀레	지역아동센터/요양원 봉사활동 및 기타 캠페인활동	2-9 000
	가온	또래들의 고민을 함께 고민하면서 스스로가 해결할 수 있도록 도와주는 활동	2-8 000
	에포크	선암노인복지회관과 연계된 봉사활동/주로 주말을 이용하여 활동함	2-9 000
	S.A.W	유기견 보호 및 실태조사 봉사활동	2-3 000
	캘리아트	캘리그래피 연구 실습활동을 통해 아름다운 인성을 기름	000선생님
	가정과 동아리	가정교과에서 이루어지는 다양한 실기등을 실습함 (요리, 바느질, 비즈, 비누공예 등)	000선생님
스포츠	역도반	본교 교기종목인 역도경기에 대해 알고 이해할 수 있는 직간접인 활동	000선생님
	민턴사랑	실내에서 재미있고 즐겁게 배드민턴 기술을 익히고 실력을 향상	000/000 선생님
청소년 단체	RCY	청소년적십자 단원으로서 적십자 운동의 기본원칙을 생활 속에서 실천하기 위하여 노력	2-3 000
	스카우트	체험활동 하이어드벤처, 울산스카우트과학축제, 한국잼버리 참가 봉사활동 스카우트 활동 시에 각종 도우미 활동 참가	000선생님
	한별단	자매결연단체인 태연재활원을 방문하여 장애우들과 함께 생활함 행복한 학교 만들기 캠페인에 참가함	2-1 000
	해양소년단	고무보트 운영법 및 고래서식지 탐사, 태화강 주변 정화활동 및 해양탐구교육, 인명구조법	000선생님

....

【참고사항】

1. 자기의 능력과 특기, 장래의 희망 등을 생각하여 위의 부서 중 선택해 주십시오.

2. 1차 (3/9~11) 모집 후에도 동아리 부서가 미정인 학생은 희망하는 부서 중 인원이 작은 부서로 배정할 것이니 신중을 기하여 각 부서 부장에게 제출바랍니다.

3. 신설 부서는 각 담당부서 선생님께 제출바랍니다.

.... 절 .... 취 .... 선 ....

신설 동아리활동 희망 지원

희망부서	학년	반	번호	이름

동아리활동 부서 희망조사서 (2차)

학교에서 운영할 동아리활동 부서를 여러분의 희망에 따라 정하려고 합니다. 여러분이 희망하는 동아리활동 부서를 아래에 제시된 활동부서에서 선택하여 제1희망, 제2희망, 제3희망의 순으로 빈칸에 동아리활동 부서명을 기록해 주십시오.

※ 희망 부서를 쓰기 전에 반드시 참고사항을 잘 읽어 보고 기록해 주십시오

2000년 0월 0일

00고등학교장

【동아리활동 부서명】

영역	동아리 명
학술	·SSC·가온·효원·도서반·발가대·씨밀레·SSCI·시사회·컴파일러·가이아·math-age·SEA
문예예술	·함초롬·배동·플라이트·서예교실·WAMF·HOLIC·방송부·영따라·연·유네스코·VIEW·바로찬글·반크
스포츠	·역도반·비타민
실습노작	·보건반·연·온비·SAW·에포크
청소년단체	·한별단·해양소년단·RCY·스카우트

【참고사항】

1. 자기의 능력과 특기, 장래의 희망 등을 생각하여 위의 부서 중 제1희망, 제2희망, 제3희망의 부서를 하나씩만을 희망 조사표에 기록해 주십시오.
2. 제1희망대로 되지 않을 경우도 있으니 제2희망, 제3희망에도 신중을 기하여 기록해 주십시오.

.... 절 .... 취 .... 선 ....

동아리활동 희망 조사표

제   학년   반   번   이름 (   )

희망 순	제1희망	제2희망	제3희망
희망부서			

　　그리고 학교의 동아리 회장들에게 각 동아리당 3분에서 5분 사이의 홍보 기회를 주고 주어진 시간 내에 각 동아리 특성을 잘 살려 홍보를 하게 한다. 각 동아리 회장들은 신입생 모집을 위해 다양한 방법으로 동아리를 홍보하도록 준비해야 한다. 동아리 홍보를 위해 PPT를 준비하거나 콩트를 준비하는 등 동아리의 특성을 강조할 수 있도록 홍보계획을 세운다. 이때 동아리활동을 통한 선배들의 진학 결과를 홍보하기도 하지만 가장 좋은 방법은 작년 활동 내용과 올해 활동 내용을 통해 비전을 제시하는 것이 가장 좋은 방법이다. 동아리 이름에서 활동 내용을 알 수 있는 동아리도 있지만 동아리 명칭을 통해 활동 내용을 알 수 없는 경우가 있으므로 동아리 명칭과 동아리활동 내용이 연결될 수 있도록 홍보가 되어야 한다. 예를 들어 반크 동아리의 경우 최근에는 반크동아리가 어떤 동아리인지 매스컴 등을 통해 알고 있지만 처음 동아리가 만들어졌을 때는 이름만으로는 어떤 동아리인지 알지 못하는 경우가 많았다. 또 학교 자체에서 동아리 명칭을 만든 경우에는 이름만으로 활동 내용을 짐작하지 못하는 경우가 많다. 신입생들은 짧은 시간에 많은 동아리 소개를 받기 때문에 전체 동아리 소개가 끝난 후에 어떤 동아리 소개가 어떤 동아리인지 헷갈리는 경우가 많으므로 동아리 명칭을 신입생들에게 확실하게 각인시킬 수 있도록 해야 한다. 물론 신입생들도 각 빠르게 진행되는 동아리 소개를 받으면서 내가 지망하는 동아리를 1순위부터 3순위까지 빨리 파악하는 것이 중요하다.

　　동아리 소개 후에 신입생들에게 바로 1순위부터 3순위까지 지원을 받으면 배정이 곤란하다. 왜냐하면 특정동아리에 지원이 몰리기 때문이다. 이렇게 되면 배정 기준이 모호해지기 때문에 보통 1주일간 동아리에 선발 자율권을 부여하게 된다. 신입생들은 지원하는 동아리마다 지원서를 작성하고 동아리 면접을 통해 선발되게 된다. 동아리 면접에서 떨어진 학생들은 신입생 모집이 이루어지지 않은 동아리에 3순위까지 지원하면 학교 동아리 담당 선생님이 인원수에 맞게 배정을 해주게 된다. 현행 창의적 체험활동 운영지침에는 학생이 원하면 동아리를 개설해주게 되어 있지만 지도교사는 학교에서 운영할 수 있는 동아리 수에 제한이 있으므로 안타깝게 정규동아리에 자신이 원하는 동아리를 배정받지 못한 학생은 자율동아리를 개설하거나 학교에서 운영하는 다양한 활동에서 진로와 특기를 살릴 수 있는 활동에 참여해야 한다. 따라서 자신이 원하는 동아리 가입하기 위해서는 지원서를 꼼꼼하게 작성하고 면접에 최선을 다해 선발될 수 있도록 해야 한다. 다음은 과학동아리의 일반적인 지원서 양식이다.

SSC 지원서

1학년   반   번   성명:

1. SSC 지원동기

2. 장래희망, 좋아하는 과학 분야가 무엇인가요?

3. 취미 또는 특기

4. 앞으로의 다짐

나) 동아리 면접과 신입생 선발

각 동아리에서는 지원서를 제출한 신입생들을 대상으로 면접을 통해 신입생을 선발한다. 동아리가 학생들의 자발적인 동아리 조직이지만 최근에는 창의적 체험 활동의 정규시간이므로 재학생들만으로 면접을 진행하거나 교사가 단독으로 진행하는 것보다는 동아리 지도교사와 재학생들이 함께 면접관으로 참여하는 것이 좋다. 재학생들만으로 신입생을 선발하게 하였을 경우에는 학생들의 잠재력을 보기보다는 신입생들에게 장기자랑을 시킨다던지 출신 중학교를 물어 외모나 지연 등으로 선발될 가능성이 있고, 지도교사만 단독으로 뽑을 경우에는 아무래도 신입생들의 입학성적이나 동료교사들의 청탁에 흔들릴 가능성이 높다. 따라서 동아리 특성에 맞는 신입생을 뽑기 위해서는 동아리 특성에 맞는 면접을 준비하는 것이 좋다. 또한 짧은 시간에 신입생을 선발해야 하기 때문에 사전에 면접문제에 대한 고민을 충분히 해야 한다. 면접 방식에는 다대일, 다대다, 일대다 등 다양한 방식이 있지만 면접 시간이 부족하기 때문에 다대다 방식이나 다대일 방식으로 지도교사와 재학생으로 구성된 면접관 다수가 1명이나 여러 명의 면접을 진행하는 방식이 일반적이다. 1명씩 면접을 볼 경우에는 학생의 특성을 잘 파악할 수 있는 장점은 있지만 시간이 많이 걸리고, 여러 명씩 면접을 볼 경우 시간은 단축되지만 학생의 특성을 잘 파악할 수 없다는 단점이 있다. 따라서 지원자 수와 학교 여건에 따라 면접 방식은 선택하는 것이 좋다.

동아리 면접의 경우에도 대학에서 입학사정관들이 학생을 선발하는 기준과 동일한 기준으로 적용하는 것이 좋지만 대학에서처럼 전문적인 면접을 할 수 없기 때문에 고등학교에서는 보통 인성적인 면이나 진로에 맞게 지원했는지, 활동에 적극적으로 참여할 자세를 지녔는지를 파악하게 된다. 대학에서 학생들을 선발하기 위한 다양한 문항들이 예시로 나와 있지만 그중에서도 필자는 두 가지 질문을 선호해서 이를 응용해서 면접 문항을 제작하였다. 필자가 선호는 두 가지 질문은 첫 번째 KAIST 입학처에서 소개한 "전국에 주민센터(동사무소)가 몇 개인가요?"라는 질문과 ○○대학교에서 질문한 "한강에 다리가 몇 개일까요?"라는 질문을 좋아한다. 첫 번째 질문과 두 번째 질문의 공통점은 학생들이 정답을 알고 있는지가 궁금해서 던진 질문이 아니라 학생들이 어떻게 사고하고 이를 논리적으로 표현할 수 있는지와 질문에 답하는 태도를 보기 위한 질문이다. 필자는 이 질문을 응용해서 항상 동아리 면접 때 똑같은 질문을 모든 학생들에게 한다. 먼저 첫 번째 질문은 '○○학생은 꿈이 무엇인가?'라는 질문이다. 학생들이 자신의 꿈과 장래희망을 잘 구분하지 못하는 경우가 많다. 꿈은 한마디로 말하자면 '자신의 원하는 삶'이라고 할 수 있고, 장래희망은 꿈을 이루기 위해 가지고 싶은 직업이다. 그런데 대부분의 학생들은 꿈이 무엇인가라는 질문에 자신의 장래희망인 직업을 이야기하는 경우가 많다. 그래서 두 번째 질문은 '꿈을 이루기 위해 가지고 싶은 직업은 무엇인가?'이다. 두 번째 질문까지에서 자신에 대한 비전이 없는 학생들은 선발에서 제외된다. 목표가 있고 이 목표를 이루기 위해 노력하는 학생들이 보통 모든 일에 최선을 다하기 때문이다. 두 번째 질문까지 대답한 학생들에게 하는 마지막 질문은 항상 "그 직업을 가진 사람이 우리나라에 몇 명이나 있나요? 왜 그렇게 생각하나요?"라는 질문이다. 이 세 가지 질문에 대한 대답을 통해 학생들에 대해 어느 정도 파악할 수 있다고 생각하고 항상 이 세 가지 질문을 면접 문제로 활용하였다.

혹시 궁금해하는 사람들이 있을 것 같아서 앞선 두 문제의 모범 답을 알려주기로 하겠다. 먼저 첫 번째 질문인 전국의 주민자치센터의 개수에 대한 문제에 대해 입학처에서 알려준 합격 사례이다. 주민자치센터가 몇 개인가에 대한 질문에 머뭇거리는 다른 학생들과 달리 한 학생이 자신 있게 "○○○개입니다"라고 답변하였다. 그래서 사정관이 왜 그렇게 생각하느냐고 물어보았고, 이 학생은 "제가 살고 있는 ○○마을에는 주민이 ○○명이 살고 있는데 그러면 ○○명마다 1개의 주민자치센터가 있다는 것입니다. 우리나라 인구가 ○○○○명이니까 우리나라에 주민자치센터는 총 ○○○개가 필요합니다"라고 답하였고 그 학생은 당당히 합격하였다고 한다. 이 질문에 좀 더 구체적으로 답하고 싶으면 "우리 동네에는 주민이 몇 명이 있고, 우리 구에는 몇 개의 동으로 구성되어 있으며, 우리 시에는 몇 개의 행정구로 되어 있습니다. 그리고 우리나라는 17개 시도(현재는 세종시를 포함해서 18개 시도)가 있기 때문에 ○○○개의 주민자치센터가 필요하기 때문에 ○○○개일 것 같습니다"라고 답하면 모범 답변이 될 것이다. 이렇게 자신이 생각지도 못한 질문에 당황하지 않고 논리적으로 판단해서 자신감 있게 자신의 주장을 펼칠 수 있어야 한다.

두 번째 질문이 "한강 다리가 몇 개일까요?"라는 질문에 대한 모범 답안이 제시되어 있지는 않지만 첫 번째 질문과 연관 지어 생각해보면 답을 쉽게 찾을 수 있다. 예상할 수 있는 모범 답안은 "우리 동네에는 ○○강이 있는데 다리 사이의 간격이 ○○km인 것 같습니다. 따라서 한강이 총 ○○km라고 가정한다면 한강에는 다리가 총 ○○개가 있을 것 같습니다"라고 답하면 될 것이다.

면접은 학생들을 떨어뜨리기 위해서 존재한다기보다는 우수한 학생들을 선발하기 위해 존재한다. 따라서 모르고 당황스러운 질문이라도 질문자의 의도를 파악하고 성의 있게 답한다면 선발될 확률이 높아지게 되는 것이다.

동아리 선발은 이렇게 지원서와 면접을 통해 이루어진다. 최근에는 동아리 가입이 대학입학보다 힘들다고 할 정도로 대학입시와 동아리활동의 연계성이 높아졌기 때문에 자신의 진로와 특성 맞는 동아리에 가입하기 위해 최선을 다해야 한다.

2) 동아리 운영

동아리는 먼저 연간 계획을 수립하고 수립된 계획에 맞게 운영한다.

2000년 (   ) 동아리활동 연간계획서

지도교사: (인)
대표학생: 학년 반 성명: (인)

월	활동 계획 (구체적이고 세부적으로 작성)	구분		비 고
		교내	교외	
3월				
4월				
5월				
6월				
7월				
8월				
9월				
10월				
11월				
12월				
2월				
기타				

3) 봉사활동과 연계된 동아리활동

봉사활동과 연계된 동아리활동은 각 동아리의 특성과 진로와 연계된 활동일수록 좋다. RCY나 청소년연맹과 같은 청소년단체에 속한 동아리는 설립 취지에 맞춘 각 단체의 연간 활동 계획에 맞춰서 주어진 봉사활동을 하면 된다. 하지만 각 학교에서 자생적으로 만들어진 동아리라면 각 동아리의 설립 취지에 맞는 봉사활동을 직접 계획해야 한다. 동아리 설립 취지에 맞는 않는 봉사활동은 진로와도 연계되지 않을 뿐만 아니라 학생들이 봉사활동의 진정한 의미를 깨닫지 못하는 경우가 많다. 따라서 각 동아리는 자신의 특기를 살릴 수 있는 봉사활동을 찾거나 새로운 봉사영역을 개발하여야 한다. 자신이 속한 동아리나 지도하고 있는 동아리가 할 수 있는 봉사활동에는 무엇이 있을지 고민을 지도교사와 동아리 구성원들이 함께해야 한다.

내가 속한 동아리가 미술동아리면 우리 동아리가 할 수 있는 봉사활동에는 무엇이 있을까 고민을 해보자. 쉽게 활동 내용이 떠오르는가? 물론 쉽게 떠오르지는 않을 것이다. 미술동아리가 특기를 살려 할 수 있는 봉사활동으로는 벽화 그리기와 아동센터 아동미술지도 등이 있을 수 있다. 하지만 이런 봉사활동도 기관과 연계되어야 봉사활동으로 인정받을 수 있기 때문에 활동 장소를 모색하기에 어려움이 있다. 그래서 등장한 것이 청소년 자기주도적 봉사활동이 있다. 각 시도의 청소년활동진흥센터와 연계하여 봉사활동 계획서를 작성해서 제출하고 이를 봉사활동으로 인증받을 수 있다. 물론 이를 위해서 지도교사와 학생들이 봉사활동 계획서를 사전에 작성하고 학교장과 활동진흥센터에 허락을 받아야 한다. 미술동아리의 경우 도시 재개발을 위해 소외된 지역에 벽화 그리기 사업이라든지 인근 아동센터에서 아이들에게 미술지도를 하는 봉사활동을 할 수 있다. 과학반의 경우에도 예전에는 특성을 살린 봉사활동이 거의 없었다. 하지만 지도교사와 학생들이 아이디어를 모으면 할 수 있는 봉사활동이 무궁무진하게 많다는 것을 알 수 있었다. 몇 년 전 ○○여고 과학반의 봉사활동 사례를 기사를 통해 살펴보도록 하자.

<과학 선생님이 된 ○○의 여고생 천사들>

(울산=연합뉴스) 장영은 기자 = 울산 지역의 한 여고 과학동아리가 불우 아이들을 위해 3년째 무료 과학교실을 열고 있어 화제를 모으고 있다. 이 학교 학생들의 남다른 봉사 열의에 지역의 다른 고교 과학동아리들도 잇따라 동참, 더욱 빛을 발하고 있다. 울산시 남구 선암동 ○○고등학교 과학동아리 SSC 회원 50여 명이 바로 그 주인공들.

1993년 ○○고가 개교한지 1년이 지난 1994년 이 학교 과학동아리 SSC가 생겨났고, 동아리 회원 학생들은 그동안 여성 과학자를 꿈꾸며 교내에서 다양한 특별활동을 펼쳐왔다. 과학동아리 SSC는 10여 년이 지난 2000년대 들어 과학문화재단 주관의 전국 청소년 과학탐구대회에서 최우수상을 수상하는 등 여러 과학대회에 나가 상을 휩쓸었다. 그러던 중 2005년 그동안 상금으로 모은 돈을 어려운 이웃을 위해 사용하자는 동아리 회원 학생들의 뜻을 한데 모았다. 이들은 그해 4월부터 상금으로 과학기자재를 구입해 울산의 아동복지시설인 울산양육원의 초등학교 학생들을 위해 무료 과학교실을 열게 된 것.

매주 수요일 방과후 직접 ○○양육원을 찾아가 1시간가량 초등학생들을 위한 즐거운 과학교실을 마련했다. 누나들과 언니들이 실제 과학 기자재를 갖고 쉽게 설명하고 가르쳐온 과학교실은 그야말로 인기 만점이었다. 매직풍선 만들기, 비눗방울의 세계, 부메랑 만들기, 로켓 만들기, 레몬향수 만들기, 일식과 월식의 원리 찾기, 무게 중심을 찾아라, 내가 만든 비누 등 과학교실 프로그램도 무궁무진했다. 과학동아리 SSC 회원 학생들도 과학교실을 통해 과학의 원리를 쉽게 전달하는 방법부터 진정한 봉사의 의미도 깨닫게 된 것이다. 민재식 과학교사는 "실험재료와 수업을 준비해서 복지시설의 아이들에게 간단한 과학실험을 직접 할 수 있는 기회를 제공하는 등 과학활동과 봉사활동을 연계시켜서 활동하고 있다"며 "과학교실에서 배우는 초등학생들도 평소에 접하지 못하는 흥미로운 과학실험을 직접 하면서 무척 좋아한다"고 말했다. 과학동아리 SSC의 이 같은 봉사활동 소식이 지역 내 다른 고교 과학동아리에도 알려지자 지난해부터는 울산여고와 삼산고, 제일고 등 11개 지역고교의 과학동아리가 무료 과학교실에 동참하게 됐다. 이들 고교 과학동아리는 이런 자원봉사의 뜻을 한데 모아 활동하자는 의미에서 울산과학자원봉사단도 구성, 활발한 봉사에 나서고 있다. 과학동아리 SSC의 3학년 학생인 엄신의(19)양은 "과학실에서 실험하고 공부하는 것도 좋지만 학교 밖에서 무궁무진한 가치의 체험은 비교할 수 없는 것"이라며 "앞으로 얼마 남지 않은 동아리활동 시간에 소중한 경험을 가꾸어 나가고 싶다"고 말했다.

　　이 봉사활동은 매스컴을 통해 많이 소개되었고, 전국에 많은 과학동아리들이 이 활동에 동참하였다. 이 활동은 한국과학창의재단에서 대학생으로 확대해서 예전에 대학생 봉사단의 '농촌봉사활동'이라는 활동을 '과학봉사활동'이라는 이름으로 전국의 소외된 지역에 과학교육 봉사활동을 전개하게 되는 모티브가 되기도

하였다. 처음 이 활동을 시작한 ○○고의 경우 활동초기에 이 활동을 통해 대학입시에 좋은 결과를 얻었지만, 다른 많은 학교들이 벤치마킹을 통해 비슷한 활동을 하고 나서는 이 활동을 통해 입시에 많은 도움을 받지는 못하였다. 대학교 입학사정관들은 항상 창의적인 활동을 요구하는 경향이 있다. 지금은 대한민국의 모든 학교에서 하고 있는 '멘티-멘토 활동'이나 '자율동아리'도 처음에는 입학사정관들에게 많은 호응을 얻었지만 지금은 식상한 활동 중에 하나로 전락하고 있다. 학생 중심 교육과정으로 전환하면서 협동학습이나 팀기반 학습의 정규교육과정이 운영되면 이 자체가 멘티-멘토 활동이 되기 때문에 군이 방과후에 따로 멘티-멘토 활동을 하는 것이 의미가 없어지고 있다. 또한 창의적 체험활동 시간 중에서 정규 동아리 시간과 진로활동 시간을 잘 활용한다면 군이 자율동아리 활동을 따로 할 필요가 없어지기 때문이다. 따라서 정규교육과정에 충실해서 활동을 하는 것이 가장 좋다. 봉사활동도 정규교육과정 내에서 각 동아리의 특성에 맞게 계획하고 실행한다면 충분히 내실 있는 활동으로 만들 수 있음을 명심해야 한다.

4) 동아리활동 관련 대회

가. 과학동아리 활동 발표 대회

과학동아리들의 활동만을 평가하는 대회로 자세한 안내는 한국과학교육단체총연합회 홈페이지(http://www.kofses.or.kr/index.php)를 통해 안내받을 수 있다.

1. 목적

학생들이 과학을 통해 습득한 이론을 연구·탐구·실험·실습·제작활동에 적용하는 체험의 장을 마련하여 이론과 실제를 융합적으로 접목시키고, 실제 생활에 적용하고 활용하는 기회를 제공함으로써 창의적 멀티형 인재 육성의 길을 열어준다.

2. 개요

- 평상시 각급 학교 현장에 조직되어 활동하고 있는 과학동아리, 클럽활동반 등 과학관련 동아리의 활동 전반적인 면을 주된 발표 내용으로 한다.
- 연구 중심이 아닌 활동 중심의 동아리활동을 주된 내용으로 한다.
- 본 대회를 위한 활동 기간은 201○년 3월부터 201○년 8월로 한다.

- 시·도·군·구의 교육(지원)청에서 지정되어 시·도 교육(지원)청으로부터 지원금을 받은 과학동아리들이 참가한다.
- 지원금을 받은 동아리는 각 시·도 과교총에서 개최하는 예선대회에 의무적으로 참가한다.
- 18개 시·도 과교총에서는 초중고 학교 급별로 한국과교총에서 배정한 동아리 수만큼 선발하여 전국대회에 참가시킨다.
- 시·도 과교총에서는 연초에 동아리로부터 활동 계획서를 받은 후 적절한 시기에 중간보고서를 통해 활동 상황을 점검하고 지도한 후에 최종보고서를 한 발표대회를 거쳐서 전국대회에 참가시킨다.
- 전국대회에는 지도교사 1명과 활동학생 2명만 참가하여 발표한다.
  단, 초등학교는 반드시 5, 6학년만 참가할 수 있다.
- 과학전람회적인 것은 탈피해야 하며 동아리의 순수성이 있어야 한다.

3. 예선대회
- 예선대회 개최 계획서 제출: 20○○년 ○월 ○일(○)
- 제출경로: 시·도 과교총 → 한국과교총
- 제출서류: 개최 계획서(세부계획 포함)
  서식: 한국과교총 홈페이지 [자료실]→[각종서식]
- 과학동아리 활동 계획서 제출
- 제출대상: 교육부의 동아리활동 지원계획에 의해 시·도·군·구 교육(지원)청에서 지정한 각급 학교 동아리
- 제출일자: 20○○년 5월 초(시·도 과교총이 결정)
- 제출경로: 각급 학교 과학동아리 → 시·도 과교총
- 제출서류
  참가신청서 1부(서식: 한국과교총 홈페이지 [자료실]→[각종서식])
  연간 활동 계획서 5부-활동계획서 분량은 A4용지 5쪽 이내로 작성하여 제출
- 중간보고서 제출
  · 제출대상: 교육부의 동아리활동 지원계획에 의해 시·도·군·구 교육(지원)청에서 지정한 각급 학교 동아리
  · 제출경로: 각급 학교 과학동아리 → 시·도 과교총
  · 제출시기: 시·도 과교총이 지정한 기간
  · 중간보고서 분량은 A4용지 5쪽 이내로 작성하여 5부 제출
  · 시·도 과교총에서는 중간보고서를 토대로 활동 상황을 점검하고 지도한다.
- 전국 발표대회 참가를 위한 시·도 선발대회
  · 대회시기: 20○○년 9월 4일(○) 이전까지
  · 참가대상: 각 시·도에서 동아리활동 지원계획에 의해 지정한 각급 학교 동아리
  · 선발방법: 전국대회 참가신청, 발표 및 심사 방법 참고, 시·도 과학교육단체총연합회 주관으로 실시·선발

- 예선대회는 각 시·도 과학교육단체총연합회의 별도 계획에 의하여 실시
  · 선발팀 수:
  초중 각각 25개 팀 (서울, 부산, 인천, 경기, 충남, 전남, 경북, 경남-각 2팀 이하, 그 외
  시도-각 1팀 이하)
  고 43개 팀 (서울, 경기-4팀, 부산, 인천, 충남, 전남, 경북, 경남-3개 팀, 대전, 강원, 충
  북, 전북, 대구, 광주, 울산, 제주-2개 팀, 세종-1개 팀)
- 시·도 과교총에서는 전국대회 출전하는 팀의 신청서 제출을 9월 4일(금)까지 한국과교
  총으로 제출한다.
- 최종보고서 제출
  · 제출대상: 전국대회 출전하는 동아리
  · 제출경로: 각급 학교 과학동아리 → 한국과교총
  · 제출시기: 20○○년 9월 11일(○)
  · 보고서(A4용지 20쪽 이내) 5부와 보고서 내용 및 내용요약(별도 양식 공지) CD 1장을
    우편으로 제출

4. 전국대회
한국과학교육단체총연합회 주관으로 한다.
- 참가대상 및 인원
  · 각 시·도 학생 수에 비례하여 배정된 팀 참가
  · 초등학교, 중학교, 일반계고등학교, 과학고등학교 및 과학영재학교 각 팀당 대표학생 2
    명과 지도교사 1명
- 개최 일시 및 장소
  · 일시: 20○○년 ○월 19일(○)
  · 장소: 서울특별시과학전시관
- 발표 내용 및 방법
  · 탐구활동 내용과 결과물에 대해 10분간 발표하고 5분간 질의응답 한다.

나. 청소년과학탐구반(YSC) 발표대회

한국과학창의재단에서 주관하는 과학탐구반 대회로 동아리활동 발표대회와는 달리 1가지 연구 주제를 정해서 연구 주제에 맞게 연구를 수행하고 이 결과를 중심으로 발표하는 대회이다. 20○○년 청소년과학탐구반(YSC) 발표대회의 대회 요강을 살펴보면 다음과 같다.

I. 추진 목적

○ 20○○년 청소년과학탐구반(YSC) 과제지원사업에 선정된 과학반을 대상으로 대회를 개
  최하여 창의성과 인성을 갖춘 우수한 인재들의 선의의 경쟁과 학문적 교류를 통한 미
  래를 이끌 창의적 인재 양성

II. 대회 개요

○ 대회기간: 20○○.12.18(금)~12.19(토)
○ 대회장소: 대전 KT인재개발원
○ 주   최: 미래창조과학부
○ 주   관: 한국과학창의재단
○ 참가대상: 20○○년 YSC 71팀(초등 25, 중학 18, 고교 28)
  ※ 2015년 YSC 중간평가 결과 참가대상 79팀 중 최종 참가신청 71팀
○ 주요내용
  - 1일차: 등록, 참가학생/심사위원 OT, 서류심사, 참가학생 융합의 시간
  - 2일차: 본 대회 개최(발표 심사)

2015년 청소년과학탐구반 발표대회
오리엔테이션
심사위원 워크숍
융합의 시간
본행사
사전준비 및
오리엔테이션
심사위원
워크숍
무한상상파티
청소년과학탐구반
발표대회
·참가등록
·사전 작품 설치
·작품 설치 인증
·학생 오리엔테이션
·심사위원 오리엔테이션
·서류심사 진행
·1차 포스터 심사
·참여자의 소통을 통한
 과학기술 학산 프로그램
·과열경쟁을 지양하기
 위한 단합 레크리에이션
 프로그램
·연구과제 성과발표
·우수과학반 선발
·선의의 경쟁 유도 (도전)
·글로벌 창의적 인재 양성

○ 대회 일정

일자	시간	내용	학생	교사	심사위원
12.18 (금)	14:00～17:30	등록 및 작품설치	등록 및 작품설치/규격심사		OT 및 서류심사
	19:30～22:00	교류의 장	OT	교사 간 교류	포스터 심사(학생 없이 진행)
	22:00～	취침			
12.19 (토)	08:00～08:40	심사준비	심사준비 및 포스터 심사(학생 없이 진행)		
	08:45～08:55	본 대회	대회장 입실	교사프로그램	심사표 수령
	09:00～16:00		발표		발표 심사
	16:00～17:00	점수집계	귀가		점수집계
	17:00～19:00	최종 심사			최종 수상자 결정 (심사위원 협의)

※ 금상·대상 수상 팀은 20ㅇㅇ년 12월 28일에 개최되는 "KOFAC 청소년과학창의대전" 참가 자격이 부여됩니다. (자격이 주어지며 참가의 의무는 없음)

○ 대회장 배치도

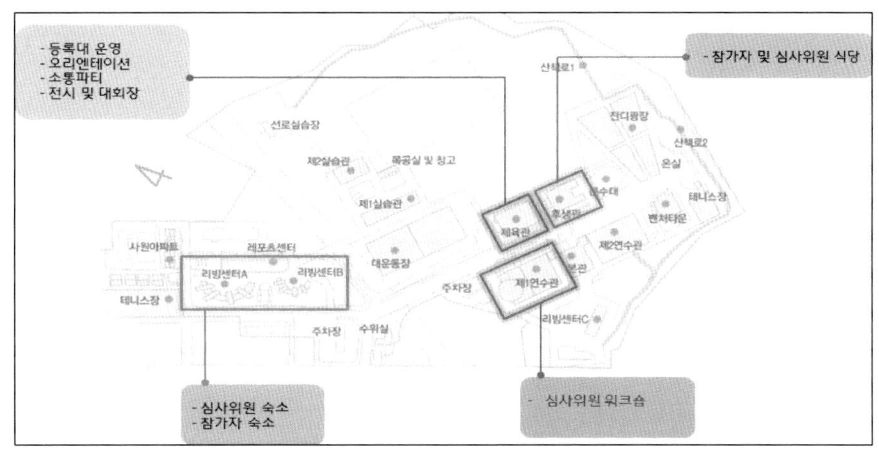

○ 부스 규격 및 포스터 전시 안내
  - 연구과제 포스터 및 연구과제물은 지정된 부스에 설치
  - 모든 설치물은 설치인증위원에게 규격 심사 인증을 통과해야만 심사를 받을 수 있음

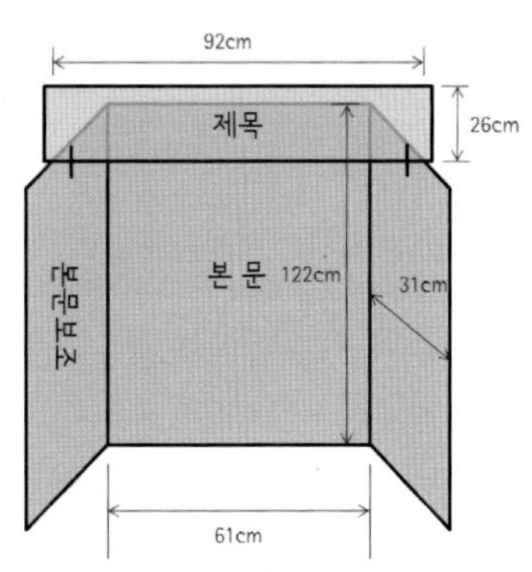

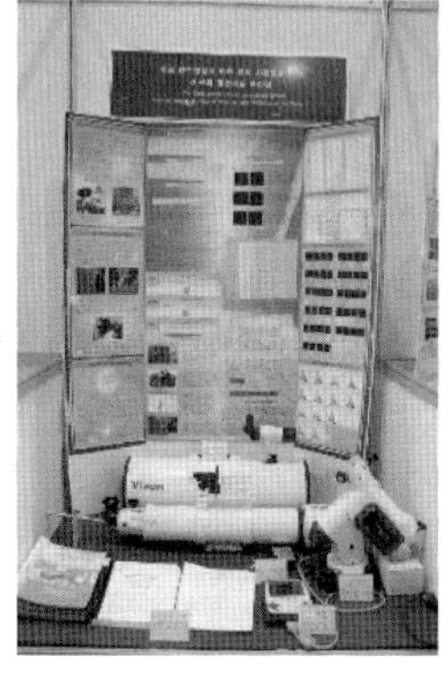

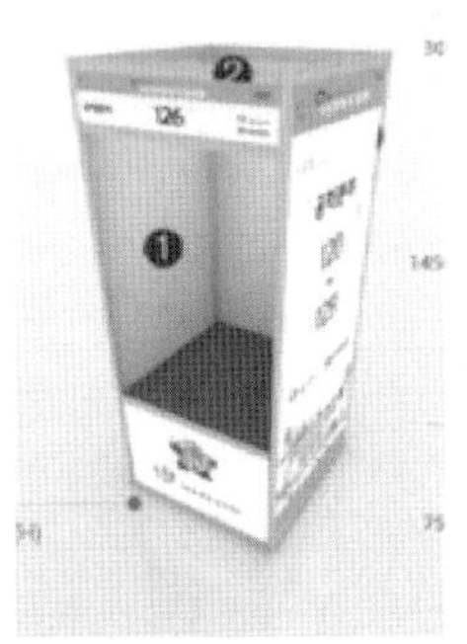

※ 발표포스터 설치를 위한 부스는 재단에서 제공

① 발표포스터의 재질은 압축스티로폼, 우드락, 하드보드지, 골판지 등 사용
② 전시물은 지정된 전시대 내부에만 설치 가능 전시대를 벗어나 전시 불가
    - 대표적인 전시물과 연구요약서(30부 이상) 등 비치
    - 전시물은 제공되는 부스 밖으로 노출되지 않도록 제작 및 준비
    - 포스터 부착을 위한 기본 물품은 현장에서 제공함
③ 전시물 중 화재 위험 물품, 남을 위해할 수 있는 물건, 위험한 시약, 바이러스 및 세균 등은 전시 불가
    - 필요 시 사진이나 동영상으로 대체 가능
    - 사진 및 이미지는 출처를 기재해야 함
④ 발표포스터 및 성과물은 설치 당일에 지정장소의 전시대에 부착·진열
    - 포스터 부착을 위한 폼보드는 상기 그림의 본문 부분은 현장에서도 제공하며, 제작해서 참가 가능(A0사이즈 폼보드 1팀/1매 제공)
⑤ 발표포스터에 소속 학교 기재 불가(블라인드 심사)
    - 작품명과 학교급만 기재 가능
    - 학교명 및 학생명을 기재한 경우 주최 측에서 테이프를 이용하여 삭제
⑥ 작품 설치 시 지정된 규격 이외의 자료를 부착하거나 설치인증 후 반입은 불가하며, 노트북 사용은 가능
    - 작품 설치가 완료된 발표포스터는 반드시 작품규격 인증을 받아야 함
    ※ 발표포스터 작품규격 인증을 위한 심사위원 별도 운영

04 동아리활동 사례

　동아리활동은 학생들이 학교의 답답한 교과공부에서 벗어나 자유롭게 자신의 진로를 탐색하는 활동에서 시작되었고 지금은 대학진학에서 자율성과 창의성을 가늠하는 합격여부의 잣대, 자기소개서 1, 2, 3번 항목에 골고루 활용할 수 있는 팔방미인으로 진화했다. 이런 진화의 과정이 옳고 그름을 따질 사이도 없이 교사와 학생들은 생활기록부와 자기소개서에 어떤 내용을 넣을지를 먼저 생각하며 동아리활동과 동아리대회를 준비하느라 여념이 없다.

　창의적 체험활동이 시작되고 지금 5년째, 이 책에서는 교육부에서 배부하는 동아리 길라잡이에도 나와 있지 않은 현장에서의 동아리활동 실질적 운영과 그 활동내용을 생활기록부에 어떻게 기록했는지 소개하고자 한다. '동아리활동 길라잡이'(2013년 교육부, 충청남도 교육청, 한국청소년동아리연맹)에 따르면 동아리 종류를 학술활동, 문화예술활동, 스포츠활동, 실습노작활동, 청소년단체활동의 다섯 가지로 나눠놓았지만 이 책에서는 학생들이 대학입시에 동아리활동을 활용하는 현실에 맞춰 교사와 학생들이 보기 쉽도록 다르게 분류했다. 학술동아리, 진로동아리, 독서동아리, 봉사동아리의 네 가지 분류이고 학술동아리는 인문사회분야와 자연공학분야 두 분야로, 진로동아리는 진로탐구, 문화예술, 스포츠, 실습노작의 네 가지 분야로 나누어 소개했다.

그리고 동아리활동과 그 활동의 생활기록부기록, 더 나아가 자기소개서에서 동아리활동의 활용을 좀 더 다양하고 효과적으로 할 수 있는 실질적인 10가지 팁은 아래와 같다.

① 구체적인 사례나 활동을 적어라

동아리활동을 기록할 때 학생의 성장한 모습이나 활동에 참여하는 태도를 적고자 할 때 참여했던 활동내용을 구체적으로 기록하고 학생이 보고서대회나 논문대회에 참여했다면 학생이 작성한 보고서나 논문의 제목을 구체적으로 기술하여 내용의 신빙성을 높여주도록 한다. 수상실적은 수상란에 기록이 가능하나 2016년도부터는 모든 특기사항에 대회명을 입력할 수 없으므로 대회명을 기록하지 않고 대회에 참여하기 위해 학생이 연구나 탐구한 활동내용만을 적도록 한다.

② 동아리활동에도 스토리를 만들어라

동아리활동을 계획할 때 학기 초에 연간계획을 세워 즉흥적인 일회성 활동이 연달아 이어지지 않도록 한다. 장기적인 안목으로 활동계획을 세워 모든 활동이 유기적으로 연계되어 학년말에 봤을 때 한 학생의 성장스토리가 보이도록 활동을 계획하고 진행하는 것이 좋다. 그리고 생활기록부 기록엔 이런 일련의 과정을 통해 학생이 진로탐색이 완료되었고 연초보다 훨씬 성장했음을 보여주도록 한다.

③ 동아리 주최 학교행사를 주관해라

각 동아리마다 동아리가 할 수 있는 전교생 대상 활동을 계획할 수 있다. 예를 들면 독서동아리에서 '하루에 한 권 책읽기' 캠페인을 독서주간을 이용해 등교한 학생들을 대상으로 실시한다든지 경찰동아리에서 학교 창고에 있는 쓰지 않는 헬멧을 학교 허락을 맡아 자전거를 타는 학생들에게 대여해 안전불감증을 해소하는 등의 활동이다. 그 외에도 동아리마다 학생들을 대상으로 할 수 있는 활동들은 학생들의 머리를 맞대면 무궁무진하다. 이런 창의적인 활동을 구상하고 진행하면서 전교생의 변화 더 나아가 학교문화의 변화를 주도한다면 의미 있는 동아리활동, 내실 있는 생활기록부 동아리 기록이 될 것이다.

④ 학교 공식행사나 활동에 적극적으로 참여하여 공식적인 역할을 많이 만들어라

학교에서는 부서별로 연간 진행되는 공식행사들이 많다. 그 행사들에 동아리들이 참여할 수 있는 부분을 찾아보고 내용을 기획하면 동아리활동이나 기록들이 훨씬 신뢰도가 높이지고 학교 공식행사는 훨씬 풍성해지며 학생들 참여로 인해 다른 학교와 차별화된 인상을 줄 수 있다. 예를 들면 '학부모 방문의 날' 행사에 봉사동아리 학생들이 학부모님 방문을 위해 학교 외부의 청소를 깨끗이 해놓고 4-H동아리 학생들이 스스로 키운 꽃들로 작은 꽃다발이나 코사지를 만들어 오시는 학부모님들에게 달아준다거나 하는 활동들이다.

⑤ 학생의 진로결정과 관련해서 기록해라

동아리활동은 학생들의 진로와 관련이 있다고 해도 영역의 폭이 넓은 편이다. 학생은 그 넓은 영역 중 자신이 하고 싶어 하는 진로분야가 분명히 정해져 있다. 동아리활동은 여러 분야를 포괄하는 활동을 했더라도 생활기록부 기록은 학생의 진로와 연관 지어 구체적으로 작성해주고 동아리활동이 학생의 진로 탐색에 구체적으로 어떻게 영향을 주었는지를 기록해주어야 한다.

⑥ 동아리에서 임원조직도를 잘 구성해라

동아리 임원으로서의 활동기록은 리더십과 직접적으로 연관되어 매우 중요한 항목이다. 동아리마다 동아리 회장, 부회장, 학년대표, 총무 등은 일반적으로 모두 갖추고 있지만 학급의 조직도처럼 세분화하여 조직을 구성하고 각각의 역할을 맡기는 것이 동아리활동도 좀 더 탄력적으로 운영할 수 있고 생활기록부에서 활동을 기록할 때도 역할이 확실히 정해져 있어 기록하기도 훨씬 수월하고 유의미하다. 그리고 학급에서 임원을 맡고 있지 못하는 학생이더라도 동아리 내에서는 자신의 재능을 발휘할 수 있기 때문에 학생들에게 또 다른 형태의 리더십을 키워주는 계기가 될 수 있다.

⑦ 동아리만의 학생회를 조직하고 이름도 그럴싸하게 붙여보자

학교마다 학생회가 있듯이 동아리만의 학생회를 만들어 동아리 대표들의 선거와 투표를 통해 동아리 학생회 회장, 부회장을 선출하고 분야별 팀장을 조직한다. 그리고 동아리 학생회는 학교에서 동아리와 관련된 모든 활동을 주관하기도 하고 도우미 역할을 하기도 하면서 동아리의 자기주도적인 성격을 더욱 확대시킨다. 동아리활동이 활성화되어 있는 학교는 동아리 학생회 회장이 학교 학생회장만큼의 영향력을 발휘할 수 있고 생활기록부 기록에서의 영향력도 크다고 볼 수 있다.

⑧ 지역사회 시설이나 지역사회 인적 자원을 활용하라

동아리활동이 주중에 있기 때문에 지역사회 시설을 활용하는 것은 좋은 방법이다. 이를 위해서 시설의 연간 계획이 수립되는 연말이나 연초에 협조 요청을 해서 연중 사용할 수 있도록 해두고 그런 연계관계가 지속적으로 유지될 가능성이 있으면 MOU체결을 통해 공식적인 협력관계를 구축해놓는 것이 좋다. 그리고 효율적인 동아리활동 운영을 위해 지역사회에서 함께해줄 수 있는 멘토나 지역강사, 학부모님들의 인력풀을 구성해 재능기부나 재능나눔 프로그램으로 계획하여 동아리활동에 동참하도록 한다.

⑨ 동아리 졸업생들을 활용한 멘토-멘티활동을 활성화하라

동아리활동이 정착되면 동아리 선후배 간의 관계가 정립되고 졸업한 동아리 선배들도 자신이 가입했던 동아리의 발전을 위해 졸업하고 나서도 학교 동아리 시간에 종종 방문하여 후배들 활동을 지원해준다. 지도교사가 지도하는 것과 달리 동아리 선배가 직접 와서 후배들을 위해 지도해주는 자체가 동아리에 대한 끈끈한 애착심을 더해주고 대학교를 다니고 있

는 선배들의 지도방식과 모습 자체가 후배들에게 큰 교육적 효과를 가져온다. 선배들이 직접 오기가 힘들다면 동아리 시간을 활용하여 선배들이 다니는 대학교를 직접 방문하여 지도를 받는 방식도 매우 좋다.

⑩ 동아리 관련 외부대회나 외부행사 또는 동아리 체험부스 활동에 참여하라
분야별로 유관기관 또는 시도 교육청 주관 동아리 체험부스나 동아리 관련 대회들이 있다. 이런 내용은 분야별로 실시여부나 실시횟수에 차이가 커서 전혀 참여할 내용이 없는 동아리도 있지만 만약 관련된 내용의 대회나 체험행사가 있다면 참여해보는 것이 좋다. 물론 학교장 승인이 된 체험활동 내용이어야 생활기록부에 기록이 가능하다. 위와 같은 활동은 학생들의 안목을 넓혀주고 자신의 동아리에 대한 소속감과 자신감을 높일 수 있는 좋은 계기가 될 수 있다.

지금부터 동아리를 분야별로 분류하여 동아리에서 할 수 있는 활동들, 동아리와 관련된 대학학과 그리고 위의 10가지 팁들이 실제 생활기록부 동아리 기록에 어떻게 구현되어 있는지 알아보고자 한다.

1) 학술동아리

(1) 인문사회

인문사회동아리는 크게 국어, 영어, 사회, 교육 네 분야로 나눌 수 있고 인문사회계열학생들이 본인의 진학과 관련된 분야를 정해서 동아리활동을 할 수 있다. 네 분야로 나누어 각 분야에서 할 수 있는 활동내용들은 아래와 같다.

① 국어동아리

· 만들 수 있는 동아리 종류 및 동아리에서 할 수 있는 활동들

동아리 종류	동아리에서 할 수 있는 활동들
글쓰기동아리 (문예동아리)	자작시 · 단편소설 · 수필쓰기, 공동 시나리오 쓰기, '문학의 밤' 행사나 시화전 주최 가능
도서동아리	학교 도서관 관련된 다양한 활동을 주도적으로 진행가능, 매월 추천도서 학급별 게시, 도서의 달 행사, 독서캠페인, 독서캠프 등의 활동추진
교지 · 학교신문 발간동아리	교지, 학보, 소식지 등 학교의 공식적인 정기간행물을 만들어내는 활동
신문스크랩동아리 (NIE 동아리)	신문기사들을 읽고 분석하여 이슈가 되고 있는 사회문제에 대한 기사를 스크랩하여 그 내용을 생각하고 적어보는 활동, 실제로 주제를 정해 기사를 적어보는 활동

토론동아리	이슈가 되는 주제를 정해 토론, 교내 토론대회 주최 또는 도우미활동, 다른 동아리와의 토론 배틀 진행, 타 학교 토론동아리와 토론경연, 대학교 토론동아리와의 멘토-멘티활동 추진

· 관련대학학과 – 국어국문학과, 언론홍보학과, 문예창작과, 언어학과, 국어교육과, 문예창작학부

· 생활기록부 기록사례

[사례 1] 글쓰기동아리

> **나희덕 시인의 <못 위의 잠>이라는 시를 읽고 감상을 발표해** 지도교사로부터 시를 감상하는 능력이 많이 길러졌다고 칭찬을 받았음. 시나리오 공동창작 시간에는 후배들의 아이디어를 끌어내기 위해 끊임없이 질문을 던지는 모습을 보였고 대표집필자에게 수시로 자신의 아이디어를 제공하여 작품의 완성도를 높이는 데 기여하였음.

> **<눈이 오는 날>이라는 시를 써서 후배들에게 좋은 평을 받았고,** 후배들이 쓴 시를 보면서 기발한 발상에 대해 칭찬해주었음. 합평하는 과정에서 시를 분석하고 이해하는 능력이 길러졌다고 말하였음. 희곡을 발표하는 시간에는 인물의 설정과 전개 과정에서 자연스럽지 못한 부분을 날카롭게 지적하는 모습을 보였음.

위의 두 사례는 모두 구체적인 작품명 언급, 학생의 역할이 구체적으로 나와 있고 학생의 장점이나 활동을 자세히 묘사되어 1번 팁 '구체적인 사례나 활동을 적어라'의 사례라고 볼 수 있다.

[사례 2] 신문스크랩동아리

> 동아리 시간마다 자신이 진학하고자 하는 조선해양공학과나 항공정비학과에 대한 신문기사를 읽고 진로에 좀 더 확신을 가지게 됨. 해양 산업을 수학적으로 관측하여 다량의 데이터를 기반으로 정확한 예측을 할 수 있고, 그 덕분에 비용이 줄어들어 상당한 이익을 남길 수 있다는 기사를 본 후 **이과로 진학하여 우리나라 산업에 큰 영향을 미치고 싶다는 마음을 가지게 됨.** 또한 우리나라가 로봇대회에서 꽤나 큰 차이로 미국을 제치고 우승했다는 기사를 스크랩하면서 강대국인 미국을 우리나라가 기술로써 이긴 모습을 보고 **수학과 과학 관련 진학을 결심함.**

위의 학생은 1학년 학생인데 동아리활동이 학생의 진로나 진학방향을 결정하는 데 결정적인 역할을 했으며, 학생의 진로결정과정이 구체적으로 나와 있어서 동아리활동의 궁극적인 취지에 잘 맞게 활동했음을 증명해준다. 이 사례는 5번 팁 '학생의 진로결정과 관련해서 기록해라'의 사례라고 볼 수 있다.

> **동아리에서 홍보부장을 맡아 신입생을 대상으로 하는 동아리 홍보기획과 활동전반에 주도적인 역할을 했음.** 면접을 보러오는 신입생들에게 친근하게 대화를 시도해서 긴장감을 완화하도록 도와주고 동아리에 관해 궁금한 점이 있는지 먼저 물어보고 대답을 해줌으로써 신입생들이 불편함 없이 궁금증을 해소할 수 있도록 하였음.

동아리에서 홍보부장이라는 역할을 맡아 자신의 역할을 충실히 해내기 위해 어떤 행동을 했고 어떤 부분이 강점이었는지 자세히 적혀 있고 선후배가 함께 과제를 해결하거나 활동을 진행하면서 다양한 인성적인 발달을 경험한다는 부분은 매우 인상적이다. 위의 사례는 6번 팁 '동아리에서 임원조직도를 잘 구성해라'에 해당된다.

[사례 3] 토론동아리

> **'학교 쓰레기 줄이기 방안' 토론을 위해 학교 주변 쓰레기 실태조사를 할 때 가장 성실하게 청소하였으며 덥고 짜증나는 상황에서도 묵묵히 다른 부원들을 도와주는 배려심이 있음.** 다른 학생에 비해 논리적 분석력이 뛰어나고 자신의 주장을 이해하기 쉬우면서도 상대방이 충분히 납득할 만한 근거를 들어 말하는 노력으로 여러 토론에 패널로 참가하여 뛰어난 역량을 보임. 시사문제에 관심이 많으며 인터뷰나 동아리 내 토론, 토론 배틀이 끝난 후에는 관련된 내용을 다시 한 번 꼼꼼히 정리하고 부족한 부분을 검색하여 보완하는 성실성과 자발성이 있음. **다른 동아리와의 토론 배틀에서는 화장품 개발을 위한 동물생체실험이 옳은지에 대한 토론에서 자료 조사를 위하여 세계적인 윤리기업들을 광범위하게 조사하여 상대측의 반론에 적절히 대응, 토론평가에서 좋은 점수를 받음.**

위의 사례는 1번 팁 '구체적인 사례나 활동을 적어라'와 3번 팁 '동아리 주최 학교행사를 만들어라'에 해당한다. 토론주제가 정확히 적혀 있고 토론에서 위 학생이 어떤 역할을 했는지도 자세히 나와 있어 활동에 대한 신뢰도가 향상되었다.

그리고 위 동아리가 자체적으로 ‘동아리 토론 배틀’이라는 행사를 주관하여 강당에서 몇 번의 동아리 시간에 걸쳐 진행되었다. 몇 개 동아리들의 토론 배틀이긴 했지만 국내토론대회를 방불케 하는 준비 작업으로 모두를 놀라게 했다. 활동을 주관한 후에 동아리 학생들이 한층 성숙해졌음을 느낄 수 있었다.

② 영어동아리

· 만들 수 있는 동아리 종류 및 동아리에서 할 수 있는 활동들

동아리 종류	동아리에서 할 수 있는 활동들
영자신문동아리	영어로 신문이나 소식지, 학교홍보물을 제작하는 활동
영미문화동아리	영미 문화권의 각종 분야 탐색, 매체를 통한 영미문화연구
영어연극동아리	영어로 연극이나 공연준비 및 발표

· 관련대학학과 – 영어어문학과, 영어영문학부, 국제통상학과, 영어교육과, 영미어문학과, 영미언어문화학부

· 생활기록부 기록사례

[사례 1] 영자신문동아리

> 외국어에 대한 흥미와 관심을 바탕으로 동아리활동을 통해서 영화추천글, 네팔지진, 그리스 디폴트사태에 이르기까지 다양한 주제를 영어기사로 완성해봄. 영작을 해보면서 자신의 부족한 부분을 찾아 보완하기 위해 노력하였음. **학교 행사관련 기사부터 사회이슈가 되는 문제 등 다양한 분야에 대한 기사를 쓰기 위해서 그룹원들과 함께 꾸준히 자료조사와 소통의 시간을 가졌으며** 영어 작문실력의 향상을 위해 부단히 노력함. 여러 가지 직업에 대한 기사쓰기에서 자신의 희망진로에 대한 내용을 조사하여 기사로 작성해보았음.

위 기록내용을 보면 이 학생이 영자신문내용과 제작과정에서 어떤 역할을 했음을 알 수 있다. 영자신문은 학교에서 1년에 1회 발행되는 것으로 이 학생이 속한 동아리가 주도적으로 영자신문을 제작 및 발간한다. 이렇게 동아리활동이 학교 공식적인 활동에 직접적으로 참여하는 것은 4번 팁 ‘학교 공식행사나 활동에 적

극적으로 참여하여 공식적인 역할을 많이 만들어라'에 해당한다.

[사례 2] 영미문화동아리

> **◇◇◇시 벼룩시장 행사에서 '○○고 영미문화체험부스'를 운영하였음.** 영미문화체험부스를 운영하기 위해 몇 주간 걸쳐 회의를 진행했고 사람들의 호응을 이끌어낼 수 있는 활동에 대한 아이디어를 내고 계획을 짰음. 관내 중학교 학생들이 많이 와서 볼 수 있으므로 활동 내용을 중학생이 흥미를 느낄 수 있는 부분에 초점을 맞추어서 중학생들의 반응과 관심이 매우 뜨거웠음.

　　지역에서 1년에 1회 운영하는 벼룩시장 행사에 중고등학교 체험부스 운영이 포함되어 학교를 중학생들에게 홍보하기 위한 방법으로 체험부스를 운영할 동아리를 모집하였는데 위 동아리가 참여할 의사를 밝혔고 위 학생이 열심히 체험부스를 준비하여 학교홍보에 큰 도움이 되었다. 이 사례는 폭넓은 의미에서 8번 팁 '지역사회 시설이나 지역 사회 인적 자원을 활용하라'에 해당한다고 볼 수 있다. 왜냐하면 지역사회시설활용은 아니지만 지역사회활동참여로 볼 수 있기 때문이다.

[사례 3] 영어연극동아리

> 영어 연극을 하기 위한 대본을 부원들 두 명과 함께 밤낮으로 작업하였고 동아리 선배가 현재 다니고 있는 **◇◇대학교 영어연극 동아리와 지속적인 교류를 통해 영어대본을 수정받아 대본을 완벽하게 완성하였음.** 영어대본 작성을 통해 영어영문학과의 진학에 대한 꿈을 더욱 확고히 하였음.

　　이 사례는 동아리 선배의 도움과 참여로 동아리에 대한 재학생들의 소속감을 굳건히 한 내용으로 9번 팁 '동아리 졸업생들을 활용한 멘토-멘티활동을 활성화해라'에 해당된다.

③ 사회역사동아리
　・만들 수 있는 동아리 종류 및 동아리에서 할 수 있는 활동들

동아리 종류		동아리에서 할 수 있는 활동들
사회 동아리	사이버외교동아리	우리나라 역사 바로 잡기, 독도 홍보 활동 등 한국역사 인식을 제고할 수 있는 다양한 활동과 현안이 되는 외교문제에 대한 한국의 입장과 세계의 시각 알아보기
	경찰동아리	교내 질서유지와 안전관리 활동 및 캠페인 활동
	시사문제연구·논문동아리	이슈가 되는 현안에 대한 연구 및 논문작성 활동
	사회단체연구동아리	사회단체의 사회적 역할과 영향력에 대한 연구 활동
역사 동아리	역사문화탐구동아리	한국역사의 발자취를 알아볼 수 있는 각 지역 체험활동과 역사를 되짚어보는 탐구활동

·관련대학학과 – 국사학과, 사회학과, 역사·고고학과, 역사문화학과, 도시지
  역학과, 국제학과, 국제지역학과, 문화·민속·미술사학과, 문화인류학과, 한
  국사학과

·생활기록부 기록사례

[사례 1] 사이버외교동아리

◇◇사이버 외교관 교육을 받고 사이버 외교관 수료와 동시에 ◇◇ **한국 홍보대사가 되었음. 한국을 여러 나라에 알려달라는 홍보 포스터와 엽서 제작에 참여했음. 동해·일본해 표기가 잘못되어 있을 때 꾸준히 항의하는 메일을 보내 한 사이트의 지도표기가 일본해에서 동해로 바로잡아졌음.** 외국 친구와 펜팔을 하거나 외국 담당자들에게 항의 서한을 보내는 것이 사소한 일일지 몰라도 그것들이 모여서 왜곡된 우리나라의 위상을 제대로 세울 수 있는 일임에 대해서 매우 자부심을 갖고 활동함.

이 사례는 10번 팁 '동아리 관련 외부대회나 외부행사 또는 동아리 체험부스 활동에 참여하라'에 해당되는 것으로 위 학생은 교내 동아리활동에 그치지 않고 활동의 범위를 국내로 넓혔으므로 외부대회나 외부행사와 유사한 외부활동으로 간주하였다. 단순한 교내 동아리활동에서 넘어서 국내활동으로 확대한 부분이 주목할 만하다.

[사례 2] 경찰동아리

금연 홍보활동을 위한 토론 시 다양한 의견을 제시하였으며 포스터 제작에 적극 참여하였음. 서울 지방 경찰청 견학을 통해 경찰의 역할과 다양한 정보들을 접하면서 경찰에 대한 보다 많은 관심을 갖게 됨. **'◇◇지역 학교폭력의 실태와 해결방안에 대한 연구'를 주제로 논문을 작성하는 과정에서 팀원들을 잘 이끌어나가며 동아리 학술논문발표대회에서 논문 내용을 발표함**으로써 평소 내성적이었던 성격을 극복하였음. 학교폭력예방에 대한 연구를 하면서 학교폭력의 지역적인 특색을 파악하고 그 부분에 초점을 맞추어 **교내와 지역에서 캠페인을 하여 학교폭력예방을 위해 힘씀.**

위 내용을 보면 동아리 학술논문발표대회에 참여했던 논문제목이 구체적으로 언급되어 있고 동아리가 주관하여 학교폭력예방캠페인을 벌여 학생들의 인식을 바꾸었던 교내활동이 적혀 있다. 위 두 내용은 1번 팁 '구체적인 사례나 활동을 적어라'와 3번 팁 '동아리 주최 학교행사를 주관해라'에 해당한다. 2016년부터는 특기사항에 대회명을 입력할 수 없으므로 변경된 생활기록부 지침을 확인하고 기록해야 한다.

[사례 3] 시사문제연구·논문동아리

'저출산 문제해결방안'이라는 주제를 잡아서 자료를 수집하고 토론을 했으며 주제에 맞춰 **논문을 작성**하기 위해 수차례에 걸친 회의를 했음. 회의를 하는 과정에서 모둠원 혹은 동아리 부서원들의 다양한 의견을 인상 찌푸림 없이 경청하고 자신의 것을 발전시키는 데에 활용하기 위해 애쓰는 자세가 돋보임. 사회적으로 많은 물의를 일으켰던 보육기관에서 발생한 사건에 대한 해결책을 찾아보기 위해 구성원들과 함께 **'보육기관의 실태에 대한 인식과 해결방안'**이라는 주제로 논문을 작성함.

위 학생은 진로와 관련된 주제연구 및 논문작성에 활동의 초점을 맞춘 사례로 학생이 연구하여 작성했던 논문제목이 구체적으로 적혀 있어 동아리활동에 대한 신뢰도가 높아졌다. 이는 1번 팁 '구체적인 사례나 활동을 적어라'에 해당한다.

[사례 4] 역사문화탐구동아리

경기도 지역과 서울의 역사 문화 유적지를 답사하고 박물관 견학, 역사 문화 관련 영화 감상, 역사 토론, 소감문 작성 등 1년간 다양한 활동에 참여하고 **교내 역사 퀴즈대회**를 다른 동아리 학생들과 함께 주관하였음. 학생은 조용하면서도 진지한 자세로 매 시간마다 활동하였고 같은 동아리 부서 학생들과 잘 어울리면서 부서 대표와 함께 활동계획을 수립하는 등 적극적이고 성실하며 꾸준한 자세로 활동에 참여하는 열의를 보인 것은 물론 활동 종료 후 소감문도 상세하게 작성하여 한 권의 파일로 만드는 모범적인 모습을 보임.

위의 역사퀴즈대회는 동아리가 전교생을 대상으로 주관한 학교행사로 동아리 학생들끼리 역할을 분담하여 전교생 중 희망하는 학생들을 대상으로 실시한 대회였다. 이 대회를 준비하면서 동아리 학생들도 많이 성장하였고 전교에 동아리의 위상을 높였다. 이는 3번 팁 '동아리 주최 학교행사를 주관해라'의 사례에 해당된다. 2016년부터는 특기사항에 대회명을 입력할 수 없으므로 변경된 생활기록부 지침을 확인하고 기록해야 한다.

[사례 5] 사회단체연구동아리

엔지오 단체들의 여러 활동 분야에 대한 흥미를 보임. **◇◇◇◇터 탐방활동에서 활동가들의 업무내용과 활동모습을 세심히 관찰하고 설명을 경청함.** ◇◇◇터 탐방활동에서 사회단체들과 협력, 지원관계를 유지하는 책임자 역할의 중요성에 공감함. 마을협동조합 탐방활동에서 사람들의 지지와 참여를 설득하기 위해 경영자의 역할이 중요하고 능력을 보여야 한다는 것을 생각함. **○○제작소 탐방을 하고 주민들 속에 들어가 함께 생활한 담당자들의 열정에 감명받음.** 이곳에서 나눔과 재능기부의 의미를 배움.

◇◇◇터와 ○○제작소는 지역사회시설로 학생들이 탐방을 통해 지역사회시설이 하는 일과 지역 내에서 역할에 대해 배울 수 있었다. 교육부나 지역교육청에서도 학교와 지역사회의 연계를 강조하고 있는 사회적 환경 속에서 동아리활동을 통해 학교와 지역사회의 연계를 강화할 수 있다는 건 매우 의미 있는 일이다. 이 사례는 8번 팁 '지역사회 시설이나 지역사회 인적 자원을 활용하라'에 해당한다.

④ 언론·방송동아리

· 만들 수 있는 동아리 종류 및 동아리에서 할 수 있는 활동들

동아리 종류	동아리에서 할 수 있는 활동들
언론·방송동아리	방송사 PD, 방송 엔지니어, 아나운서, 방송사와 신문기자 및 앵커아나운서 등 언론관련 각 직업에 대한 직업탐색, 직업인과의 만남, 일일체험, 학교에서 관련 행사 추진

· 관련대학학과 – 정보미디어학과, 언론정보학과, 신문방송학과, 광고홍보학과, 미디어커뮤니케이션학과

· 생활기록부 기록사례

[사례 1] 언론동아리

세월호의 보도에 관한 토의활동에서 언론인이 가져야 할 책임의식에 대해 진지한 태도를 보이며 의견을 제시함. 재치 있는 아이디어가 많은 학생으로 인천아시아게임 홍보UCC나 환경보호 포스터 제작활동에서 아이디어 뱅크로 통하며 다양한 아이디어를 제시하였고 활동을 적극적으로 이끎. **◇◇◇법원에서 열린 청소년법률토론대회에 학교대표로 참여하여 변호사에 버금가는 뛰어난 말솜씨를 보여줌.** 교원임용제 남성할당제와 의료민영화에 대한 토론에서는 각각 반대와 찬성의견을 제시하며 근거로 제시할 수 있는 자료를 많이 준비해와 다른 학생들을 놀라게 함.

　　◇◇◇법원에서 열린 토론대회는 지역에 있는 각 학교대표들이 참여하는 대회였는데 위 동아리 학생이 학교를 대표하여 참가했을 뿐만 아니라 좋은 결과를 얻었다는 게 언급되어 있다. 우선 학교대표로 참가했다는 것뿐 아니라 뛰어난 말솜씨까지 보여주었다는 게 큰 의미가 있다. 이 사례는 4번 팁 '학교 공식행사나 활동에 적극적으로 참여하여 공식적인 역할을 많이 만들어라'에 해당된다.

[사례 2] 방송동아리

드라마 작가를 꿈꾸는 학생으로 진로를 위해 자료를 수집하고 적극적으로 활동을 하는 모습이 인상적인 학생임. 극작과 실기 지문을 찾아 연습을 하고 현직 방송작가의 강의를 듣고 드라마 작가의 생활과 태도에 대해 더욱 자세히 알아보는 시간을 가짐. ◇◇◇방송국을 직접 방문하여 방송국탐방 프로그램을 직접 체험해보았으며 공익광고에 대한 광고기획공모전에 참가하여 주제선정에서부터 제작까지 최선을 다하여 능동적으로 참여함. 하나의 작품이 탄생하기 위해서 얼마나 많은 시행착오와 난관을 겪어야 하는지 깨닫게 되었고 여러 분야의 사람들이 한 작품을 위해 유기적으로 함께해야 하는 협력과 화합의 중요성을 이해하며 자신의 꿈에 대한 잠재력을 키워나감.

이 동아리 기록은 학생이 자신의 꿈을 향해 준비하는 성장과정이 드러나 있다. 본인이 자신의 능력을 키우기 위해 노력한 모습, 안목을 넓히기 위해 외부활동을 진행한 것들이 모두 하나의 이야기처럼 연결되어 있고 잠재력을 향상시키고 있다는 이상적인 결론에 도달했다. 이 사례는 2번 팁 '동아리활동에도 스토리를 만들어라'에 해당된다.

특유의 명랑함과 재치 있는 말솜씨로 아나운서 역할을 훌륭히 해냄. **아침방송을 맡아 선생님들과 학생들에게 인정을 받으며 원활한 방송진행을 하였으며** 방송제 출품작의 연출과 편집까지 책임감 있게 작업해가는 모습을 통해 성실함을 인정받음. 꾸준히 진로에 대한 정보를 얻고 연구하며 구체적인 계획을 세워 노력하였으며 학교의 큰 행사인 **방송제 진행을 맡아 관객의 호응을 유도함.**

위에 나와 있는 아침방송은 학교의 공식적인 활동으로 방송부가 지원하고 있고 연말에 진행되는 방송제는 동아리가 주관하여 실시하고 있다. 그러므로 위의 사례는 4번 팁 '학교 공식행사나 활동에 적극적으로 참여하여 공식적인 역할을 많이 만들어라'와 3번 팁 '동아리 주최 학교행사를 주관해라'에 해당된다고 볼 수 있다.

⑤ 경영·경제동아리

· 만들 수 있는 동아리 종류 및 동아리에서 할 수 있는 활동들

동아리 종류	동아리에서 할 수 있는 활동들
경영·경제동아리	경영·경제와 관련된 탐구활동 및 논문작성, 경영·경제이론에 대한 학습 및 경시대회 참가

・관련대학학과 – 경영학부, 경제학부, 경제금융학부, 외교통상학과, 호텔·관광경영학과, 파이낸스경영학과, 경제통상학과

・생활기록부 기록사례

[사례 1] 경제경시동아리

> **위 학생은 동아리연합회 회장으로 1년간 동아리 전체활동과 관리에 중요한 역할을 담당했음.** 다른 나라의 문화와 마케팅에 대한 관심과 호기심을 관련도서와 신문기사를 통해 간접적으로 접하였으며 기업의 현지와 전략에 대하여 조사하는 과정에서 맥도날드와 스타벅스의 사례를 비교·연구하며 성공사례와 실패사례에 대해 정리하고 발표하였음. 이 과정을 통해 현지인들의 문화와 마인드를 읽어내는 마케팅 전략이 국내 기업의 현지화에 큰 영향을 미친다는 것을 알게 되었고 이로 인해 홍보 마케팅에 대한 확실한 개념을 배웠고 안목을 넓혀 나감.

위 학생은 동아리의 학생회인 동아리연합회에서 1년간 회장을 맡았었고 이 내용이 생활기록부 동아리활동에 기재되어 있다. 경영과 관련된 주제를 선정하여 연구논문을 작성했다는 기록이 있긴 하지만 정확한 논문제목이 없다는 점이 아쉽다. 이 내용은 7번 팁 '동아리만의 학생회를 조직하고 이름도 그럴싸하게 붙여보자'에 해당하는 사례이다.

[사례 2] 경영동아리

코엑스 국제행사에 참여하여 다양한 국내 중소기업의 주력상품들을 살펴보면서 내수기업의 해외시장진출 가능성에 대한 탐구가 이루어짐. 특히 해외 바이어의 입장에서 국내 상품들을 평가, 분석해보면서 어떤 상품이 해외시장에서 경쟁력이 있을지를 분석하며, 글로벌 인재가 되기 위한 기반을 닦음. 또한 국제무역사라는 꿈을 가지고 방문한 만큼 대기업의 그늘에 가려진 중소기업의 성장을 이루고 싶다는 목표를 뚜렷이 나타냄. **한국경제신문사를 방문하여 경제에 대한 기본개념 및 흐름에 대한 강연을 들으면서** 경제, 경영학에 대한 이해도가 눈에 띄게 향상됨. **한국시장에서의 무역이 아시아시장에서 어떤 영향력을 갖고 있는지 대해 연구한 논문을 발표하여 자신이 가지고 있는 능력을 아낌없이 발휘함.** 또한 논문 작성 과정을 통해 국내기업의 기술개발이 아시아 시장에서 어떻게 자리매김하고 있는지를 알게 되고 외국기업에 못지않게 많이 성장하고 발전했음을 느낌.

위 생활기록부 기록은 동아리활동 내용이 매우 구체적으로 언급되어 있어 1번 팁 '구체적인 사례나 활동을 적어라'에 해당하는 대표적인 사례라고 볼 수 있다.

⑥ 교육동아리

· 만들 수 있는 동아리 종류 및 동아리에서 할 수 있는 활동들

동아리 종류	동아리에서 할 수 있는 활동들
유아교육동아리	유아교육과 관련된 체험활동, 봉사활동 실시, 유아교육의 현재 문제점과 나아갈 방향에 대한 모색, 유치원교사가 되기 위한 과정이나 자격에 대한 탐구활동
중등교육동아리	중등교사가 되기 위한 과정이나 필요한 활동 정보 탐색 및 공유, 중등교사가 갖추어야 할 자격이나 덕목에 대한 연구, 현재 중등교육이 갖고 있는 문제점 분석과 해결방안 제시
교육학동아리	교육전반에 대한 다양한 주제토론, 한국교육과 외국교육과의 비교분석

· 관련대학학과 – 교육학과, 각 분야의 교육과, 교육심리학과, 초등교육과, 유아교육과, 특수교육학과, 영유아보육학과

· 생활기록부 기록사례

[사례 1] 유아교육동아리

펠트와 크리스마스트리 등 다양한 교구를 만드는 활동에서는 뛰어난 손재주와 창의력을 발휘하여 부원들을 도와주며 작품을 완성하여 부원들과 교사의 칭찬을 받았으며 교구제작활동을 통해 아이들의 성장과 발달을 고려하여 놀이 활동을 진행하는 방법에 관해 생각하고 어떻게 하면 아이들이 흥미를 느끼며 교구를 이용한 활동을 할 수 있을지에 대해 부원과 토의하는 시간을 가지며 **의견을 제시하는 모습을 통해 유아교육에 대한 학생의 열정을 느낄 수 있었음.** 칭찬의 장단점에 대한 영상 시청 후 아동의 행동유형에 대한 자신의 생각을 정리한 PPT자료를 보여주며 조리 있게 발표하였으며 부원들을 이끌어 종합적인 결론을 내는 사고력을 갖춘 모습을 보임.

위 기록내용은 동아리활동이 학생의 진로결정을 더욱 확고히 해주는 역할을 해주고 있음을 보여준다. 학생이 자신의 진로를 향한 활동을 하나씩 해나가면서 진로에 대한 확신이 더욱 생겼음을 보여주는 기록으로 5번 팁 '학생의 진로결정과 관련해서 기록해라'에 해당되는 사례이다.

[사례 2] 교육학동아리

동아리 부원들과 함께 '◇◇스터디 토크콘서트'를 열어 학생들의 다양한 학습법에 대한 토론의 장을 만들고자 계획하고 전교생 중 희망학생의 참가신청을 받아 행사를 진행함. 이 활동을 통해 불안하던 자신의 공부법을 확립하고 다양한 공부법을 배움. 교사의 중요한 덕목인 배려를 깨닫고 교사가 되기 위해 해왔던 노력들을 되돌아보기 위해서 자기소개서를 작성함. '가르친다는 것'을 읽고 토론하며 바람직한 교사의 역할을 알게 되었고 학교의 교육체제에 중심을 두어 교육의 미래를 상상함. 자유 학기제에 대한 장단점을 분석하여 교육 관련 지식을 쌓음. 한국 교육실태에 대한 학생들의 인식을 조사하기 위해 설문지를 직접 작성하였으며 핀란드와 우리나라의 교육체제를 비교하며 우리나라 교육의 점진적 개선방향에 대하여 논문을 작성함. **지역아동센터와 MOU를 체결하고 정기적으로 센터를 방문하여 아이들에게 두뇌발달놀이와 국어·수학학습에 많은 도움을 줌.**

위 학생은 '◇◇스터디 토크콘서트'를 동아리가 주관하여 전교생 중 희망학생을 모아 학습법에 대한 토론을 했는데 성공적으로 진행했고 지역아동센터와 자매교류를 체결하여 1년 동안 정기적으로 교육봉사를 실천하였다. 위 두 활동은 3번 팁 '동아리 주최 학교행사를 만들어라'와 8번 팁 '지역사회 시설이나 지역사회 인적 자원을 활용하라'에 해당되는 사례이다.

⑦ 상담·심리동아리

· 만들 수 있는 동아리 종류 및 동아리에서 할 수 있는 활동들

동아리 종류	동아리에서 할 수 있는 활동들
상담동아리	카운셀러가 되는 방법에 대한 정보공유, 카운셀러에게 필요한 다양한 요건들 탐색, 상담기법과 상담에 필요한 각종 자료와 지식공부, 상담시연대회 개최, 상담센터 방문하는 체험활동
심리학동아리	인간의 심리에 대한 다양한 연구 및 학습, 관련도서 탐독 후 토론활동진행, 유명심리학자 인터뷰

· 관련대학학과 – 심리학과, 사회심리학과, 산업심리학과, 상담심리학과

· 생활기록부 기록사례

[사례 1] 심리학동아리

이 학생은 임상심리에 관심이 많아 이와 관련된 의미 있는 활동을 하고자 하는 열의를 가지고 동아리에 지원함. **병원에 있는 환자들의 심리적인 문제를 진단하고 적절한 개입을 통해 치료하는 직업에 매력을 느꼈으며 임상심리사라는 직업을 갖고자 하는 구체적인 꿈이 생김.** 또한 임상심리 중 PTSD 정신병리에 관한 조사연구를 하고자 동아리 담당교사와 많은 이야기를 나누며 보고서를 완성하였고 우수한 성적으로 대회에서 입상하며 관련 지식을 더욱 배우고 싶다는 생각을 갖게 되었음. 동아리활동 중 또래상담 수련 시에는 특별히 기법을 활용하지 않아도 학생이 가진 나지막한 목소리와 침착하고 차분한 경청의 태도만으로 듣는 사람의 마음을 편안하게 해줄 수 있었음. 심리치료나 상담을 할 때도 개인이 가진 이와 같은 요소들은 큰 장점으로 작용할 수 있으리라 생각됨.

위 학생은 본인이 관심 있는 분야의 동아리에 들어가서 자신의 꿈을 확실하게 정하는 계기를 마련했다. 그리고 자신의 꿈을 정한 후에 관련된 동아리활동을 꾸준히 하며 성장해나갔고 그런 과정이 생활기록부 기록에 자세히 기록되어 있다. 이 사례는 2번 팁 '동아리활동에도 스토리를 만들어라'와 5번 팁 '학생의 진로결정과 관련해서 기록해라'에 해당된다.

[사례 2] 상담동아리

이 학생은 상담심리에 관심이 많으며 그중에서도 청소년 상담분야에 가장 매력을 느끼게 되었음. 매우 실질적인 또래상담 사례로 매 회기 상담교사의 슈퍼비전을 받으며 성실히 수련에 임하였으며 결과가 마음대로 되지 않아도 최선을 다하며 상담자의 소명의식에 대한 심도 있는 고민을 하기도 하였음. **학교에 '또래상담주간'을 기획하여 또래상담자격증을 가진 부원들과 함께 일주일 동안 친구들의 고민을 들어주고 상담하는 교내활동을 기획하고 진행하였음.** 이전에 없었던 새로운 시도에 또래학생들의 많은 관심과 호응을 이끌어 냈음. 기본적으로 이타적인 성향이 강하여 타인을 편안하게 해주는 능력이 있고 이러한 성향은 추후 사람을 대하는 직업분야에서 큰 장점으로 작용할 것으로 보임.

위 학생은 동아리활동을 통해 또래상담이라는 새로운 분야를 심층적으로 배우고 더 나아가 배운 활동으로 다른 친구들을 도와주는 또래상담주간 교내활동을 기획하였고 좋은 반응을 얻었다. 이 사례는 3번 팁 '동아리 주최 학교행사를 주관해라'를 잘 보여주는 경우라고 볼 수 있다.

(2) 자연공학

자연공학동아리는 크게 수학, 과학, 의학, 공학 네 분야로 나눌 수 있고 자연과학·이공계열학생들이 본인의 진학과 관련된 분야를 정해서 동아리활동을 할 수 있다. 네 분야로 나누어 각 분야에서 할 수 있는 활동내용들은 아래와 같다.

① 수학동아리

· 만들 수 있는 동아리 종류 및 동아리에서 할 수 있는 활동들

동아리 종류	동아리에서 할 수 있는 활동들
수학체험동아리	수학적 개념과 원리를 분석하는 활동, 교구를 이용한 다양한 수학적 체험활동 진행, 수학과 관련된 외부체험활동 참가
수학교사동아리	수학교사가 되고 싶어 하는 학생들을 위한 활동으로 수학문제집 만들어보기, 수학교육과정에 대한 이해와 분석 및 합리적인 수학교육과정 작성해보기
창의수학동아리	수학적 창의력을 향상하는 다양한 수학적 게임이나 체험활동

· 관련대학학과 – 수학과, 수학교육과, 수학통계학부, 응용수학과

・생활기록부 기록사례

[사례 1] 수학체험동아리

> **동아리 부원 세 명과 함께 '교내 수학 마인드맵 그리기 및 발표활동'에서 도우미로서 진행을 도와주는 역할을 담당하였음.** 확률과 관련된 야구게임을 할 때 점차 원리를 깨닫고 적극적으로 참여하였고 암호와 관련된 활동을 통해서 시저, 비즈네르, 동일 빈도 암호의 특징과 그 원리에 대한 지식을 쌓음. 여러 가지 보드게임을 통해 주어진 상황에서 유리한 결과를 내기 위해 경우의 수를 생각해보고 우승확률을 계산해봄. 이러한 활동을 통해 확률을 계산하는 방법에 대해 스스로 규칙을 찾아보는 등 수학적 사고력을 증진시킴.

위 학생은 수학체험 동아리활동도 동아리 특성에 맞게 활발히 참여했고 이와 더불어 학교에서 희망자학생을 대상으로 실시하는 수학발표활동의 진행을 도와주는 역할을 맡아 활동하였다. 이 내용은 4번 팁 '학교 공식행사나 활동에 적극적으로 참여하여 공식적인 역할을 많이 만들어라'라는 항목에 해당된다.

[사례 2] 수학교사동아리

> **동아리 내 5개팀으로 나누어 활동을 기획하고 진행했는데 3조의 팀장을 맡아 많은 아이디어를 내고 다양하게 활동을 만들어나감.** 동아리 팀원들과 함께 미적분과 관련된 수학문제집을 만들기 위해 여러 가지 문제집과 참고서를 참고하여 문제를 분석하고 학생들이 꼭 알아둬야 할 유형들과 자주 틀리는 문제들을 정리함. 동아리 내에서 수학 신문 만들기 대회를 했는데 한 달 동안 모둠을 정해 수학 선생님을 인터뷰하고 여러 가지 수학 게임, 수학 관련 영화 등의 쓸거리를 조사하여 수학 신문을 만들어 3등을 하였음. 방정식과 부등식 관련된 소논문 작성을 위해 초중고 교육과정, 관련된 내용에 대해 조사하였고 작성 후 발표하여 영상을 찍으며 스스로 문제점을 찾고 정리를 해봄으로써 방정식과 부등식에 대한 이해도가 더 높아졌다는 사실을 깨닫게 되었다고 함.

위 학생은 동아리의 일반적인 임원조직의 구성원은 아니지만 동아리의 효율적인 활동을 지원하기 위한 팀 활동에서 팀장을 맡아 자신의 리더십을 발휘하였다. 이 사례는 팁 6번 '동아리에서 임원조직도를 잘 구성해라'에 해당된다고 볼 수 있다.

② 과학동아리

·만들 수 있는 동아리 종류 및 동아리에서 할 수 있는 활동들

동아리 종류	동아리에서 할 수 있는 활동들
과학실험동아리	각종 과학실험 진행, 대학실험실과 연계한 실험활동, 논문작성
발명동아리	발명아이디어 창출 및 발명품 제작활동, 각종 발명대회 참가
로봇동아리	로봇제작, 로봇프로그래밍 학습 및 연구 작업
지구과학동아리	지구과학과 관련된 각종 탐구 및 연구활동, 주제별 토론활동
생명탐구동아리	동물이나 식물에 관련된 탐구활동, 동물해부실험 및 연구
과학체험동아리	여러 분야를 포함한 각종 과학전시회 참여 및 체험활동

·관련대학학과 – 로봇공학과, 로봇학부, 화학과, 생명공학부, 생명과학부, 과학교육과, 자연과학대학, 물리학과, 시스템생물학과, 천문우주학과, 대기과학과, 시스템생물학과

·생활기록부 기록사례

[사례 1] 과학실험동아리

점핑 나트륨 실험을 통해 나트륨이 물과 반응하여 수소기체가 발생하고 수용액이 염기성을 띠는 것을 지시약으로 확인함. 돼지간 해부 실험에서 생명에 대한 소중함을 느끼게 되었으며 돼지간의 구조를 미리 선행 학습하여 사전 실험준비를 철저하게 한 후 실험에 임함. 손에 불붙기 실험에서 메탄올과 물의 끓는 점 차이를 이용해 장갑을 낀 손에 불이 붙는 등 위험요소가 있는 실험이었으나 사전 실험계획이 매우 우수한 학생으로서 항상 안전을 먼저 생각하는 모습으로 다양한 화학실험에서도 사고가 나지 않도록 대비하는 모습이 인상적이었음. **동아리 학생회에서 수학·과학 팀장으로 활동하며 수학·과학 관련 동아리들의 의견을 모아 동아리활동이 활성화되도록 노력하였음.**

위 학생은 3년간 실험동아리에서 열심히 활동한 학생으로 2학년 때 동아리대표를 맡으면서 동아리 학생회의 수학·과학팀장을 맡아 1년 동안 수학·과학동아리들의 활동을 지원하고 어려움을 해결해주기 위해 다각도로 노력하는 등 리더십을 발휘하여 이과 동아리 활성화에 기여하였다. 이 사례는 7번 팁 '동아리만의 학생회를 조직하고 이름도 그럴싸하게 붙여보자'는 내용에 해당된다.

[사례 2] 발명동아리

> 자신의 아이디어로 '스틱형 젤 틴트', '발 세척기', '압축 음식물 처리기', '스카치 밴드', '양파 이어폰 캡' 등의 아이디어를 창출하고 **교내에 발명 아이디어를 발표하여 좋은 평가를 받았음.**

위 학생은 동아리에서 여러 가지 발명 아이디어를 내는 작업에 충실하였을 뿐만 아니라 교내 발명 아이디어 대회에 참여해 수상의 영광까지 갖게 되었다. 동아리활동이 자신들만의 활동에서 벗어나 객관적인 평가를 거치면서 실력을 인정받기도 하고 부족한 부분도 보완할 수 있어서 대회참여는 활동의 업그레이드에 매우 좋은 기회가 된다. 이 사례는 외부대회는 아니지만 팁 10번의 대회참여와 같은 맥락으로 분류할 수 있다.

[사례 3] 로봇동아리

> **대한민국 청소년 박람회에서 로봇부스 운영을 하면서 준비한 로봇에 문제가 발생했을 때에도 차분하게 대처하는 모습으로 후배들을 안심시키기도 함.** 미션을 수행하기 위한 로봇을 제작하면서 팀워크의 중요성, 남을 배려하는 배려심, 미션을 분석하고 로봇을 설계하는 등의 기술이 향상되었음. 로봇 또한 마인드 스톰과 더불어 테트릭스도 사용해봄으로써 로봇에 대한 시야를 넓히는 계기가 됨.

위 사례는 동아리 관련 외부행사에 참여하여 학생들의 실력과 안목을 높인 좋은 예시라 볼 수 있다. 대한민국 청소년 박람회 부스 운영을 며칠 동안 진행하면서 관람객을 위해 로봇 준비작업도 세심하게 하고 다른 학교에서 운영하는 동아리부스의 활동을 보면서 본인들의 부족한 점을 보완하고 안목도 넓히는 등 학생들의 활동수준을 끌어올린 좋은 계기라고 생각된다. 이 활동에 참여했던 동아리 학생들이 실제로 이후에도 많은 수준 있는 활동들을 이끌어갔다고 한다. 이 내용은 10번 팁 '동아리 관련 외부대회나 외부행사 또는 동아리 체험부스 활동에 참여하라'의 좋은 사례이다.

③ 의학동아리

・만들 수 있는 동아리 종류 및 동아리에서 할 수 있는 활동들

동아리 종류	동아리에서 할 수 있는 활동들
의학동아리	의료기관 직업탐방, 건강관리 프로젝트 연구, 교내건강캠페인, 의학관련 논문작성 및 연구 활동
간호동아리	간호사 직업체험, 교내건강캠페인, 성교육·흡연예방교육 교내활동 보조 및 관련 프로젝트 연구 활동

・관련대학학과 – 치의예과, 의예과, 간호학과, 보건행정학과, 수의학과, 임상병리학과, 방사선학과, 물리치료학과, 치위생학과

・생활기록부 기록사례

[사례 1] 의학동아리

> 이주민 의료 봉사기관에서 봉사활동을 하면서 의대생들이 환자를 진료하는 모습을 옆에서 직접 보면서 의사라는 직업에 대해 많이 생각함. 우리나라 의료기관과 다른 나라 의료기관 운영 실태에 대한 비교 분석을 통한 연구를 하면서 우리나라 의료기관의 상황에 대해 자세히 알게 됨. **보건소의 교육 프로그램에 참여하여 개인의 위생과 건강에 대한 도움을 받을 수 있어서 좋았고 흡연과 음주의 피해에 대해 교육을 받음.**

[사례 2] 간호동아리

> 심폐소생술 교육에 참여하여 심폐소생술과 자동제세동기 사용법을 익히고 실습함. **의과 대학을 탐방하여 간호학과에서 배우는 내용을 숙지함. 보건소를 견학하여 보건소 학생 체험 프로그램에 참여했고 흡연예방교육을 받았음.** 교내 흡연예방캠페인에 참가하여 청소년 흡연의 문제점을 알리고 학생들의 인식을 개선하기 위해 노력하였음.

위의 두 사례는 모두 8번 팁 '지역사회 시설이나 지역사회 인적 자원을 활용하라'와 관련된 내용으로 우선 두 동아리 모두 지역보건소의 협조를 받아 보건소의 교육프로그램에 직접 참여하여 의사와 간호사가 하는 역할에 대한 직접적인 체험도 하고 지역보건소가 하는 일들과 역할에 대한 교육도 받았다. 그리고 간호동아리는 보건소에서 흡연예방교육을 받고 와서 교내에서 흡연예방캠페인을 실시하

여 교내 학생들에게 흡연의 문제점에 대해 적극적으로 홍보했다. 이 활동은 3번 팁 '동아리 주최 학교행사를 주관해라'와 관련된 사례이다.

④ 공학동아리

·만들 수 있는 동아리 종류 및 동아리에서 할 수 있는 활동들

동아리 종류	동아리에서 할 수 있는 활동들
전자공학동아리	전기·전자에 대한 이해, 전자제품 분해 및 부품의 기능파악, 더 효율적이고 성능 좋은 기계를 만들기 위한 연구 활동
건축공학동아리	건축설계 모의 체험, 건축모형과 모형시설 만들기, 건축물에 대한 이해와 연구, 관련 탐구활동 및 논문 작성
생명공학동아리	유전공학에 대한 이해, 생명체와 유전자에 대한 연구 및 토론활동, 관련 주제 탐구 및 논문 작성

·관련대학학과 – 융합전자공학과, 생명공학과, 건설환경공학과, 기계공학과, 화학공학과, 도시공학과, 전기·정보학부, 재료공학부, 화공생명공학부, 산업공학과, 환경공학과

·생활기록부 기록사례

[사례 1] 전자공학동아리

구리관과 폼포드를 이용하여 증기관으로 작동되는 배의 원리 및 작용 반작용의 원리에 대해 실험을 통하여 이해하였고 배의 크기 및 구리관의 길이와 물 대신 식용색소를 사용한 것 등등 여러 번의 시행착오를 통하여 방법을 배웠음. 폐가전제품 분해하고 살펴보기를 통하여 휴대전화기의 LCD화면과 메인보드 역할을 하는 부품을 분해해서 크기를 비교하고 조원들과 성능에 대해 나누면서 스위치와 안테나의 역할을 알아보았음. **전자공학과를 입학한 동아리 선배들이 활동에 같이 참여해 부품 분해를 도와주고 부품의 기능과 성능에 대해서 자세히 설명해줌.**

위의 기록은 학생의 활동내용이 매우 구체적으로 작성되어 학생의 관심분야를 직접적으로 파악할 수 있는 1번 팁 '구체적인 사례나 활동을 적어라'와 관련 있는 사례이다. 그리고 밑줄 친 부분은 9번 팁 '동아리 졸업생들을 활용한 멘토-멘

티 활동을 활성화해라'와 관련 있는 내용으로 고등학교 학생들끼리 해결하기 어려운 활동들을 졸업한 선배들이 대학에서 배운 지식을 바탕으로 후배 동아리 학생들에게 가르쳐주어 동아리활동을 활성화한 내용이다.

[사례 2] 건축공학동아리

> **동아리에서 '스파게티 교량 만들기 경연'을 개최해 건축에 관심 있는 많은 학생들이 면과 본드를 이용해 정해진 규격안에서 면으로 다리 만들기 경연에 참여하도록 홍보하는 역할을 함.** 참가자로 참여해 팀원들과 머리를 맞대고 고민하는 과정 중 아치교, 트러스교, 사장교, 현수교와 같은 다양한 교량의 구조 및 특징을 조사했고 다리의 구조적인 모양을 이해할 수 있었음.

위의 사례는 동아리의 활동을 교내로 넓힌 것으로 동아리 관련된 대회를 교내 대회로 범위를 넓혀 이 분야에 관심 있는 학생들의 참여를 이끌어냈다는 점이 매우 훌륭하다. 동아리에서 주관한 대회이지만 대회에 참여하고 싶은 동아리 학생들은 참여할 수 있도록 하여 동아리학생들의 다양한 선택이 보장된 활동이다. 이 내용은 3번 팁 '동아리 주최 학교행사를 주관해라'와 관련된 사례이다.

2) 진로동아리

· 만들 수 있는 동아리 종류 및 동아리에서 할 수 있는 활동들

동아리 종류	동아리에서 할 수 있는 활동들
진로탐색동아리	학생들이 관심분야에 맞게 분야별 활동 기획 및 제작, 다양한 직업체험, 사회기관 탐방, 진로검사 및 탐색활동
제2외국어동아리	중국어·일본어 등 외국어와 관련된 체험활동, 학습활동, 문화체험, 외국어 연극공연, 외국어 재능기부 등의 봉사활동
문화·예술동아리	미술관련 활동·전시회, 체험활동, 음악관련 활동·음악공연, 댄스관련 활동·무대공연 등
스포츠동아리	각종 스포츠 체험활동, 스포츠 심판활동, 대입실기 트레이닝, 각종 건강증진활동캠페인, 여가 스포츠활동
실습노작동아리	텃밭 가꾸기, 농작물·식물재배, 각종 공예와 수예품 만들기

· 관련대학학과 – 미술학과, 공예학과, 산업디자인학과, 시각디자인학과, 체육

학과, 무용학과, 경호학과, 사진학과, 애니메이션학과, 음악학과, 실용음악학과, 방송연예학과, 영상예술학과, 연극영화학과, 패션디자인학과, 사회체육학과, 체육교육과

· 생활기록부 기록사례

[사례 1] 진로탐색동아리

> 인문학분야에 관심이 많아 도서관, 교육박물관 탐방활동을 할 때는 꼼꼼하게 기록하고 관찰하는 모습이 매우 인상적임. **◇◇도서관을 방문하여 사서선생님의 해설을 놓치지 않고 꼼꼼히 듣고 기록하는 모습을 봄.** 사서의 역할이 책에서 문화, 지역사회 교육으로 확대되고 있는 현장을 경험함. 교육박물관 방문에서 기록물의 유지관리시스템에 관심을 보이며 현장에서 시스템이 어떻게 운영되는지에 관심을 가지고 설명을 듣고 관찰함. **1년간의 진로탐색활동이 도서관 사서를 자신의 꿈으로 확고히 정하는 계기가 됨.**

위의 학생은 처음에 인문학분야에 관심이 많고 진로는 정하지 못했었는데 1년간 동아리활동을 통해서 자신의 진로를 찾아냈다. 이런 진로탐색의 결정과정은 동아리활동의 원래 취지에 맞는 것으로 5번 팁 '학생의 진로결정과 관련해서 기록해라'라는 항목과 부합된다. 그리고 진로결정의 중요한 활동지인 지역도서관 현장방문을 통해 실제적인 직업의 세계를 볼 수 있는 계기를 마련해준 것은 8번 팁 '지역사회 시설이나 지역사회 인적 자원을 활용하라'와 직접적으로 관련이 있다.

[사례 2] 일본어동아리

> **동아리 부대표로서 동아리 부원의 구성부터 일본어 연극발표, 일본 학생들과 음식 만들기 체험 및 교류, 일본어 센류 쓰기 대회 등 다양한 활동을 계획하고 실시함.** 동아리활동의 계획 및 실행하는 과정을 통해 각각의 부원들의 의견을 수렴하고 다각적으로 조율하는 방법을 배움. 일본어 연극활동을 하며 연극대사의 발음과 억양을 보다 정확히 하기 위해 끊임없는 노력을 기울였으며 이 과정을 통해 일본어에 대한 관심이 많아지고 일본어 실력이 향상됨. **일본 학생들과의 음식 만들기 체험 및 교류활동**에서 자신이 알고 있는 표현을 이용하여 일본 학생들과 적극적으로 대화하며 상호 간의 우정을 쌓고 구어체적인 특징에 대해 보다 이해를 높임. 동아리 일본어 센류 쓰기 대회를 통해 재치 있고 익살스럽게 표현을 구사해 많은 동아리 학생들을 놀라게 함.

위 학생의 동아리 부대표로서의 활동함으로써 동아리의 다양한 활동을 계획하고 고민하면서 많이 성장했다. 이 내용은 6번 팁 '동아리에서 임원조직도를 잘 구성해라'와 관련된 부분이다. 그리고 일본 학생들과의 음식 만들기 체험 및 교류활동은 적극적인 외부활동으로 분류할 수 있어 10번 팁 '동아리 관련 외부대회나 외부행사 또는 동아리 체험부스 활동에 참여하라'의 사례로 볼 수 있다.

[사례 3] 뮤지컬동아리

점심시간을 이용해 3회 뮤지컬 공연을 무대에 올렸으며 공연을 준비하면서 조명, 음향, 소품, 배우의 발음, 표정, 몸짓의 중요성에 대해 절실히 알게 됨. 뮤지컬을 하는데 배우 혼자만 뛰어다닌다고 해서 훌륭한 공연이 되는 것이 아니라 묵묵히 뒤에서 맡은 역할을 충실히 수행하는 또 하나의 배우가 있다는 것에 많은 것을 깨달음. 공연에서 맡은 역할의 행동과 어휘, 말투를 연습하고 공연하면서 각각의 캐릭터가 가진 심리를 파악하고 이해할 수 있는 계기가 되었고 인간의 심리에서 대해서도 깊이 생각하는 계기가 되었음.

위 학생은 동아리 부원들과 함께 점심시간을 이용해 여러 번 뮤지컬 소공연을 무대에 올렸는데 학생들의 힘으로 주도적으로 공연홍보와 공연준비를 해서 점심시간에 문화적 휴식을 취하고 싶은 많은 학생들에게 편안한 안식처를 제공했고 학생들의 뜨거운 호응을 이끌어내기도 했다. 이 내용은 3번 팁 '동아리 주최 학교행사를 주관해라'와 관련된 사례이다.

[사례 4] 댄스동아리

무대 구성에 관한 회의에 있어 동료 부원들의 발언을 경청하며 의견을 조율하는 능력이 두드러지고 모든 공연 연습에 지각이나 결석 없이 참여하여 내실 있는 동아리 운영을 위해 노력함. 특히 **교내 공연을 위해 두 달을 꼬박 준비하면서 부원들과의 이해심과 협동력을 기름. 수천 명이 운집한 ◇◇◇◇◇◇기념행사에서 능숙한 무대매너로 군중을 압도하는 공연을 펼침.** 연습을 실선처럼 임하는 신중한 사세와 동아리활동에 대한 적극적인 의지가 돋보임.

위 동아리는 동아리 특성상 공연을 많이 한다는 특징을 살려 무대경험을 많이 쌓기 위해 동아리활동 관련한 교내외 행사에 많이 참여했고 이 행사를 준비하는 과정에서 학생들의 실력은 많이 향상되었다. 위의 밑줄 친 부분은 10번 팁 '동아

리 관련 외부대회나 외부행사 또는 동아리 체험부스 활동에 참여하라'와 관련된
내용이다.

[사례 5] 음악동아리

학부모총회에서 클래식 소공연을 준비해 피아노를 연주하였음. 학교 최초 클래식 소음악회
를 구상하고 연주자로 참여하여 성공적으로 공연을 끝냈고 힙합콘서트에서는 진행을 맡아
다방면으로 능력과 재능을 뽐낸 훌륭한 학생임. **동아리 문화제의 일환으로 '클래식 피아노
공연'을 기획하고 공연에 참여하여 연주를 함. 동아리의 대표로서 공연날짜를 정하고 전체
적인 공연 콘셉트를 잡는 등 여러 가지 준비를 위해 동분서주하는 모습이 대견해보였음.**

　위 학생의 사례는 모두 세 가지의 팁을 갖고 있다. 첫 번째는 4번 팁 '학교 공
식행사나 활동에 적극적으로 참여하여 공식적인 역할을 많이 만들어라'인데 학년
초 학부모들이 참여하는 중요한 행사인 '학부모총회'에 식전행사로 클래식 소음
악회를 열었다는 내용이 이 사례에 속한다고 볼 수 있다. 두 번째는 3번 팁 '동아
리 주최 학교행사를 주관해라'라는 내용으로 점심시간을 이용해 학생들과의 문화
적 소통을 위해 1년에 3회 피아노공연을 개최한 것이다. 세 번째는 6번 팁 '동아
리에서 임원조직도를 잘 구성해라'이다. 동아리 대표로서 동아리 행사를 전체적
으로 주관한 기록이 여기에 해당되는 사례이다.

[사례 6] 미술동아리

계절(봄)의 느낌 드로잉 표현 활동에서 머리에 꽃을 꽂은 소녀를 주제로 생명력과 따뜻한
봄의 이미지를 연필소묘로 표현하고 꽃 부분만 연한 분홍빛 색채로 표현하여 조형감각이
뛰어남을 알 수 있었음. 1학기를 마무리하면서 **동아리 작품 전시회를 가졌는데 인물묘사를
잘 하는 자신의 장기를 살려서 세 작품을 완성했는데 소묘로만 표현하기엔 너무 평범하여
무언가 효과를 주고자 각 그림별 특징에 포인트를 주어 채색을 하여 주제가 드러나도록 했
음.** 우주에 관심을 많이 가지고 있어 우주의 무한함을 그림에 담고자 하였고 이를 위해 파
스텔과 흰색 펜을 사용하여 우주의 느낌을 실제와 같이 더욱 생생하게 표현하였음. **전시준
비에 적극적으로 참여하였고 이틀간의 전시기간 동안 관람하는 친구들에게 친절하게 작품
설명도 해줌.**

　위 학생이 참여한 동아리에서는 1학기 말 일주일 동안 중앙현관과 교실 앞 복

도에 학생들이 다니면서 볼 수 있도록 작은 전시회를 열었다. 동아리 학생들이 그 동안 그렸던 작품들을 모두 전시하여 전교생이 볼 수 있도록 하였는데 작품전시에 참여한 학생과 관람한 학생 모두에게 의미 있는 활동이었다. 생활기록부 기록에 위 학생이 전시회에서 출품했던 작품의 내용과 전시회에서 했던 활동이 생생하게 적혀 있다. 이 내용은 3번 팁 '동아리 주최 학교행사를 주관해라'와 관련된 사례이다.

[사례 7] 체육동아리

> **동아리 학생회 예체능 팀장으로 활동하며 예체능팀의 활성화를 다방면으로 노력하였음. 동아리 부장으로 모범적인 학생임.** 체육교육학과가 있는 대학들을 직접 탐방하여 입시정보를 구하고 한국스포츠개발원 탐방을 통해 체육관련 직업에 대해 보다 폭넓은 지식을 갖추게 됨. 태릉선수촌 탐방을 통해 우리나라 국가대표 선수에게 목표를 이루기 위해 노력하는 태도를 배웠고 체대 입시와 관련된 운동종목 연습을 통해 운동능력을 측정하여 자신의 수준을 알게 되고 어떤 종목을 더 열심히 해야 되는지 자신의 강점과 단점을 파악하는 계기가 됨. 동아리활동을 통해 체육교사의 꿈을 더욱 확고히 하였음.

위 학생은 동아리 부장과 학생회의 팀장 역할을 수행하며 리더십을 키워나간 사례로 생활기록부에 두 가지 내용이 모두 기록되어 있고 자신의 진로를 향해 열심히 노력했던 부분이 자세히 나와 있다. 이 사례는 6번 팁 '동아리에서 임원조직도를 잘 구성해라'와 7번 팁 '동아리만의 학생회를 조직하고 이름도 그럴싸하게 붙여보자'와 관련된 내용이다.

[사례 8] 실습노작동아리

> 한여름 땡볕 아래에서 텃밭을 고르고 농기구 사용법을 익히고 비료를 뿌리며 농사일에 즐거움을 느낌. 서툰 그림 솜씨이지만 개인 텃밭에 심은 브로콜리, 상추, 딸기 그리고 텃밭에 심은 고추, 토마토, 배추 등 여러 작물들의 성장과정을 관찰일지에 기록함. 매주 화요일 방과후에 텃밭에 물을 주고 작물들을 관찰하고 벌레를 잡는 활동을 성실하게 수행하여 귀감이 됨. **직접 기른 농작물을 ◇◇노인복지센터에 기부해 나눔의 실천이 얼마나 보람찬 일인지 깨닫게 되었음.**

위 사례는 동아리활동과 봉사활동이 결합된 내용으로 학생들이 한 학기 동안 키운 작물들을 지역사회 노인복지센터에 기부하여 지역사회시설과 연계된 활동을 한 것이다. 이 내용은 팁 8번 '지역사회 시설이나 지역사회 인적자원을 활용하라'와 연관된다.

3) 독서동아리

· 만들 수 있는 동아리 종류 및 동아리에서 할 수 있는 활동들

동아리 종류	동아리에서 할 수 있는 활동들
독서토론동아리	독서 후 토론활동, 토론노트나 일지 작성하기, 멘토나 학부모님들과의 독서토론의 장 열기
도서관동아리	도서관 대출, 반납 등의 업무 도우미, 독서의 달 행사 주관, 월별 권장도서 목록 작성 및 홍보, 독서홍보활동
독서논술동아리	인문사회계열 또는 자연과학 관련 독서 후 논술쓰기, 또래 논술첨삭하기, 관련 체험활동

· 관련대학학과 – 문헌정보학과

· 생활기록부 기록사례

[사례 1] 독서토론동아리

문학 작품 '오만과 편견'에 대한 토론이 열렸을 때 작품에 대한 자신감을 나타내며 **스스로 토론을 주도하고 다양한 의견으로 반론하며 리더로서의 모습을 보였음.** 동아리 부원들과 '감정노동', '10대와 통하는 노동 인권 이야기'를 읽고 독서토론 함. 특히 인간의 감정이 상품화됨에 따라 발생하는 자기소외문제에 대해 골똘히 생각하고 발생 원인을 극단적인 자본주의의 폐해라 생각하며 논리적으로 발표함. '호밀의 파수꾼'을 읽고 나와 다른 타인의 의견이나 시선에 대해서 이해하려는 태도가 있어야 한다는 것을 깨닫는 계기가 됨.

위 학생은 동아리 대표는 아니지만 토론조의 조장으로서 토론을 잘 이끌어나가는 부분에 대해 생활기록부에 기록되어 있다. 이 내용은 6번 팁 '동아리에서 임원 조직도를 잘 구성해라'와 관련된 사례라고 볼 수 있다.

[사례 2] 도서관동아리

> 자신이 맡은 분야인 서가정리, 반납대정리 등의 일에 책임감이 강한 학생임. 점심시간에 도서관에 와서 스스로 책을 정리하고 도서관의 대출이나 반납업무를 도와줌. 당번이 아닌 날에도 분류번호별로 찾기 쉽게 도서를 정리하여 도서관을 이용하는 학생들이 편하게 도서를 찾을 수 있도록 도움을 줌. **'독서의 달' 행사기간에는 행사자료(도장판)을 직접 제작하며 행사의 큰 축을 담당함. 독서퀴즈 도서를 선정하고 독서퀴즈를 직접 진행하며 행사를 진행하는 방법과 고전문학에 대한 이해도를 높이는 계기가 됨.**

위 동아리 학생들이 '독서의 달' 행사를 기획하여 일주일 동안 학생들 등굣길에 모두 나와 다양한 활동을 진행하고 독서의 중요성을 강조했다. 이 사례는 3번 팁 '동아리 주최 학교행사를 주관해라'와 관련 있는 내용이다.

4) 봉사동아리

· 만들 수 있는 동아리 종류 및 동아리에서 할 수 있는 활동들

동아리 종류	동아리에서 할 수 있는 활동들
교내봉사동아리	교내청결활동, 학교행사시 특별 교내환경 깨끗이 만들기, 교내 장애우나 몸이 불편한 학생들 학교생활도우미
지역사회봉사동아리	지역사회 생태계 보존활동 및 지역사회 환경정화활동, 지역사회 행사 시 행사도우미 및 각종 봉사활동, 지역사회단체와 MOU 체결하여 지속적인 봉사활동
아동봉사동아리	아동대상 놀이 및 교육봉사, 아동 돌보미 활동, 장애우 돌보미 활동

· 관련대학학과 – 사회복지학과, 노인복지학과, 아동·청소년복지학과, 실버복지학과, 아동복지학부

· 생활기록부 기록사례

[사례 1] 아동봉사동아리

> **아동복지센터에서 아이들에게 한글과 수학을 가르치며 교육봉사를 하면서 기뻐하는 아이들의 모습을 보고 보람을 느낌.** 아동장애인시설에 샌드위치를 만들어 기부하기 위해 직접 계란을 삶아 준비해 샌드위치를 만들고 아이들에게 나누어주며 누군가를 도와준다는 기쁨을 누림. ◇◇◇◇에서 수업보조로 봉사활동하며 어린아이들이 색종이로 나비 만드는 것을 도와주는 활동을 하며 그들이 즐거워하는 모습에 본인도 즐거움을 느끼고 뿌듯함도 느끼는 기회를 가짐.

위 사례에 나온 아동복지센터는 동아리가 주도적으로 나서 학교와 MOU를 체결하고 센터에서 필요한 갖가지 봉사를 학교에서 지원받고 있다. 그리고 봉사를 하고 싶은 학생들이 개별적으로 기관에 의뢰를 하는 시스템도 구축되어 있다. 이 사례는 8번 팁 '지역사회 시설이나 지역사회 인적 자원을 활용하라'와 관련된 내용이다.

[사례 2] 지역사회봉사동아리

◇◇◇장터에서 음식을 나르고 치우는 봉사활동을 하며 직접적으로 돕는 보람을 느꼈음. ○○의 **집에서 '해바라기 약자 만들기' 프로그램에서 장애인들이 참여할 수 있도록 옆에서 한 분 한 분 도와드리는 모습을 보였고 '찰흙으로 도자기 만들기', '집종이모형 만들기'에서 만드 는 것을 어려워하는 분들을 도와드리며** 장애인에 대한 편견을 깰 수 있었음. □□□**청소년예 술문화제에서 풍선아트를 이용하며 무대를 꾸미고 부스를 운영**함으로써 친구들과 협동심을 기르는 모습을 보였고 지역축제의 활동에 참여함으로써 지역발전에 이바지할 수 있는 것에 남다른 보람과 자부심을 느낌.

위 사례는 지역시설 행사에 직접 참여하여 봉사활동을 한 것, 동아리 관련 외부행사에 체험부스를 운영한 내용 두 가지가 포함되어 있다. 첫 번째는 8번 팁 '지역사회 시설이나 지역사회 인적 자원을 활용하라'에 해당되고 두 번째는 10번 팁 '동아리 관련 외부대회나 외부행사 또는 동아리 체험부스 활동에 참여하라'에 해당된다.

5) 자율동아리

자율동아리는 기존동아리 이외에 자신의 취미와 특성을 살려 운영한다. 자율동아리 운영 목적 및 운영 내용은 다음과 같다.

1. 목적

□ 기존 동아리 부서 외 교과학습 및 문화예술 분야 등에서의 소규모 자율적인 활동을 통하여 자신의 취미와 특성을 살린다.

□ 조직 내의 규칙을 만들어 이를 준수하고 상호 간의 협력을 통하여 자율적이고 체계적인 생활 리듬을 형성한다.

□ 자율 프로그램 개발을 통하여 다양한 학교생활의 기틀을 마련하고 학생 스스로에 맞는 진로를 탐색하여 향후 학생부 종합전형에 대비한다.

2. 기본 방침

○ 기 간: 201○. ○. ○○(월)~201○. ○. ○○(금)

○ 시 간: 평일 일과 이후 및 주말, 휴일 등 정해진 시간

○ 장 소: 교내 및 교외

○ 대 상: 2학년 학생 중 25개 자율동아리 총 159명

○ 활동확인: 활동 후 활동기록지 작성 및 지도교사 수시 확인

○ 활동기록: 생활기록부 동아리 특기사항란에 지도교사가 입력

3. 세부 내용

□ 자율동아리 편성

2010○학년도 2학년 자율동아리 편성				
연번	동아리 명	활동영역	지도교사	인원(명)
1	요플레(요가플레이)	스포츠	○○○	9
2	하나린	문화예술	○○○	5
3	S&M(Science, Math)	교과학습	○○○	7
4	봉우리(봉사하는 우리)	봉사 문화예술	○○○	6
5	과수원(과학, 수학 1등급을 위하여)	교과학습	○○○	8
6	미밝	문화예술	○○○	5
7	GBA(Girls Be Ambitious)	교과학습	○○○	6
8	N.S	교과학습	○○○	6
9	오란다	교과학습 봉사	○○○	6
10	SITC	교과학습	○○○	5
	이 하	생	략	
계				159

가. 창체 시간에 활동하는 동아리에서 부족한 부분을 보충할 수 있는 활동으로 자율동아리 활동내용을 기획한다

학생들은 일반적으로 창체 시간에 운영하는 동아리로 대학진학 학과와 관련된 동아리에 가입하고 최대한 본인의 진로와 관련된 활동만을 편성·운영한다. 이 활동만으로는 부족하다고 생각되는 학생들은 성격이 비슷한 동아리를 자율동아리로 또 만들어 내용을 보충하려고 하지만 그렇게 하는 경우 활동내용이 겹치거나 효율적으로 활동하지 못하는 경우가 대부분이다. 자율동아리는 창체 시간 동아리에서 부족한 부분을 보충하는 것이 좋다. 예를 들면 창체 시간 동아리에서 대학진학 학과와 관련된 활동을 하고 있다면 자율동아리에서는 인성함양을 위해 봉사동아리나 학생의 취미활동으로 할 수 있는 동아리를 편성하는 것이 효율적이다. 또 다른 사례를 보면 경제학과에 진학하고 싶어 하는 학생이 창체 시간 동아리에서 경제동아리 활동을 하고 있고 자율동아리에선 경제학과에서 필요한 수학적 내용을 보충하기 위해 수학동아리에 가입한 경우인데 이런 경우 자율동아리에서 인성적 부분을 함양하기 위한 것이 아니더라도 창체 시간 동아리에서 부족한 부분을 적절히 보충하고 있어 자율동아리 활용을 잘한 사례로 볼 수 있다. 이렇게 자율동아리는 창체 시간 동아리의 부족한 부분, 학생이 창체 시간 동아리에서 다 못 채웠던 틈을 채울 수 있는 활동으로 내용을 편성해 동아리를 구성하는 것이 좋다.

나. 학교에서 실시되는 모든 동아리 관련대회의 참가자격, 각종 행사지원, 지원금 지급도 창체 시간에 활동하는 동아리와 균등하게 해야 한다

자율동아리를 활성화시키기 위해서는 학교에서 동아리에 대한 모든 지원을 창체 시간에 실시되는 동아리와 동일하게 해야 한다. 자율동아리에게만 활동의 제한을 두거나 동아리 지원금의 지급 제한을 두면 자율동아리가 활발하게 활동할 수가 없다. 그리고 학생들에게도 창체 시간 동아리와 자율동아리가 구별 없이 모두 활동할 수 있고 활발하게 활동을 한 경우 같은 두 개 모두 똑같은 혜택이 있음을 명확하게 알려주어야 한다.

다. 동아리활동 일지를 작성하게 하여 1년에 정해진 횟수 이상의 활동내용이 없으면 생활기록부에 기록해주지 않도록 한다

자율동아리는 지정된 활동일자가 없어 자칫하면 활동이 느슨해지고 이름만 있고 내용은 없는 껍데기 동아리가 되는 경우가 많다. 학교에서 자율동아리를 효율적으로 운영하려면 한 학기에 몇 회 또는 1년에 몇 회라는 기준을 정해놓고 학생들이 동아리활동 일지를 작성하게 하여 그 기준에 맞게 활동한 동아리만 나이스에 동아리를 편성해주는 것이 활동의 효율성을 끌어올릴 수 있다. 이 부분은 동아리를 관리하는 부서에서 세심한 관리와 엄격한 편성 기준을 갖고 있어야만 가능한 것으로 학교 전체의 동아리를 활성화시키려면 동아리를 관리하는 부서의 많은 노력이 필요하다. 그리고 학생들이 생활기록부 동아리활동 기록에 매우 민감하기 때문에 활동을 열성적으로 하지 않았는데도 생활기록부에 좋은 기록이 남는다면 열심히 활동한 학생들이 불만을 제기할 수 있으므로 이런 민원을 발생시키지 않으려면 더더욱 위와 같은 엄격한 자율동아리의 편성 및 나이스 내용 입력기준이 필요하다.

라. 자율동아리에 참여하는 학생들도 교내에서 실시하는 각종 동아리 관련 대회나 체험, 전시회 등에 적극적으로 참여하도록 지도교사가 독려해야 운영이 잘 이루어진다

자율동아리가 잘 운영되려면 자율동아리 지도교사의 끊임없는 노력이 필요하다. 자율동아리 지도교사도 동아리활동이 지정된 날짜와 시간에 운영되지 않기 때문에 학생들에게 활동을 거의 맡겨놓다시피 하는 경우가 많고 학생들은 연말이 되면 생활기록부에 기록되기 위해 거짓활동을 한꺼번에 가져오는 경우가 많다. 이런 경우 교사들도 따로 시간을 내서 활동하기가 번거롭고 학생들은 계속적으로 생활기록부 기록을 요구하면 교사도 어쩔 수 없이 학생들에 항복하기 일쑤이다. 이런 기록은 실질적인 활동내용은 없는 억지스러운 동아리활동 기록을 만들고 만다. 이런 사태를 막기 위해선 자율동아리에 참여하고 있더라도 창체 시간에 운영되는 동아리처럼 학교의 동아리관련 행사나 대회, 체험부스활동 등에 똑같이 참여할 수 있도록 동아리 지도교사가 때를 놓치지 않고 적극적으로 학생들에게 소개해주고 참여를 독려해주면 된다. 이렇게 많은 활동에 참여하게 되면 생활기록부 동아리활동 기록도 자연스럽게 풍부해지고 다양해질 수밖에 없고 이에 대한 학생들의 만족도는 당연히 올라가게 마련이다. 지도교사들의 이런 노력들이 학생들을 성장할 수 있게 한다고 생각한다.

마. 동아리활동 날짜를 기록하자

자율동아리는 누가 기록을 생활기록부에 할 수 없고 활동시간이 정해져 있지 않기 때문에 활동한 내용과 날짜를 넣어주는 것이 활동을 증명해주는 방법 중 하나이다. 동아리활동 입력란의 글자수 byte가 꽤 적은 양이기 때문에 모든 활동에 날짜를 적기는 힘들 것이다. 그중 중요한 활동들만 골라 날짜를 적어 넣어주면 활동에 대한 신뢰도를 높일 수 있다. 아래는 활동에 날짜를 입력한 경영동아리 사례이다.

[사례] 경영동아리

치킨 선호도 조사 분석(2014.08.11~2014.09.17)에서 치킨 브랜드 조사라는 아이디어를 제시하여 조사 활동의 큰 틀을 마련하는 데 기여함. 생활 중 틈나는 대로 전교생 대상 설문조사 활동을 진행하여 조사 활동의 신뢰도를 높이기 위해 노력함. 매점 매출 분석(2014.12.05~2014.12.19)에서 우리 주변에서 발생하는 경영 활동 분석의 일환으로 매점을 분석하자는 아이디어를 제시함. 주체적으로 활동하는 것에서 동기유발을 잘하며 즐겁게 활동하는 것이 돋보임.

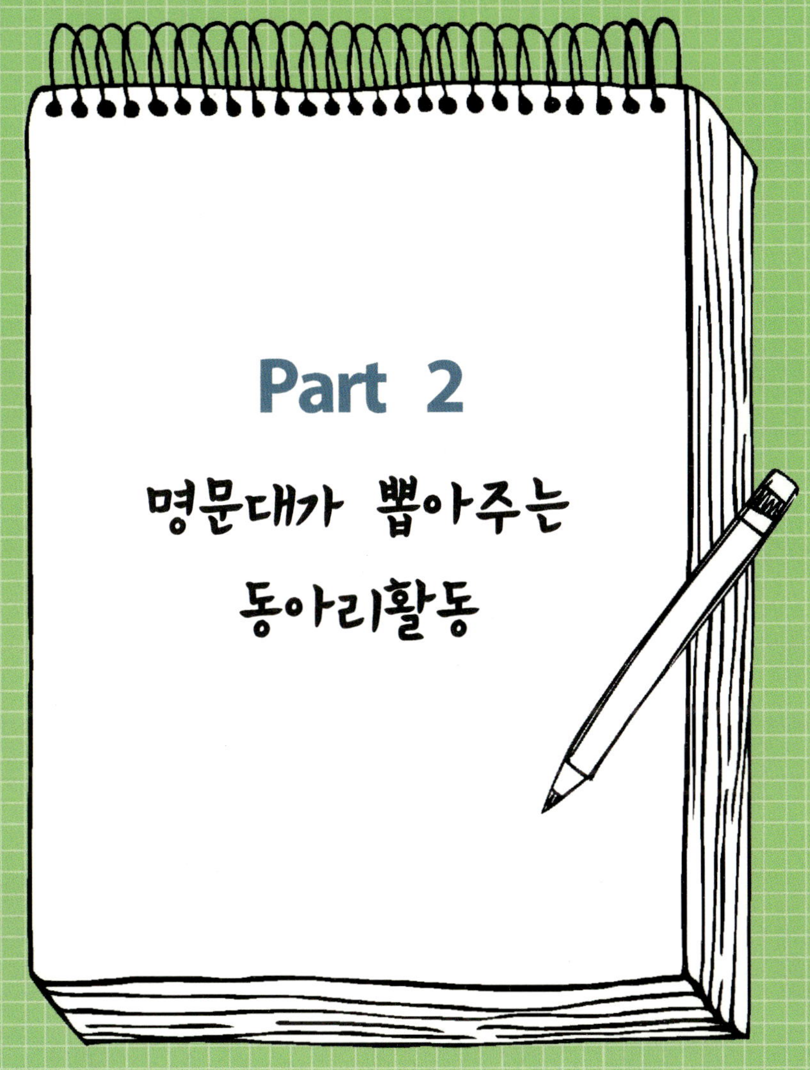

Part 2
명문대가 뽑아주는
동아리활동

05 *동아리활동의 자기소개서 활용 사례*

동아리활동을 자기소개서에 활용하는 몇 가지 사례를 정리해보았다. 이러한 사례들을 표절하라는 의미보다는 명문대에 진학한 학생들의 활용한 사례를 통해 자신만의 동아리활동과 자기소개서 작성에 도움이 되었으면 한다.

[사례 1]

토론동아리에서 진로적성 프로그램 일환으로 자신의 전공에 맞는 소책자 만들기에 참여했습니다. 경제교육을 쉽게 할 수 있는 방안으로 고등학생 시각에서 고등학생을 위해 쓴 경제서적을 만들기로 결심했습니다. 작성 중 인터넷 검색으로 간행물윤리위원회의 신규출판 지원 사업을 알게 되어 뜻이 맞는 친구들과 함께 출판 공모전에 도전하기로 마음먹었습니다.

학생들이 쉽게 다가갈 수 있도록 영화와 만화, 게임으로 경제를 공부하는 원리와 사례를 중심으로 책을 저술했습니다. 예를 들어 영화 <카>를 통해 보완재와 대체재라는 개념을 설명했고, 일간신문에 연재되는 경제만화인 <알콩달콩 경제>라는 만화도 주제별로 발췌했습니다. 회사 경영게임인 <타이쿤> 시리즈 등도 제시했습니다.

무엇보다 스스로 책을 저술함으로써 경제지식을 체계적으로 정리할 수 있었다는 점에서 의미 있었습니다. 또한 단순히 지식을 아는 것보다 타인에게 전달하는 과정이 어렵다는 것을 이해하게 되었습니다. 결국 원하는 방향으로 책을 완성했지만 출판 지원에 실제로 선정되지는 못했습니다. 노력이 반드시 좋은 성과를 가져오는 것이 아님을 이해했고, 부족한 점에 대해 세밀하게 되돌아보는 계기도 되었습니다. 특히 '머리말'과 '책을 마치며', '본문'을 집필하며 저술의 과정을 겪은 저자의 마음을 이해하게 된 값진 경험이었습니다.

[사례 2]

1학년 때 저는 교내 동아리인 눈높이상담반에 가입하여 활동하면서 학급의 상담부장을 맡았습니다. 전문적인 상담사는 아니지만 또래의 입장에서 상담하는 것이 의미 있을 것이라는 생각에 배운 내용을 실천해보는 차원에서 학급 친구들의 고민 상담을 적극적으로 해주었습니다.

그런데 오히려 눈높이상담반에서 배우게 된 상담자의 기본적인 자세는 '상대방의 말을 경청해야 한다는 것'이었으며, 나중에 공부를 하다보니 이 과정이 '라포 형성'이라는 것을 알게 되었습니다. 처음에는 문제를 직접 해결해주거나 해결책을 제시해주는 것이 상담의 핵심인 줄 알고 친구들의 문제를 섣불리 해결하려고 들었는데, 결국 저의 행동이 잘못되었음을 알게 되었고, 이후부터는 경청하는 상담자로서 라포를 형성하기 위해 노력했습니다.

2학기를 시작할 때는 다른 학교에서 여러 명의 학생이 전학을 왔는데, 이들이 학교생활에 잘 적응하도록 돕고, 학교생활 전반에 걸친 안내를 하면서, 어려운 점이 있으면 저에게 말하거나 교내 상담실을 이용하면 된다는 설명도 해주었습니다. 또한 전학생들이 기존의 학급 친구들과 잘 어울릴 수 있도록 중간 구실도 했었는데, 학교생활 중 여러 번의 전학을 경험하며 새로운 환경의 적응이 얼마나 어려운지 알고 있었던 저는 이러한 적응의 어려운 부분에서 공감대를 형성할 수 있었기에 전학생들과 가장 먼저 친해질 수 있었고, 이들의 고충을 들어주면서 힘이 되어주었습니다.

[사례 3]

또한 기계공학도가 되고자 하는 저는 공학에 관심 있는 학생들과 함께 체계적으로 실험을 설계하고 수행해보고자 '사이언스어드벤처'라는 상설동아리를 만들었습니다. 비슷한 관심사를 가진 학생들끼리 모여 주로 팀 활동을 진행했는데, 저는 기계공학과 에너지 분야에 관심이 있는 친구들과 팀을 이뤄서 '풍력발전'을 주제로 실험을 하였습니다. 바람은 밤낮 구분 없이 사용할 수 있는 대체에너지원이기 때문에 주제로 정하게 되었고, 저희들만의 풍력발전기를 설계하고, 이를 아크릴로 출력해 실험했습니다. 또한 'joule-thief 회로'를 참고하여 풍력발전 회로를 구성하고 여러 부품들을 배치함으로써 발전 효율을 높이고자 했습니다. 하지만 처음에는 아크릴의 두께, 자석의 무게, 회전판 연결 문제 등 미처 생각하지 못했던 여러 요인들로 인해 좋은 결과를 얻지 못했고, 다른 팀원들과 담당선생님의 피드백을 통해 문제들을 점차 개선해 나가면서 의미 있는 실험 결과를 얻을 수 있었습니다. 이로 인해 다양한 지식을 융합·활용하는 능력과 협력하는 공학도로서의 소양을 기를 수 있었습니다.

그리고 기계공학도로서의 소양을 넓히고 전문성을 키우고자 '진로독서 토론모임'에도 참여했습니다. 이 모임은 진로 영역에 관련된 책을 읽고 토론하는 활동이었는데, 저는 '기계 공학' 진로 영역에 소속되어 과학도서를 읽고 토론하였습니다. 그중에 제일 기억에 남는 책은 '과학혁명의 구조(토마스 S. 쿤)'이었는데, 이는 공학도로서의 기본을 갖출 수 있는 책이었고, 특히 철학과 과학사에 대한 전반적인 지식을 얻을 수 있었다는 점에서 의미 있었습니다. 이 책에 대한 토론 논제로는 '증명되었지만 예외가 있는 패러다임과 증명되지 않았지만 현상에 잘 부합되는 패러다임 중 후자를 택해야 한다'를 택했었는데, 저는 과학자의 소임은 과학을 진보시켜 과학의 활용 가치를 높이는 것이라고 생각했기 때문에 찬성입장을 지지했습니다. 하지만 후자의 패러다임도 예외가 발견될 수 있다는 점에서 문제를 노출하고 있었습니다. 저는 서기로서 토론 과정을 정리하여 토론이 끝난 다음에 발표하였는데, 이 과정에서 찬성과 반대 입장을 종합적으로 살펴볼 수 있었고, 서로 다른 관점에 대해 객관적으로 접근해볼 수 있어서 더욱 의미가 있었습니다.

[사례 4]

　제가 가장 열정적으로 참여한 교내 활동은 바로 과학동아리 활동입니다. "내신과 수능 공부에서 벗어나 과학동아리의 일원으로서 순수한 자세로 과학에 대해 진지하게 공부하고 싶습니다." 2학년 때 학생들의 요구로 창설된 과학동아리인 **'사이언스어드벤처'**에 제출했던 글의 일부입니다. 저희 조는 다른 2개의 조를 설득하여 친환경에너지에 대한 연구를 제안하여 각각 풍력, 수력, 태양광 발전을 연구하게 되었습니다. 저희 조는 '풍력발전기 제작 및 날개의 회전속도와 코일의 감은 수에 따른 발전량 측정'을 주제로 정했습니다. 저는 실험 과정과 결과 기록, 보고서 작성을 맡았고, 이를 위해 신재생에너지에 관한 책을 읽기도 했습니다. 그 결과 교내 주제별 연구 보고서대회에서 은상을 받았습니다. 연구 활동을 통해 협력과 역할 분담의 중요성에 대해 배웠으며 입시공부에서 벗어난, 진정으로 과학을 탐구하는 데서 오는 즐거움을 느낄 수 있었습니다. 결과물은 학교축제 기간 전시가 되어 구성원 모두가 뿌듯함을 느꼈습니다.

[사례 5]

　'빅데이터 연구반' 수업에서 여러 기업의 빅데이터 활용 사례를 접하게 되었고, 'SNS를 활용한 마케팅이 과연 효과가 있을까?' 하는 궁금증이 생겼습니다. 그동안 배운 내용을 기초로 이러한 의문을 직접 풀어보고 싶어 SNS 마케팅을 소재로 '주제별 연구보고서 대회'에 참가하게 되었습니다. 질문지법을 활용한 연구를 통해 'SNS 마케팅이 기업 이미지를 개선하는 데 도움을 주지 못하고 있다'라는 결과를 얻었으며, 따라서 기업은 다양한 고객 만족 서비스, 고객 커뮤니케이션 서비스에 주안점을 둔 마케팅 전략을 펼쳐야 한다는 결론을 내릴 수 있었습니다.

[사례 6]

　과학탐구동아리 '사이언스어드벤처'의 조별 탐구 주제가 바뀐 일이 있었습니다. 기존의 선박 관련 주제에서 전차의 무한궤도 연구로 주제를 바꾸게 되었습니다. 그런데 주제 변경 후 한 조원이 불만을 표시하며 탐구에 계속 참여하지 않았

고, 그 이유를 알아보고 설득하기 위해 그 친구에게 사유를 들어보니 그 원인은
조장의 관심분야로 주제가 바뀐 것에 있었습니다. 저는 동아리활동에서는 각자의
맡은 역할이 있기에 한 명이라도 빠진다면 탐구진행이 어렵다고 설득했습니다.
또한 처음 시도했던 주제는 '외부손상에도 침몰하지 않는 안전한 배'를 만들기
위해 쿼드로터에서 영감을 얻은 4개의 추진엔진을 탑재한 선박을 만드는 것이었
으나 실제로 움직이기에는 역부족이라는 현실적 판단 때문에 무한궤도로 주제를
바꿀 수밖에 없었다는 점을 설명했습니다. 그리고 CAD프로그램을 이용한 전차
의 무한궤도 설계계획을 설명하며 조원들의 의견을 교환, 조정하고 중재하였습니
다. 다행히 갈등은 무사히 해결되었고 이 일을 계기로 저는 가장 효과적인 갈등해
결의 방법은 바로 구성원들 간의 대화와 의견교환이라는 것을 깨닫게 되었습니
다. 이러한 의사소통의 중요성에 대한 경험은 학급회장으로서 학교축제를 진행하
는 데 있어 학급친구들의 화합을 이끌어낼 수 있는 원동력이 되었습니다.

[사례 7]

'대학 토론동아리와 함께하는 교내 토론동아리'에서 토론의 기초를 배우고
CEDA 형식에 맞추어 직접 토론을 했습니다. 저는 원래 말이 별로 없는 성격에다
글쓰기를 더 좋아했기 때문에, 말에 다소 서투른 편이었습니다. 그래서 토론을 통
해 말하기 기술을 배우고자 했습니다. 처음엔 토론을 시작한 것을 후회했습니다.
이를테면 교차조사를 할 때 반대편 토론자가 제 논리를 공격하는 경우, 저는 그
두 논리 중 어느 것이 옳은가를 곰곰이 생각하는 데 빠져 제대로 답변을 하지 못
하는 경우가 많았습니다. 그러나 경험이 쌓이면서 옳고 그름의 문제를 논하는 것
은 한계가 있다는 것을 알았고, 제가 할 수 있는 최선은 상대방을 명확히 이해한
다음 저의 논지를 간결하고 설득력 있게 제시하는 것이라는, 평범하지만 중요한
사실을 깨달았습니다. 비록 유려한 말솜씨를 얻은 것은 아니었지만 말하기에 대
해 지녔던 막연한 두려움을 많이 없앨 수 있었고, 핵심을 파악하여 말하는 능력을
기르는 데 큰 도움이 되었다고 믿습니다.

[사례 8]

TEDx 동아리에서 국내 최초로 고등학교에서 개최하는 TEDx 강연회를 기획했기 때문에 모든 것이 낯설고 힘겨웠습니다. 저는 스스로를 단련시키고 누구보다도 먼저 행동하기 시작했습니다. TED 규정을 찾아보고 대학 TEDx 선행사례를 찾아보는 등 직접 부딪혔습니다. 이후 본격적으로 섭외와 디렉터 업무를 담당하게 되었습니다. 강연자 섭외를 위해 이메일, 문자, 전화, SNS, 편지, 방문 등 갖가지 방법을 동원했습니다. 하지만 학생 주최의 소규모 행사이고 비영리성을 강조하는 측면 때문에 많은 분들이 섭외 요청을 거절하셨습니다. 심지어는 강연 일주일 전에 섭외를 취소하신 분도 계셨습니다. 그때마다 상처도 받았지만 견디며 인내심을 길렀습니다. 또한 섭외가 불가능할 땐 과감하게 새로운 강연자를 찾아보고, 가능성이 보이면 직접 찾아뵙고 적극적으로 강연을 요청했습니다. 저는 소통과 힐링이라는 주제로 두 차례의 TEDx 강연을 주최하는 과정을 통해, 부족했던 결단력과 추진력을 기르고 가치 있는 아이디어 나눔의 장을 꾸몄습니다.

[사례 9]

2주에 한 번씩 만나는 교내 토론동아리로는 토론에 대한 저의 열정을 채울 수 없었습니다. 뜻이 맞는 친구들이 모여 '진심토론회'를 결성하였습니다. 저희 집 방바닥에 모여 앉아 시작한 보잘것없는 동아리였지만 점차 군모병제, 원자력, 셧다운제, 세계화 시대의 국사교육 등 다양한 주제에 관해 토론하며 자리를 잡아나가게 되었습니다. 토론을 통해 배운 흥미로운 사실은 생산적인 토론을 위해서는 본인의 능력만큼이나 좋은 상대가 중요하다는 것입니다. 이 점을 실감한 저희는 상호발전을 위해 토론이 있은 후에 서로에게 심사평을 하듯 직설적으로 조언하는 시간인 '진실타임'을 만들었습니다. 실제 토론 시간보다 이 진실타임이 더 길어질 때도 빈번할 정도로 서로에 대한 비판과 인정에 열심이었던 결과, 동아리 후기에는 손에 땀을 쥐게 하는 흥미진진한 토론이 이어졌습니다. 진심토론회를 통해 이 같은 '개방성'과 '객관성'이라는 토론 정신을 함께 몸에 익힐 수 있었습니다.

다음의 자기소개서는 한국대학교육협의회에서 제공하는 자기소개서 공통 문항이다. 아래 예시는 실제 작성한 자기소개서이다. 자기소개서의 작성에 참고하기 바란다.

1) 자기소개서 1번 문항(예시)

1. 고등학교 재학기간 중 학업에 기울인 노력과 학습 경험에 대해, 배우고 느낀 점을 중심으로 기술해 주시기 바랍니다. (1,000자 이내)

저의 가장 큰 강점은 바로 영어회화 실력입니다. 초등학교 4학년 때 미국에 어학연수를 가게 되었습니다. 다양한 활동에 열심히 참여하려고 노력하다보니 자연스럽게 영어 실력이 늘게 되었습니다. 미국에서의 어학연수 경험 때문에 많은 사람들이 제가 영어 공부를 하지 않고 좋은 성적을 거둘 것이라 예상하지만 저는 그 누구보다도 영어를 열심히 공부해왔다고 자부합니다. 다만 미국에서의 경험 덕에 영어에 대한 두려움이 없어 모르는 단어나 이해되지 않는 문장에도 당황하지 않고 문맥의 흐름을 따를 수 있습니다. 따라서 다른 친구들이 영어에 투자하는 시간보다 훨씬 적은 시간으로 영어를 공부할 수 있었습니다. 이를 통해 과목에 대한 두려움을 없애는 태도가 중요하다는 것을 깨닫게 되었습니다. 이후 다른 과목들도 자신감을 갖고 두려움을 줄여나가는 마음가짐을 갖게 되었습니다. 또 단편적으로 수업을 듣기보다, 수업내용과 관련된 활동과 심화학습을 하였습니다. 여러 활동 중 가장 기억에 남는 것은 바로 3D 프린터를 이용한 활동이었습니다. 3D 프린터 교육을 통해 프로그램 작동법과 다양한 활용 분야에 대해 알게 되었습니다. 특히 생체 잉크는 부작용이 적고 정밀한 의료 기술 개발 및 도구제작에 유용하기 때문에 의료계에서 각광받고 있다는 사실도 알게 되었습니다. EBS 영어 문제집 지문 중, 간에 있는 효소가 자체적으로 당을 만든다는 내용이 떠올라 이런 효소를 3D 프린터로 대량 복사한다면 식량문제를 해결할 수 있을 것이라 생각했습니다. 생명과학2 시간에 효소에 대해 배웠지만 어떻게 활용할 수 있는지는 생각해보지 않았습니다. 그래서 수업시간에 배우는 내용들이 실생활에 어떻게 활용할 수 있는지 '사이언스타임즈'와 '학술정보검색' 사이트를 통해 해결할 수 있었습니다. 그러다 보니 수업시간에 배운 다른 개념들이 우리의 실생활에 어떻게 이용될 수 있는지 알게 되었습니다. 이후 수업시간에 어려운 개념이나 이론이 나오면 우리의 실생활에 어떻게 활용되고 있는지를 알아보는 과정을 통해 쉽게 이해할 수 있었습니다.

2) 자기소개서 2번 문항(예시)

2. 고등학교 재학기간 중 본인이 의미를 두고 노력했던 교내 활동을 배우고 느낀 점을 중심으로 3개 이내로 기술해 주시기 바랍니다. 단, 교외 활동 중 학교장의 허락을 받고 참여한 활동은 포함됩니다. (1,500자 이내)

1. 과학동아리 활동

SSC는 ○○고등학교 과학반의 약자입니다. 제가 하고 싶은 신약 개발은 창의적인 사고를 요구하는 활동입니다. 따라서 다양한 과학 활동을 통해 창의적인 융합인재를 만들고자 하는 과학동아리는 제게 꼭 들어가고 싶은 동아리였습니다. 과학반 활동에서는 수업이나 교과서에서 접할 수 없는 다양한 경험을 할 수 있었습니다. 교과서에서 이론으로만 접하던 내용을 다양한 활동을 통해 실제로 경험해보는 것 자체가 기쁨이었습니다. 특히 UNIST에서 경험한 3D 프린터나 광운대에서의 홀로그램, 이화여대에서 접한 화학과와 생명과학과 탐방 활동은 수업시간에 배운 내용을 심화해서 배울 수 있는 좋은 기회였습니다. 특히 기억에 남는 활동은 '3D 프린터로 GMO 만들기' 활동이었습니다. GMO의 장점과 단점에 대해 알아보고, 인류에게 유익한 GMO를 구상하는 활동을 하였습니다. 그렇게 만들어진 GMO의 모형을 만들고 이를 3D 프린터로 찍어내는 활동을 통해 3D 프린터에 대한 관심을 가지게 되었습니다. 3D 프린터는 앞으로 주택, 의료, 식품, 의약 분야에 다양하게 활용될 수 있음을 알게 되었습니다. 이런 다양한 활동은 앞으로 미래 과학자로서 학문 간의 통합을 통해 더 많은 시너지를 낼 수 있고, 소통을 통해 훨씬 더 좋은 성과를 낼 수 있음을 알 수 있게 해주었습니다. 또 STEAM 활동을 통해 실생활에 활용가능한 창의성과 협력을 통한 인성도 기를 수 있었습니다. STEAM은 융합인재교육으로 한 분야의 지식만이 아닌 다양한 학문의 이론을 실생활에 어떻게 적용할 수 있는지를 고민할 수 있는 계기가 되었습니다.

2. E-book 제작 활동

창의적 체험활동 시간에 E-book 만들기 활동을 하였습니다. 관심 분야가 비슷한 4명이 모둠을 구성해서 하나의 주제를 정해 한 학기 동안 활동을 하였습니다. 저희 모둠은 질소와 탄소의 순환을 주제로 아이들이 물질의 순환을 쉽게 이해할 수 있도록 '질소와 탄소의 여행기'라는 제목으로 동화책을 만들었습니다. E-book을 만들면서 '플라잉 캣'이라는 프로그램을 다루는 방법을 배웠고, 아이들에게 어려운 개념을 쉽게 이해시킬 수 있는 방법에 대해 고민하였습니다. 질소와 탄소 분자를 의인화해서 직접 그림으로 표현하려고 하였습니다. 화학 분자를 의인화하기 위해서는 각 분자의 특징을 알아야 했기 때문에 친구들과 다양한 의견을 교환하였습니다. 이렇게 의인화된 질소와 탄소가 어떤 과정을 거쳐 순환하는지를 아이들이 쉽게 이해할 수 있도록 이야기로 구성하였습니다. 처음에는 E-book을 해외에 있는 아이들을 위해 영어나 그 나라 언어로 만들어 보고 싶었습니다. 하지만 고3이라는 현실에 막혀 완성해내지 못했습니다. 수능이 끝나고 대학 합격증을 받으면 나머지 프로젝트를 꼭 완성하고 싶습니다. 주제를 선정하는 것과 새로운 프로그램을 익히는 것이 어려웠지만 친구들과 협력해서 완성할 수 있었습니다. 앞으로도 어렵고 새로운 것에 대한 도전에 자신감을 가지고 임할 수 있을 거라 생각했습니다.

3) 자기소개서 3번 문항(예시)

'한 학급 한 생명 살리기'는 월드비전에서 주관하는 기부 프로그램입니다. 1학년 때 저희 반은 반 친구들 모두에게 만 원씩 걷어 매월 3만 원씩 잠비아에 사는 아비스라는 아이에게 후원하기로 하였습니다. 후원 후 월드비전으로부터 세 달에 한 번 꼴로 아비스의 소식을 들을 수도 있었습니다. 아비스가 정기적으로 편지를 써서 보내주었는데, 저희도 사진과 함께 답장을 쓰며 서로 안부를 물었습니다. 자칭 타칭 영어담당이었던 저는 아비스의 편지를 통역하고, 친구들의 의견을 모아 영어 편지를 작성하는 역할을 했습니다. 체육대회 우승 상품으로 공책을 받은 날에는 받은 공책을 모아 보내주자는 의견이 나올 정도로 아비스를 후원 대상이 아닌 우리 반의 일원이라고 생각하였습니다. 1학년이 끝나 반에서 지속적인 후원을 해주지는 못했지만 홈페이지를 통해 소식을 듣고 있습니다. 2학년 때는 팍데이, 3학년 때는 반손이라는 친구에게 후원하자는 아이디어를 내어 반 친구들과 후원하였습니다. 저 개인적으로는 팔레스타인에 있는 후삼이라는 아이와 친구가 되었습니다. 나눔은 단순한 기부가 아닌 마음을 전달하는 것임을 알게 된 소중한 경험이었습니다.
저희 학교는 '수다날(수요일은 다 먹는 날)'이라고 해서 매주 수요일 잔반을 가장 적게 남긴 반을 선정해 한 달에 한 번씩 시상을 합니다. 상을 받기 위해 반의 몇몇 친구들은 반의 모든 친구들이 잔반을 남기지 않도록 강요했습니다. 어느 날 한 친구가 수다날 잔반을 남기지 않는 것이 부담스럽다고 반장인 제게 고민을 털어 놓았습니다. 반장으로서 저는 처음부터 소수의 의견을 듣지 않았다는 것을 반성하였습니다. 반성을 한 저는 학급 회의를 통해 친구들과 함께 해결책을 모색했고, 결론은 간단했습니다. 반 친구들이 함께 모여 식사를 하면서 반 전체 잔반을 없애기로 하였습니다. 이것이 수다날의 취지라고 생각하였습니다. 그 후 저희들은 매일 즐겁게 밥을 먹었고 수상도 하였습니다. 이를 통해 함께하는 협력과 서로의 부족함을 채워 원하는 바를 충족시키는 배려를 배웠습니다.

06 동아리활동과 면접

1) 동아리활동과 관련한 면접 기출

면접 중, 가장 많이 나오는 인성면접 기출문제 중 동아리 관련 공통 문항은 다음과 같다.

- 기억에 남는 체험활동 중 하나를 말해보시오.
- 우리 학과에 오기 위해 노력한 일은 무엇인가?
- 학교 내에서 어떤 동아리활동을 했으며 어떤 점을 배웠는가?
- 전공에 관한 활동 이외의 활동 중 기억에 남는 것은 무엇인가?

2) 대학별 동아리 관련 면접 문항 사례

대학	면접 문항
	활동 Tip
건국대학교	·과학실험 포트폴리오를 32개 주제로 썼다고 했는데, 그중에 한 개의 실험에 대해서 실험주제, 실험결과, 느낀 점 등을 이야기해보시오. ·생태소통 페스티벌에서 기자단의 일원으로 활동했다고 기술되어 있습니다. 아마 본인의 글이 기사화되었을 텐데요. 여기서 '좋은 글'이란 어떻다고 정의를 내릴 수 있는지요? ·청소년 기자단 활동이 본인의 인격적 성장에 어떤 도움이 되었는지요? ·과학논술탐구동아리 활동을 하여 문집을 했는데 어떤 내용인지 설명해보시오. ·동아리활동 시간에 3D 프린터로 뭘 만들었나요? 3D 프린터의 원리가 뭔지 말해보세요. ·드론은 학교에 몇 대 있어요? 1대당 가격은 어느 정도예요?
	☞ 생활기록부에 기재된 동아리활동과 자기소개서에 기록한 동아리활동에서 느낀 점과 특이한 점 중심으로 질문한다. 동아리활동에 누구나 알 수 있는 내용보다는 특색 있는 활동을 하는 것이 유리하다.
경기대학교	·동아리활동과 관련하여 환경동아리 부단장으로 활동을 하면서 동아리 내 프로젝트팀 활동을 조율하였다고 하는데, 어려운 점은 없었나요? 어떤 조율을 하였나요? ·동아리활동과 관련하여 환경에 대한 본인의 지식과 모니터링 방법을 후배들에게 알려주었다고 하는데, 본인만의 환경 모니터링 방법이 있나요? 그 방법을 만들기까지의 과정은 어떻게 되나요? ·ㅇㅇ부를 하면서 ㅇㅇ 관련 독서를 하였다고 되어 있는데, 본인의 기억에 남아 있는 책은 무엇이며, 기억나는 구절은 무엇인가요? ·자신이 어떤 동아리의 회장인데, 동아리방이 매우 더럽다. 치우는 사람도 없이 당신이 몇 번 치우기도 했지만 참을 수 없는 단계에 이르렀을 때 어떻게 하면 좋겠는가?
	☞ 동아리활동 과정 중에서 배우고 느낀 점을 중심으로 질문한다. 평범한 동아리활동이라도 의미를 부여하고 활동마다 자신이 느낀 점을 바탕으로 정리해두는 것이 필요하다.
경희대학교 (레오르네상스 전형)	·자신을 드러낼 수 있는 활동은 무엇인가? ·(경영학과)동아리 활동을 하면서 방일 단원 활동을 하였는데 일본에 몇 명이 갔다왔나요? 느낀 점은? 본인의 역할은 무엇이었나요? ·영어동아리인데 영어 성적은 왜 그런가?
	☞ 자기소개서에 쓴 내용을 바탕으로 인성이나 리더십을 발휘했는지를 동아리활동을 통해 물어보고 있어서 생활기록부나 자기소개서의 내용을 중심으로 예상 질문에 대한 답변을 준비하는 것이 좋다. 따라서 동아리활동 중에 자신을 드러낼 수 있거나 자신의 역할을 충실히 할 수 있는 활동을 수행하는 것이 중요하다.
광운대학교	·고교재학 중 지원자가 참여했던 동아리활동 중 가장 인상 깊었던 것은 무엇입니까? 그것이 지원자에게 어떠한 영향을 주었다고 생각합니까?
	☞ 동아리가 인생에 미치는 영향에 대해 묻고 있기 때문에 평소 동아리활동이 어떤 점에서 앞으로 인생에 도움이 될지를 생각하면서 활동에 참여할 필요가 있다.
국민대학교	·발명반동아리를 했다고 되어 있는데 자신이 발명한 게 있으면 이야기해보세요.

대학교	질문 및 조언
	·수학동아리 활동이 수학을 좋아한다는 것을 반증하는 것 같은데 여러 활동 중에서 가장 기억에 남는 하나만 이야기해보세요.
	☞ 동아리활동 시간에 제대로 했는지를 파악하는 질문이 많고, 전공 적합성과 연관된 활동을 했는지 알아보는 질문이 많으므로 자신의 진로와 전공과 연관이 있는 활동을 할수록 유리하다.
동국대학교 (Do Dream 전형)	·동아리를 했다고 하는데, 어떻게 운영한 건가요? ·(역사교육학과) 많은 교내 활동을 했는데 그중에서 가장 인상 깊은 활동은 무엇이었나요?
	☞ 동아리활동에 전반적인 것을 묻기 때문에 다양한 활동을 하고 이 중에서 특히 기억에 남을 만한 활동을 하는 것이 좋다.
명지대학교	·(행정학과) 동아리활동에서 얻은 것과 잃은 것은? ·(물리학과) 친구들과 함께한 동아리활동 등이 있으면 말하고 본인의 역할은? ·(전기공학과) 동아리활동 중 본인의 성실성을 나타내는 사례를 말해보세요. ·(환경에너지공학과) 전공, 동아리활동, 수행 역할, 프로젝트 관련 질문 ·(디자인학부) 동아리·자율활동에서 배운 점 ·동아리에서 수요집회에 참가했다고 했는데 왜 참가하게 되었고, 느낀 점은 무엇이었나요? ·STEAM 활동이 무엇이고, 주로 어떤 주제로 활동을 하였는지, 그리고 배우고 느낀 점은 무엇인지 말해보세요.
	☞ 동아리활동을 통해 인성을 파악하는 질문들이 많으므로 성실성, 리더십, 협동심 등을 나타낼 수 있는 스토리를 구성해 답변을 준비하는 것이 필요하다. 특히 전공 적합성과 관련된 질문에 답할 수 있도록 전공과 관련된 동아리활동을 하는 것이 좋다.
상명대학교	·1, 2학년 때 동아리활동으로 답사를 다녔다고 되어 있는데 어디를 다녔나요?
	☞ 생활기록부에 기록된 내용을 바탕으로 질문이 이루어지므로 생활기록부에 전공과 관련된 내용을 모두 파악하고, 생활기록부에 다른 학생들과 차별화되는 특이한 점에 대해서는 예상 질문을 만들고 답변을 준비해야 한다. 이렇게 하려면 특색 있는 동아리활동에 대한 아이디어를 내고 실천하는 것이 중요하다.
서울대학교 (지역균형)	·공부 이외에 가장 즐거웠던 활동은 무엇이었나요?
	☞ 생활기록부나 자기소개서 위주로 묻는 질문이 많다. 공부를 잘하고 내신이 우수한 학생들이 지원하기 때문에 학업에 대한 질문보다는 진로나 학업 외적인 질문이 많으므로 동아리활동을 통해 의미 있는 활동을 해두는 것이 좋다.
서울여자대학교	·토론동아리에서 한 활동 중 가장 기억에 남는 내용은 무엇인가요? 일주일에 몇 번씩 활동을 하였나요? 몇 명으로 이루어져 있나요? ·기독교동아리를 했는데 거기서 본인의 역할은 무엇이었나요? 어떤 활동을 주로 하였나요? ·본인은 공동체 속에서 어떤 사람이라고 생각하나요? ·입학하면 어떤 동아리활동을 하고 싶나요? ·자율동아리가 무엇인가요? 학교에서 인정된 동아리인가요? 어떤 활동을 주로 했나요? 가장 기억에 남는 활동은 무엇이었나요? ·우리 학과에 오기 위해 어떤 노력을 했나요? 학교에 컴퓨터 동아리는 없었나요? (정보보호학과)
	☞ 동아리활동에 가장 많은 질문 시간을 할애하는 학교이다. 모둠 활동이나 동아리활동에서 자신의 역할에 의미를 부여하면서 활동을 하거나 진로 연관된 활동을 하는 것이 좋다.

숙명여자대학교	·동아리활동을 통해 ○○재활원 봉사활동을 다녀왔다고 되어 있는데 어떤 활동을 하였나요? 느낀 점은 무엇이었나요? 이 활동을 통해 배운 점은 무엇인가요? ·수학동아리가 학교에서 오래된 동아리인가요? 동아리활동 중에서 많은 연구를 했다고 되어 있는데 동아리활동 중에서 가장 기억에 남는 활동은 무엇이었나요?
	☞ 동아리활동을 통해 느끼고 배운 점을 물어봄으로써 인성 요소를 파악할 수 있다. 평상시 동아리활동 중에 느낀 점과 배운 점을 정리해둘 필요가 있다.
숭실대학교	·이 활동을 수행한 과정을 단계별로 간단히 설명해보세요. ·이 활동을 하면서 가장 인상적으로 느낀 점은 무엇입니까? ·이 활동을 하면서 있었던 일화가 있다면 어떤 것입니까? ·이 활동을 하면서 어려움이 있었다면 무엇이고, 어떻게 극복해냈습니까? ·이 활동은 지금 자신의 모습에 어떤 영향을 미쳤다고 생각합니까? ·이 활동의 성과가 좋지 않았다면 그 이유는 무엇이라고 생각합니까? ·이 활동에서 학생의 역할은 무엇이었습니까?
	☞ 동아리활동 과정을 처음부터 끝까지 묻는다고 생각하고, 어떤 활동을 하였는지, 어떤 점이 어려웠고 어떻게 극복했는지, 어떤 영향을 미쳤는지 일목요연하게 정리해둘 필요가 있다.
아주대학교	·서울 EXPO에서 강서구 대표로 참가하여 부스를 만들고 책에 대해 홍보, '슈퍼스타 poem'이라는 UCC 제작, 봉사단 단장으로서 학생들이 봉사에 대해 알 수 있도록 기사화 등 다양한 활동을 하였는데 이런 활동들이 어떤 방식으로 행정학 공부에 도움이 될 것이라 생각하는가? ·축구동아리 에임하이에 3년간 선수로 소속되어 활동한 기록이 있는데 1년에 몇 번 대회에 참석했는가? 시합에 대비해 어떤 방식의 훈련을 했는가? 축구경기에서 승리를 위해 가장 중요한 것은 무엇이라 생각하는가? ·○○○동아리에서 신문을 제작한 경험이 있는데, 본인의 구체적 역할에 대해 설명해보라. <참여한 활동> ·동아리 이름이 무엇인가요? 얼마나 자주 만나서 활동을 하나요? 만나서 하는 활동이 뭔가요?
	☞ 동아리활동을 통해 느낀 점과 배운 점을 묻고 있으므로 동아리활동 하나하나에 의미를 부여하면서 활동을 하는 것이 중요하다.
인하대학교	·고등학교 때 ○○동아리 활동을 하였다고 했는데, 구체적으로 동아리의 성격과 활동에 대해 설명해주십시오. ·동아리에서 가장 인상 깊었던 활동은 무엇이며 그 이유는 무엇입니까? ·고등학교 때 동아리활동을 한 것으로 알고 있는데, 대학에서 전공공부 이외에 해보고 싶은 동아리나 기타 활동이 있습니까? ·다양한 활동을 하면서 좋은 성적을 유지하기는 쉽지 않았을 텐데 어떻게 시간 관리를 했습니까?
	☞ 진로와 관련되지 않은 동아리활동이라도 학업 이외에 자신의 특기나 취미를 발휘할 수 있는 동아리활동에서 얼마나 열심히 참여하였는지를 알아보는 질문으로 진로와 연계가 적은 동아리에 가입했더라도 최선을 다할 필요가 있다.
중앙대학교	·각종 토론활동을 했는데, 그중에서 가장 인상 깊었던 주제는 무엇인가요? ·학교에서 다양한 동아리활동을 하였던데 그중에서 어떤 활동이 가장 기억에 남나요? ·과학 봉사활동 중에서 한 활동 중에서 가장 기억에 남는 활동은 무엇인가요? ·동아리활동 중에서 아두이노 활동은 무엇인가요?

	☞ 교육과정 중 창의적 체험활동 동아리 및 자율활동과 관련된 문항이다. 교내 활동 및 토론과정을 통해 얻은 지식에 대해 질문하는 평범한 질문이 많다. 따라서 동아리활동뿐만 아니라 다양한 창의적 체험활동 시간에 여러 활동을 경험해보는 것이 중요하다.
진주교육대학교	· 동아리 시간에 STEAM 활동을 하였다고 되어 있는데 STEAM 활동에 대해 구체적으로 설명해주세요. · 초등학생에게 '예체능'이 중요하다고 생각하는 의견에 동의하나요? 동의하면 대답해보고 동의하지 않으면 대답하지 마세요.
	☞ 동아리 시간에 어떤 활동을 했는지에 대해 물어보고, 교과 시간 이외에 창의적 체험활동이나 '예체능'이 왜 필요한지에 대해 물어봄으로써 예비교사로서의 생각을 알아보고자 한다. 따라서 동아리활동에 교육적인 의미를 부여할 수 있는 방법에 대해 고민해보는 것이 좋다.
한양대학교	· 모둠장을 하면서 팀원끼리 갈등은 없었나? · 1학년 때 시사연구동아리 활동을 했는데 보면 책이나 영화를 찾아서 활동을 했는데 어떻게 이런 활동을 하게 되었나? · 영어 독서부에서 영어책을 읽고 영어로 토론을 했다는데, 어떤 내용인가?
	☞ 동아리활동을 통해 협력과 소통을 경험해볼 수 있으면 좋다. 동아리활동을 개별활동보다는 팀별활동이나 프로젝트활동으로 구성하는 것이 좋다.
한국항공대학교	· 메카트로닉스 동아리를 창설하고 운영하게 된 계기와 구체적 활동, 자신의 역할 등에 대해 설명해보시오. · 과학우수반 활동에서 조장으로서 조원들의 이견을 조율하고 조직을 이끌어가는 데 필요한 통솔력과 안목을 키웠다고 함. 구체적 예시를 들어본다면? · 타인을 배려하고 자신을 희생했던 경험에 대해 구체적 사례를 들어 말해보시오. · 교환학생 경험이 본인에게 끼친 영향은? · 또래학습 동아리 멘토 역할로 인해 상대 학생과 본인에게 어떤 변화가 있었는지?
	☞ 동아리활동을 통해 리더십과 배려 등을 키울 수 있으므로 동아리활동과 관련된 봉사활동을 기획해보고 실천하는 과정에서 자신의 역할을 부여하고 느끼고 배운 점을 정리해둘 필요가 있다.
UNIST	· 동아리활동에서 UNIST에서 3D 프린팅 체험을 한 걸로 되어 있는데 어떤 체험을 하였나요?
	☞ 전공이나 진로와 연관된 활동을 할 경우에 관심을 가져주므로 이공계로 진학할 학생들은 동아리활동에서 최신 첨단 제품이나 기술과 관련된 활동을 해보는 것이 좋다.

위 사례들에서 알 수 있듯이 동아리활동은 어떤 활동을 했는지, 가장 기억에 남는 활동은 무엇이었는지, 이 활동을 통해 어떤 점을 느꼈고 무엇을 배웠는지, 자신의 진로에 어떤 영향을 미쳤는지에 대한 질문들로 구성된다. 동아리는 처음 가입할 때부터 자신의 진로에 적합한 동아리를 선택해서 가입해야 한다는 것을 알 수 있다. 만일 자신이 원하지 않는 동아리에 가입했더라도 자신의 동아리에서 자신의 역할에 의미를 부여하며 모든 활동에 최선을 다하는 자세가 필요하다. 또한 동아리활동은 개별활동보다는 팀이나 과제 중심으로 구성해야 다양한 스토리

가 나올 수 있으므로 매번 활동 때마다 다른 활동을 하는 것보다는 1학기에 하나의 주제로 활동을 하거나 팀별로 토론을 한다거나 과제를 수행하는 방식으로 진행하는 것이 좋다. 특히 전공과 관련된 동아리활동에서는 면접관들의 관심이 집중되기 때문에 전공과 관련된 첨단 기술이나 최신 주제를 활용한 활동을 하는 것이 좋다.

07 동아리활동 학생들의 진학 사례

동아리활동을 활용한 진학은 자기소개서뿐만 아니라 교사추천서를 통해서도 활용할 수 있다. ○○학교에서 동아리활동을 열심히 한 학생들의 실제 진학 사례를 정리한 것이다. 동아리활동만으로 대학 진학을 한 것은 아니라, 동아리활동에 많은 시간을 할애한 학생들의 자료를 수집, 정리한 점에서 의미가 있다.

〈2016학년도 ○○고 과학동아리 입학 사례〉

성명	등급	학교	학과(부)	전형 명
○○○	3.79	부경대학교	해양생산시스템관리학부	창의인재
○○○	3.68	성신여자대학교	통계학과	지역균형
○○○	2.00	중앙대학교(서울)	전자전기공학부	학생부 종합(다빈치형인재)
○○○	1.03	고신대학교	의예과	지역인재특별전형
	1.04	부산대학교	의예과	지역인재전형
	1.07	서울대학교	바이오시스템·소재학부	지역균형선발전형
○○○	1.90	동서대학교	간호학과	인문계고교
○○○	1.33	가톨릭관동대학교	의학과	학업우수자전형
	1.35	울산과학기술원	이공계열	지역인재
○○○	2.80	건국대학교(서울)	융합인재학부 과학인재전공	KU자기추천전형
	2.80	중앙대학교(안성)	시스템생명공학과	학생부 종합(다빈치형인재)
○○○	1.52	대구교육대학교	초등교육과	참스승전형
	1.56	진주교육대학교	초등교육과	지역인재선발
○○○	1.46	연세대학교(서울)	글로벌융합공학부	특기자 전형(IT명품인재계열)
	1.45	이화여자대학교	보건관리학과	고교추천전형_교과

〈2015학년도 ○○고 동아리활동 활용 합격 사례〉

성명	내신	대학	모집단위	전형 명	동아리
김OO	2.5	국민대	건축학부	국민프런티어	SEA
김OO	2.68	가톨릭대	컴퓨터정보공학과	학생부우수	SSCI
	2.68	명지대	정보통신공학과	학생부(교과)우수자	
김OO	1.74	경희대	응용수학과	지역균형	수학반
김OO	2.56	명지대	생명정보학부	학생부(교과)우수자	유네스코
	2.56	중앙대	식품공학부	학생부교과	
	2.56	부산대	분자생물학과	학생부종합	
김OO	1.84	동국대	식품생명공학과	학교생활우수	SSC
	1.84	인하대	컴퓨터공학과	교과성적우수자	
	1.84	경북대	자연과학자율전공	일반학생	
박OO	2.4	국민대	산림환경시스템공학	교과성적우수자2	한별단
	2.4	숭실대	산업정보시스템공학과	학생부우수자	
박OO	3.99	가천대	조경학과	가천프런티어	가이아
박OO	4.57	홍익대	건축학과	학생부 종합	SSC
송OO	2.59	경북대	환경공학과	학생부종합	SSC
	2.59	부산대	미생물학과	학생부종합	
신OO	4	경기대	컴퓨터과학과	KGU종합인재	가이아
안OO	2.23	경희대	건축학과	네오르네상스	SSC
	2.23	인하대	건축학과	교과성적우수자	
	2.23	부산대	건설융합학부	학생부종합	
오OO	3.25	단국대	건축학과	DKU인재	SSCI
우OO	2.92	단국대	건축공학과	학생부교과우수자	수학반
	2.92	서울여자대	수학과	일반학생	
이OO	1.5	가톨릭대	간호학과	학생부우수	가온
이OO	2.93	경북대	통계학과	학생부종합	수학반
임OO	2.54	아주대	전자공학과	아주ACE	SSC
	2.54	경북대	섬유시스템공학	일반학생	
임OO	2.5	국민대	신소재공학과	국민프런티어	SSC
	2.5	단국대	고분자공학과	학생부교과우수자	
	2.5	부산대	재료공학과	학생부종합	
정OO	3.49	가톨릭대	생명환경학부	잠재능력우수자	SSC
	3.49	중앙대	생명자원공학부	학생부종합	
정OO	3.32	단국대	전자전기공학부	DKU인재	SSC
	3.32	명지대	전자공학과	학생부(종합)우수자	
조OO	2.13	경희대	응용화학과	네오르네상스	SSC
채OO	2.61	경희대	식물환경신소재학과	네오르네상스	SSC
	2.61	동국대	바이오환경과학과	DoDream	

	1.38	이화여대	수리물리과학부	지역우수인재	
천OO	1.38	한양대	도시공학과	학생부종합	SSC
	1.38	유니스트	자유학부	학생부종합	
황OO	2.47	단국대	토목환경공학과	학생부교과우수자	SSC
	2.47	중앙대	식품공학부	학생부교과	
원OO	2.48	부산교육대학교	초등교육	초등교직적성자	SSC

〈2015학년도 수도권 수시모집 합격자 현황〉

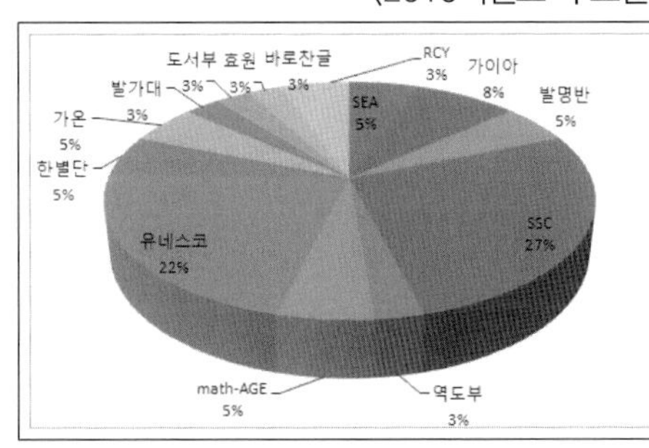
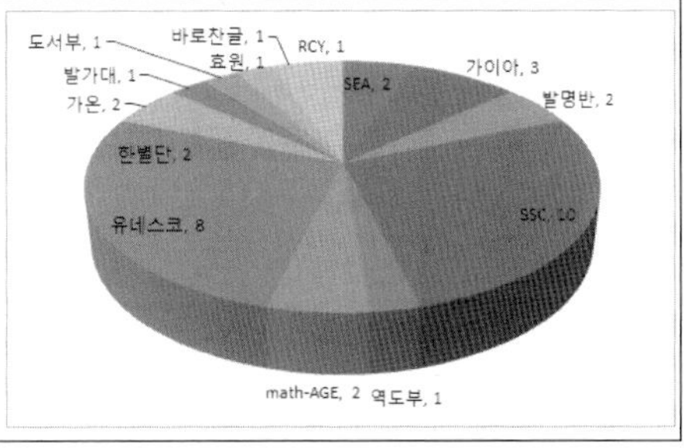

〈그림 1〉 동아리별 수도권 수시 합격자 비율 및 인원

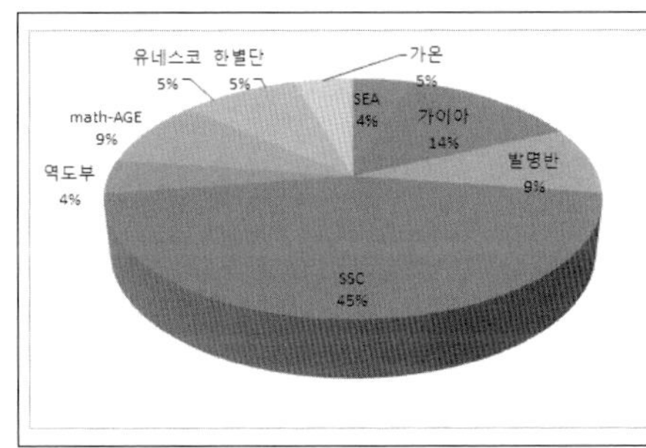
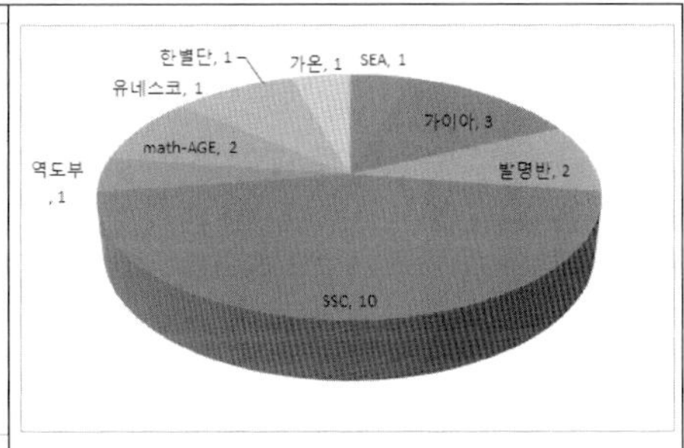

〈그림 2〉 동아리별 수도권 수시 합격자 비율 및 인원(이과)

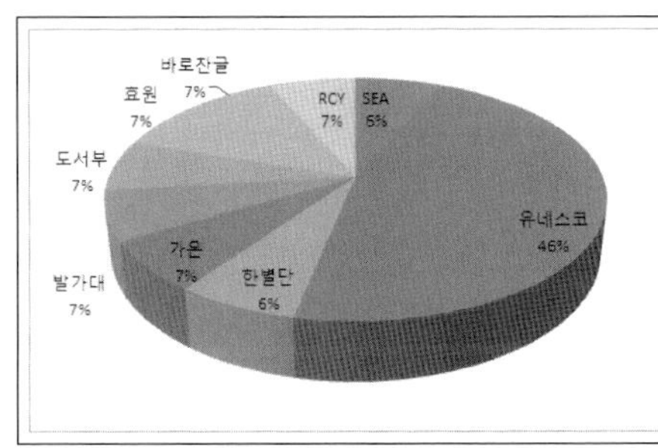
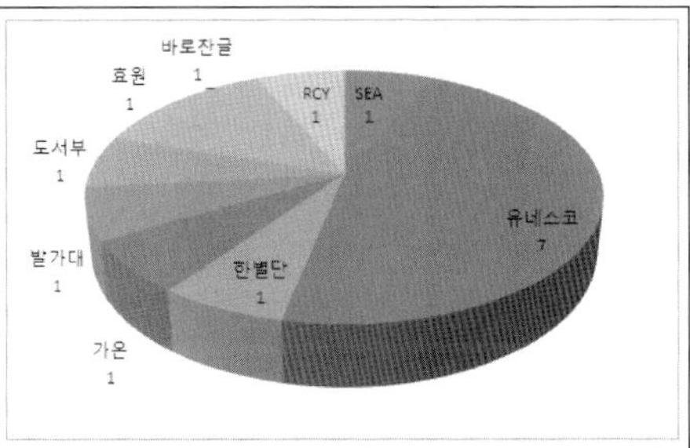

〈그림 3〉 동아리별 수도권 수시 합격자 비율(문과)

1) 인문사회계열 진학 사례

[사례 1] A양 (일반고 34학급)

· 내신성적 – 1.1

· 대학진학결과

1차 합격			최종합격여부
학교명	학과	전형	(○, ×)
서울교대		학교장추천	○
경인교대		교직적성 잠재능력우수자	○
춘천교대		석우 인재전형	○
고려대	교육학과	학교장추천	○

· 동아리활동 수상실적
㉠ <u>동아리보고서 대회 1학년 2학기 최우수상</u>
동아리보고서 대회 2학년 2학기 최우수상
동아리보고서 대회 3학년 1학기 장려상
㉡ <u>동아리학술논문발표회 논문작성 및 PPT 발표 (2학년)</u>

위 학생은 1학년 2학기에 개인의 성격유형이 진로 성숙도에 어떻게 영향을 미치는지에 대한 상관관계를 분석한 논문을 작성해 1학년 최우수상을 수상했고 2학년 2학기엔 그 내용을 심화시켜 진로성숙도에 따른 성격유형과 학업성취도가 어떻게 관계가 있는지에 관해 연구하여 제1회 동아리 학술논문 발표회에 참여해 PPT를 이용해 논문을 발표했다. 2학년 2학기엔 논문발표뿐만 아니라 시사동아리(자율동아리) 활동에도 참여하여 시사문제를 다룬 신문을 제작해 동아리보고서대회에 출품했고 최우수상을 받는 영광까지 누렸다. 이 신문은 저소득층 복지예산, 스크린 독과점, GOP 총기난사사건 등의 주제를 다루었다. 3학년에도 위와 같은 형태의 신문을 만들어 동아리보고서대회에 참가했고 3학년 장려상을 수상했다. 사법시험의 2017년 완전폐지논란, 원전가동의 찬반, 김영란법에 대한 토론, 영재교육의 종착점은 어디일까, 방송사의 시청률 전쟁에 관해 심도 있게 기사를 작성하였다.

·생활기록부 동아리활동 기록

학년	동아리 이름	동아리활동 기록
1학년	학술연구동아리	· **㉠ 개인의 성격유형이 진로 성숙도에 어떻게 영향을 미치는지에 대한 상관관계를 분석한 논문을 작성**했으며 연구하는 과정에서 학생이 맡은 역할에 대한 기록함 · '공동연구가 아닌 개인연구를 완성함으로써 기획, 분석, 해석, 정리 능력이 뛰어남을 알 수 있음'이라고 기록하여 연구를 통해 학생의 향상된 능력에 대해 강조함
		영어동아리(자율동아리)
2학년	학술연구동아리	· **㉡ 진로성숙도에 따른 성격유형과 학업성취도가 어떻게 관계가 있는지에 관해 연구논문을 작성하여 동아리학술논문 발표회에 참여했다고 기록함** · 발표회를 통해 학생의 진로에 대한 방향을 확고히 하고 자신감을 얻은 부분에 대해 기술함
		영어동아리(자율동아리)
		홍보마케팅동아리(자율동아리)
		시사동아리(자율동아리)
3학년	학술연구동아리	· 학생의 진로인 교사가 되기 위해 갖춰야 하는 자질이나 능력을 알아보기 위한 연구 활동을 진행했다고 기술함 · 교육심리학이 교육현장에 어떻게 필요한지에 대한 연구의 필요성을 느꼈다고 적음
		시사동아리(자율동아리)

논문작성과 발표에 대한 부분은 논문제목과 함께 잘 부각되어 있지만 자율동아리 활동을 통해 동아리보고서 대회에서 2학년, 3학년 수상한 보고서 내용은 완성도가 매우 높은데도 불구하고 생활기록부에 기록이 거의 되어 있지 않아 아쉬운 점이 있다. 보고서의 주제라도 간단히 쓰여 학생이 조사하고 연구했던 부분이 구체화되는 게 좋다.

·자기소개서에 활용된 동아리활동

위 학생은 학술연구동아리에서 논문을 작성한 과정과 연구결과 도출한 부분을 자기소개서 2번 항목에 활용하였다. 학술연구동아리에서 논문작성을 위해 설문조사를 하고 그 내용을 바탕으로 조사·연구한 과정을 구체적으로 서술하였다. 아래 내용은 위 동아리 수상내용 ㉡과 관련된 것이다.

2. 고등학교 재학기간 중 본인이 의미를 두고 노력했던 교내활동을 배우고 느낀 점을 중심으로
   3개 이내로 기술하세요. 단, 교외활동 중 학교장의 허락을 받고 참여한 활동은 포함됩니다.
   (1,500자 이내)

학술연구동아리의 첫 번째 활동으로 논문을 쓰게 되었습니다. 평소 진로선택을 어려워하는 친구들에 대해 궁금증을 갖고 있는 저는 '진로성숙에 영향을 주는 요소'를 주제로 정했습니다. 설문조사 과정에서 영향을 주는 모든 요소를 고려하기에는 조사범위가 너무 넓다는 것을 깨달았습니다. 모든 요소를 비교할 수 없다면 성격, 성적과의 관계라도 알아보고자 계획을 처음부터 다시 구성했습니다. 자료 수집을 위해 교내학생 200명을 대상으로 ㉡ **'진로성숙도에 따른 성격유형과 학업성취도의 관계'에 대한 설문을 진행하였습니다. 뚜렷한 관계가 나타날 것이라 예상했지만 성격과 학업이 진로성숙도에 미치는 정확한 상관관계를 규정할 수 없었습니다. 이유가 무엇일까 고민해 본 결과 학생들이 각자 다른 특성을 가지고 있고 학업에 영향을 주는 요소가 너무 많기 때문이라고 결론지었습니다.** 이는 '이것도 정확히 알 수 없는데 실제 진로활동은 얼마나 다양한 변수가 존재할까' 하는 생각으로 이어졌습니다. 설문조사 이전까지는 진로교육이 효율적이지 않다고 생각해왔습니다. 하지만 진로교육의 현실적 여건 안에서 각자 다른 학생들의 특성을 모두 반영할 수 없는 현실을 이해하게 되었습니다. 이를 계기로 시스템이 좋지 않다고 비판하기 전에 왜 그렇게 되었는지 원인을 생각해보는 자세를 갖출 수 있었습니다.

· 대학수학능력시험 성적

	국어	수학	영어	사회탐구	
유형/선택과목	B형	A형		생활과 윤리	사회·문화
등급	평균 1.3 등급			평균 1.5 등급	

위 학생은 1학년 때부터 초등학교 교사의 꿈을 갖고 있었는데 동아리를 선택할 때는 한 번도 교육관련 동아리에 가입을 하지 않았지만 학술연구동아리에서 생활기록부 ㉠, ㉡, ㉢의 활동과 같이 교육과 관련된 연구와 논문작성을 통해 진로탐색을 자신이 원하는 방향으로 잘 진행해왔다고 볼 수 있다. 자율동아리가 시사동아리로 학생의 진로와 직접적으로 연관되어 있진 않지만 생활기록부에 수상한 보고서의 내용이 기록되었다면 학생의 생각이 더 깊이 있고 교내 활동에 더 충실함을 보여줄 자료가 되었을 것이다.

[사례 2] B양 (일반고 34학급)

· **내신성적** – 1.7

· **대학진학결과**

1차 합격			최종합격여부
학교명	학과	전형	(ㅇ, ×)
경희대	무역학과	네오르네상스전형	ㅇ
고려대	경제학과	농어촌전형	×
건국대	무역학과	KU고른기회전형	ㅇ
숙명여대	경영학과	농어촌전형	ㅇ

· **동아리활동 수상실적**
㉠ **동아리보고서 대회 2학년 1학기 우수상**
㉡ **동아리보고서 대회 2학년 2학기 장려상**
㉢ **동아리학술논문발표회 논문작성 및 PPT 발표 (2학년)**

위 학생은 1학년 동아리활동을 바탕으로 2학년에 왕성한 동아리활동의 꽃을 피우고 더불어 좋은 결과를 내기도 했다. 다른 학생들은 논문 작성을 할 때 연구작업을 혼자 하는 게 부담스러워 팀으로 공동 작업을 많이 하는 반면 두 번의 동아리보고서 소논문 모두 혼자의 힘으로 작업을 이뤄내는 열성을 보였다.

첫 번째 소논문은 연애에 따른 청소년의 소비습관을 절제측면, 절약측면, 효용측면에서 비교하는 섬세함을 보여주었고 두 번째 논문은 학교 앞 가게들에 대해 학생들이 만족하는 정도와 그 이유가 무엇인지에 대한 내용으로 학교 앞 상권의 분석을 위해 여러 가게를 본인이 직접 돌아다니면서 조사하여 여러 가게의 판매가격·입지조건·고객 면에서 심도 있게 분석하며 창업성공의 이유까지 치밀하게 파악하였다. 마지막 동아리학술논문발표회에서는 SSM에 대해 소비자가 얼마나 만족하고 있으며 SSM 규제가 꼭 필요한 것인가에 대해 SSM과 재래시장을 여러 측면에서 분석하고 소비자들의 설문조사를 통해 결과를 잘 도출하고 당당하고 조리 있는 말투로 고등학생수준을 넘어서는 성공적인 발표를 했다.

•생활기록부 동아리활동 기록

학년	동아리 이름	동아리활동 기록
1학년		문예동아리
		영어동아리(자율동아리)
		경영동아리(자율동아리)
2학년	경제경시동아리	•ⓛ **교내 동아리보고서 대회에서 학교 앞 상권분석을 주제로 응모하여 우수한 결과를 얻었다고 기록함** •ⓒ **동아리를 대표하여 교내 논문발표대회에서 ◇◇지역에서 SSM이 어떤 영향을 주는지에 대해 발표하여 우수한 평가를 받았음**
		영어동아리(자율동아리)
		글쓰기동아리(자율동아리)
3학년	경제경시동아리	•코엑스 국제 소싱페어 체험활동에 참여하여 내수기업의 해외시장진출 가능성에 대해 탐구한 내용이 있고 어떤 상품이 해외시장에서 경쟁력이 있을지 분석했다는 기록이 있음 •한국경제신문사를 방문활동을 통해 경제, 경영학에 대한 이해도가 눈에 띄게 향상되었음을 강조함 •한국시장에서 무역이 학생들의 소지품 선호도에 어떤 영향을 미쳤는지에 대해 논문을 작성하고 논문 작성과정에서 학생들이 수입품과 국산품의 사용정도를 조사하고 외국기업과 국내기업의 경쟁력 정도를 비교해 보면서 국내기업의 기술개발이 많이 성장했음을 느꼈다고 기술함

위 학생은 처음엔 문예동아리에 가입했지만 경제·경영분야에 관심이 생기면서 스스로 1학년 때 경영자율동아리를 만들고 2학년 때 본격적으로 동아리활동을 진행하면서 활동분야를 확장하고 자신의 탐구능력을 최대치로 끌어올리려고 노력하였다. 그러한 여러 가지 노력과 연구한 주제가 생활기록부에 골고루 잘 적혀 있고 특히 학생이 2학년 때 공들였던 학술논문발표회의 주제가 ⓒ처럼 적혀 있는 게 잘된 부분이지만 2016년 생활기록부지침 변경에 따라 대회명을 삭제하고 대회를 참여하기 위해 탐구했던 활동을 중점적으로 입력하는게 좋다.

•자기소개서에 활용된 동아리활동

위 학생은 자기소개서 1번 항목에 동아리활동에서 여러 번 작성했던 논문의 경험을 통해 ㉠과 같이 논문주제나 동아리와 관련된 과목에 흥미를 느꼈고 탐구하는 방법을 배웠다는 점을 서술하면서 동아리활동이 자신의 학습에도 영향을 미칠 수 있다는 개연성을 설득력 있게 기술하여 1번 항목에 동아리활동을 활용하지 않는 일반적인 경우와 다른 특이한 점을 보였다. ㉢에 쓰인 것처럼 동아리학술논문 발표대회에서의 논문작성과 PPT 발표는 자신의 탐구력과 창의력을 최대한 발휘 했음을 강조하여 서술했다. 특히 본인이 발표를 준비했던 과정을 학생의 모습이 눈에 그려질 정도로 섬세하게 표현하여 내용에 대한 신뢰감을 높였다. 학생과의 면담을 통해서 예상했던 것처럼 이 부분에 대한 입학사정관들의 많은 관심과 질 문을 받았다는 걸 알게 되었다. 수상은 하지 못했지만 ㉣과 같이 글쓰기 자율동아 리 활동을 하면서 글쓰기 실력뿐만 아니라 논리력을 향상하는 계기가 되었고 더 나아가 자신의 인성함양에도 도움이 되었다는 폭넓은 표현으로 전인적인 학생의 모습을 완성해나갔다는 부분이 매우 인상에 남는다.

---

1. 고등학교 재학 기간 중, 학업에 기울인 노력과 학습경험에 대해, 배우고 느낀 점을 중심으로 기술하세요. (1,000자 이내)

'백지 복습'은 배운 내용을 노트에 정리하고, 정리한 내용을 외워 새 종이에 다시 정리하는 저의 학습 점검법입니다. 이 방법은 암기과목의 성적을 올리는 데 도움이 되었습니다. 그러나 단순히 암기만 하다보니 회의감이 들었고, 배운 내용을 실제 삶 속에서 찾아보면 어떨까 생각해보았습니다. 그래서 제가 시도한 방법은 '작은 논문 작성법'이었습니다. 이것은 교과서에서 배운 내용을 실생활에서 사례를 찾아 일종의 보고서를 쓰는 학습법입니다. **㉠ 처음으로 작성했던 작은 논문은 '청소년의 연애와 소비생활의 상관관계'였습니다. 자산 관리에 대한 탐구를 하기 위해, 청소년을 대상으로 설문조사를 진행하였습니다. 이론적인 내용을 응용한 설문지를 만드는 데에 어려움이 있었지만, 선생님을 찾아가서 질문을 하며 해결할 수 있었습니다. 설문 결과를 바탕으로 보고서를 작성하였고, 주제에 대한 이해도를 높일 수 있었습니다.** 그 결과 경제는 더 이상 외우기만 하는 지루한 과목이 아닌 직접 탐구 하며 재미를 찾는 과목이 되었습니다. 그 후에도 교과 내용을 활용한 작은 논문을 계속 작 성하였고, 과목에 대한 흥미는 더욱 높아졌습니다. 덕분에 학교 수업에서 능동적으로 참여 하는 자세를 갖게 되었고, 사례를 찾아 이해하려는 습관을 갖게 되었습니다. 작은 논문을 쓰면서 얻은 습관은 영어 과목에서도 도움이 되었습니다.

2. 고등학교 재학 기간 중 본인이 의미를 두고 노력했던 교내활동을 배우고 느낀 점을 중심으로 3개 이내로 기술하세요. 단, 교외활동 중 학교장의 허락을 받고 참여한 활동은 포함됩니다. (1,500자 이내)

㉡ 2학년 때 교내 논문 발표 대회에 참가하였습니다. 제가 선택한 주제는 지역 경제에서 논점이 되고 있는 '대형마트 규제의 효율성'이었습니다. 논문을 작성하기 위한 자료조사 방

법으로 단순한 인터넷 검색이 아닌, 설문조사를 선택한 덕분에 보다 현실적인 통계자료를 얻을 수 있었습니다. 설문 자료를 바탕으로 작성한 논문을 실제로 발표하기에 앞서, 교실 TV에 PPT를 띄워놓고 친구들 앞에서 리허설을 진행한 뒤 피드백을 받았습니다. 처음에는 발표를 하는 동안 친구들이 저에게 집중하지 못하는 모습을 보고, 친구들의 흥미를 끌기 위한 방법을 고민하였습니다. 그래서 호응을 유도하고 발표에 집중할 수 있게 하는 방법을 생각해보았습니다. 대형마트에서 물건을 사본 적이 있냐는 물음을 시작으로 친구들의 경험을 환기시키는 질문을 던지며 발표에 흥미를 갖게 하였습니다. 그리고 질문을 할 때 관객을 향해 손을 뻗고, 말할 때 과하지 않은 제스처를 사용함으로써, 친구들이 발표를 편안하게 볼 수 있게 하였습니다. 그 과정에서 친구들에게 질문을 던지며 소통을 시도하려 했을 때 발표의 몰입도가 더욱 높아짐을 알게 되었습니다. 많은 연습 끝에 결과적으로 관객과 시선을 마주치며 집중도 높은 발표를 해낼 수 있었습니다. 이런 경험을 통해, 발표를 할 때 관객과 소통을 할 수 있게 되었고 더 자신감 있는 모습으로 무대에 설 수 있게 되었습니다. 논문 발표대회는 저에게 관객과의 상호작용 속에서 성장하게 된 발판이 되었습니다.

저는 저의 솔직한 생각을 담아서 쓴 글을 다른 사람에게 보여줄 때마다 '내 생각이 틀렸으면 어쩌지'라고 생각했습니다. 그래서 저의 글을 다른 사람에게 보여주고 평가를 받는 것에 대한 두려움이 컸습니다. 하지만 살아갈수록 글을 쓰는 일이 많아졌고, 그럴수록 뚜렷한 주관의 필요성을 느꼈습니다. 그래서 ㉣ **서로 글을 공유하고 그에 대한 이야기를 나누는 과정을 통해 두려움을 극복하고자 글짓기 동아리인 '◇◇◇◇'을 만들었습니다.** 저희는 문학작품을 읽고 떠오르는 생각과 시의 주제에 대해 이야기를 나누는 시간을 가졌습니다. 같은 작품을 읽고 다양한 의견을 주고받으면서 저의 생각을 솔직하게 말하려 노력하였습니다. 그때 저의 의견을 존중해주는 친구들의 모습을 보면서 제가 생각한 방향이 친구들과 다를 뿐이지 틀린 것이 아니라는 걸 깨달았습니다. 그 외에도 시를 읽으면서 인상 깊은 구절에 대한 자신의 경험담 말하기 활동을 했습니다. 그리고 나눈 대화를 토대로 그 상황을 묘사하는 글을 썼습니다. 각자 쓴 상황묘사를 서로 돌려 읽으며 자유롭게 의견을 주고받았습니다. 친구가 쓴 글에 대해 칭찬할 내용은 칭찬하고 고쳐야 할 부분은 지적해주었습니다. 이 과정을 통해 저의 의견을 솔직하게 표현하면서 논리적으로 비판하는 법을 배웠습니다. 동시에 친구들이 해주는 비판을 성장을 위한 발판으로 받아들이게 되었습니다. '◇◇◇◇' 활동을 통해 글을 보여주는 두려움을 극복하면서 친구들의 의견을 열린 마음으로 수용하고 존중할 수 있게 되었습니다.

・대학수학능력시험 성적

	국어	수학	영어	사회탐구	
유형/선택과목	B형	A형		생활과 윤리	윤리와 사상
등급		평균 3등급		평균 3등급	

위 학생은 동아리활동을 잘 활용한 우수사례라고 볼 수 있다. 1학년 때부터 3

학년 때까지 3년간 꾸준히 자신의 진로와 관련된 동아리활동을 단계적으로 심화시켜 이어나갔고 동아리활동이 단순한 진로탐색의 수단만이 아니라 자신의 학업과 인성까지 완성시켜주는 발판으로 잘 활용하였다. 동아리활동을 단순한 진로탐색활동이 아닌 전인적 인간의 모습을 완성할 수 있는 활동으로 한 단계 발전시킨 좋은 사례이다.

[사례 3] C군 (일반고 34학급)

· **내신성적** – 2.3

· **대학진학결과**

	1차 합격		최종합격여부
학교명	학과	전형	(○, ×)
건국대	경제학과	농어촌전형	○
국민대	경제학과	농어촌전형	○

· **동아리활동 수상실적**
ㄱ **동아리보고서 대회 1학년 2학기 우수상**
ㄴ **동아리보고서 대회 2학년 2학기 우수상**
동아리보고서 대회 3학년 1학기 장려상

위 학생은 1학년 때 일반계 고등학생의 성적이 진로 성숙도와 어떤 상관관계가 있는지 몇 명 학생들과 팀 공동작업으로 함께 연구하여 계열조사와 진로 준비활동의 통계에서 성적이 높은 학생이 진로 성숙도가 높고 성적이 낮은 학생들은 진로 성숙도가 낮다는 결과를 그래프로 그려 유의미한 결과를 얻어냈고 동아리보고서 대회에서 우수상을 받는 성과도 얻었다. 2학년 때는 경제·경영분야에 관심 있는 동아리 학생 한 명과 함께 기업들의 중국 진출을 하기 위해 어떤 경영전략을 갖고 있으며 중국 진출에 대해 청소년들이 어떤 인식을 갖고 있는지에 대한 주제로 한국기업 이랜드, 오리온, 빙그레, SPC, 이마트, 롯데리아 등의 중국 진출

사례조사를 바탕으로 청소년들의 중국 진출 기업들의 인식수준을 설문조사하여 조심스레 결론을 도출해내는 작업으로 동아리보고서 대회에서 우수상을 받았다. 3학년 때도 동아리보고서 대회에서 장려상을 수상했는데 여러 가지 시사문제에 대해 기사를 작성하여 신문을 만들었다. 주로 다룬 주제는 그리스의 디폴트 위기, 돌고 도는 최저임금, 원전가동의 찬반 등에 관한 내용이었다.

· 생활기록부 동아리활동 기록

학년	동아리 이름	동아리활동 기록
1학년	학술동아리	· ㉠ 일반계 고등학생의 성적이 진로 성숙에 어떤 영향을 미치는지에 관해 연구하는 과정에서 각종 통계자료의 분석과 정리 등을 맡아 최선을 다하는 학생의 태도에 대해 기록함 · 논문을 작성하는 과정에서 수학적 통계가 얼마나 중요한 역할을 수행하는지에 대해 알게 되었다는 기록을 통해 학생의 수학과 진로 진학방향과 연관시켜 기술함
2학년	학술동아리	· ㉡ 2학기 들어서는 자신이 관심이 있는 분야인 경영, 경제에 관한 기업들의 중국 진출을 하기 위해 어떤 경영전략을 갖고 있으며 중국 진출에 대해 청소년들이 어떤 인식을 갖고 있는지에 대한 주제를 선정해 연구하고 발표함으로써 자신의 꿈을 향해 노력하였음을 적음
		문학토론동아리(자율동아리)
3학년	학술동아리	· '관심학과인 경제학과와 수학을 연결하는 과정에서 관련 학과를 졸업하고 할 수 있는 진로에 대하여 조사하였고 조사하는 중 대학에서 배우는 과목들을 알게 되어 자신의 진로에 대한 흥미를 고취시킴'이라고 학생의 진로와 관련하여 기술함 · 한국에서는 노벨 경제학상을 받지 못하는 현실에 대해 조사하며 우리나라 경제 교육의 문제점을 해결할 수 있는 방법에 대하여 토론함
		시사동아리(자율동아리)

생활기록부에 위 학생이 수상한 동아리보고서에 대한 주제와 내용, 작성하게 된 과정이 자세히 적혀 있고 동아리활동에 대해 얼마나 성실하게 임했는지를 알 수 있다. 경제학과와 관련된 동아리활동이 다양하진 않지만 경제와 관련해서 작성한 논문이 핵심적인 내용이 들어 있고 내용이 수준이 높았기 때문에 평가에 좋은 영향을 준 것 같다.

· 자기소개서에 활용된 동아리활동

위 학생은 동아리활동 내용 중 경영, 경제학과와 관련된 논문작성을 최대 강점으로 부각시켜서 2번 항목에 활용했다. 논문을 작성하면서 본인이 배웠던 부분과 느꼈던 것들에 대해 자세히 기록하며 자신의 진로 진학분야에 대한 열정을 고스란히 드러냈다.

2. 고등학교 재학 기간 중 본인이 의미를 두고 노력했던 교내활동을 배우고 느낀 점을 중심으로 3개 이내로 기술하세요. 단, 교외활동 중 학교장의 허락을 받고 참여한 활동은 포함됩니다. (1,500자 이내)

경제에 관심을 가지게 되면서 경제 뉴스를 읽는 양이 늘어났습니다. 그 과정에서 유독 눈에 띄는 나라는 중국이었습니다. 큰 내수시장을 업고 성장하는 중국과 중국에 진출하는 우리나라 기업들을 보고 어떻게 중국에 진출하는가에 대해 궁금하였습니다. 그래서 ⓛ **동아리 시간에 '기업들의 중국진출을 위한 경영전략분석'이라는 주제를 가지고 중국의 경제적인 특징을 조사하며 활용 가능한 전략방법에 대해 분석해보았습니다. 흔히 중국 가서 사업만 하면 성공한다는 속설이 있듯이 중국에 진출하는 것은 쉬워보였습니다. 그러나 이를 조사하고 분석하면서 중국에 진출하고 성공하기 위한 길은 쉽지 않다는 것을 깨달았습니다. 많은 청소년들 역시 저처럼 중국에 진출하는 것이 쉽다고 생각할 것이라 판단했습니다. 그래서 청소년들의 중국 진출에 대한 인식개선이 시급하다는 것을 느꼈습니다. 인식실태를 조사하여 발표하면 중국 진출에 대한 인식을 바꾸는 데 도움을 주고 무의미한 실패를 막을 수 있으리라 생각했기 때문에 주제에 '인식실태'를 추가하였습니다. 이를 통해 경제의 4대 생산요소 중 하나로 알려진 경영이라는 것이 얼마나 큰 역할을 차지하고 있는지 알 수 있었습니다. 경영이란 또한 중국 진출이 수요곡선과 공급곡선을 어떻게 움직여 이익을 주는지 생각해보는 계기가 되었습니다. 이 활동은 경제에 대한 관심과 흥미를 다시 한 번 고취시킬 수 있었고 작은 진화를 이끌었습니다.**

그 진화는 바로 제가 알고 있는 무언가를 남들에게 알려주는 것이었습니다. 동아리보고서대회를 통해서 발표를 하였지만 성에 차지 않았습니다. 그러던 중 교내 UN모의총회를 개최한다는 것을 알게 되었습니다. 총회의 주제는 기아였지만 기아 문제의 원인은 경제와 밀접하게 연관된다고 생각했기 때문에 주저하지 않고 참가하였습니다. 참가 국가를 선택 시 경제와 관련된 뉴스를 볼 때마다 선진국 위주의 뉴스가 대다수라는 것을 느꼈습니다. 그래서 경제 최빈국이나 다름없는 '말라위'라는 국가를 선택하였습니다. 선진국보다는 사람들이 잘 모르는 개발도상국을 조사하여 더 많은 사람들에게 어려운 나라의 상황을 알려주는 것이 더 의미 있을 것이라 생각했습니다. 선진국들에게 어떻게 하면 경제적 지원을 받을 수 있으며 그럴 여건이 충분치 않다면 스스로 해결할 수 있는 방법은 무엇이 있는지 생각해보았습니다. 그렇게 고민을 해서 내린 답들을 기조문에 적어서 발표하였고 많은 사람들이 말라위라는 나라에 대해 알게 하였습니다. 많은 사람들에게 경제적으로 어려움을 겪는 나라들의 경제 문제에 대해 생각할 것을 던져주었다는 것에 큰 보람을 느꼈습니다. 또한 이 활동은 저에게 경제의 질적인 성장을 진로로 생각하는 계기 중 하나가 되었습니다.

· 대학수학능력시험 성적

	국어	수학	영어	사회탐구	
유형/선택과목	B형	A형		세계사	경제
등급	평균 3.3등급			평균 3등급	

위 학생은 동아리활동을 통해 진로와 관련된 활동을 하면서 특히 한 가지 주제
에 관해 깊이 있게 분석하고 연구하는 태도를 길렀음을 알 수 있다. 진로와 관련
된 동아리활동이 논문작성이라는 한정된 활동을 했다는 게 아쉬운 점이다. 동아
리활동에서 다양한 활동을 계획하고 진행하면서 좀 더 잠재적인 능력들을 개발하
고 길렀다면 좋았을 것이다. 하지만 많지 않은 활동이 굵직하고 깊이가 있다는 점
은 우수한 편이다. 그리고 생활기록부와 자기소개서의 연계성도 우수한 사례이다.

[사례 4] D양 (일반고 34학급)

· 내신성적 – 1.47

· 대학진학결과

1차 합격			최종합격여부
학교명	학과	전형	(○, ×)
서울시립대	국제관계학과	학생부종합전형	○
경희대	무역학과	고른기회전형	○
한국외대	국제통상학과	학생부종합전형	○

· 동아리활동 수상실적
㉠ 동아리보고서 대회 2학년 1학기 우수상
㉡ 동아리보고서 대회 2학년 2학기 최우수상
㉢ 동아리 1학년 대표 역임
㉣ 동아리 회장 역임(2, 3학년)

위 학생은 2학년 1학기와 2학년 2학기 모두 영자신문반에서 영자신문제작을
위해 작성한 기사들을 엮어서 수상의 영광을 누렸다. 1학기에는 학교행사 기사쓰

기, 자유주제 기사쓰기, STVO(Same Topic Various Opnion) 프로젝트, Future dream by dream 프로젝트 네 가지 부분으로 나누어 보고서를 작성하였고 이 부분 중 자유주제 기사쓰기에서 후쿠시마 원전사고와 비합리적 소비문화에 대해 연구한 부분이 매우 인상적이었다. 2학기에는 학교생활 기사쓰기, 자유주제 기사쓰기(에볼라 바이러스의 공포, 희망을 나누는 장기 기증, 중국문화의 비애 '전족', 음악의 마법 같은 힘을 보여주는 영화 'Begin Again'), 10대 독자를 위한 기사 쓰기(청소년 문제에 대한 고찰, 우리 미래를 위해 'Step By Step')의 세 부분으로 나누어 영어로 기사를 써서 최우수상을 수상했다.

· 생활기록부 동아리활동 기록

학년	동아리 이름	동아리활동 기록
1학년	영자신문동아리	· ⓒ '**동아리를 통해서 많은 정보를 접하고 자신의 생각을 영어로 표현해보고 싶은 야무진 포부와 자신감으로 동아리 1학년 대표를 맡음**'이라고 기록함 · 학교신문의 기자로서 학교의 교내·교외 행사에 대해 다양하게 기사를 작성했던 부분이 작성했던 기사의 주제와 함께 자세히 기술함
2학년	영자신문동아리	· ⓔ '**동아리 부장으로서 학교 신문에 6편의 기사가 실릴 정도로 글쓰기와 영어 작문 능력이 탁월한 학생임**'이라고 기록함 · 동아리부장으로서 리더십을 발휘했던 부분에 대해 구체적인 사례와 함께 기술함
		시사토론동아리(자율동아리)
3학년	영자신문동아리	· ⓔ '**동아리부장을 맡아 30명이 넘는 인원을 지도하며 모두가 인정할 만한 훌륭한 리더십을 보여줌**'이라고 기록함
		시사토론동아리(자율동아리)

위 학생은 동아리를 자신에게 꼭 필요한 분야들로 잘 선택했지만 동아리보고서 대회에서 우수한 성적을 계속 거두었음에도 생활기록부에 ㉠, ㉡의 동아리 수상한 내용에 대한 기록이 전혀 없어 아쉬운 면이 있다. 하지만 ⓒ처럼 동아리 대표로서의 리더십과 리더로서 활약한 부분에 대한 기록이 학생의 장점으로 부각되어 보인다.

· 자기소개서에 활용된 동아리활동
위 학생은 자기소개서 1, 2, 3번 세 개의 항목에 모두 동아리활동 내용을 활용하였고 각 항목마다 다양한 내용을 기술하였다. 특히 많은 학생들이 단체로 참여했던 활동도 자신의 진로에 맞게 진지하게 활동에 참여한 부분들을 재해석하여 의미를 부여한 점이 매우 우수하다. 동아리보고서 수상에 대한 내용을 ©과 같이 간단히 활용했고 동아리 리더십과 관련된 @ 내용은 3번 항목에 잘 활용하였다.

---

1. 고등학교 재학 기간 중, 학업에 기울인 노력과 학습경험에 대해, 배우고 느낀 점을 중심으로 기술하세요. (1,000자 이내)

ⓛ 영자신문부에서 활동하고 있었던 저는 연구 결과를 바탕으로 기사를 작성하여 결과물을 남겼고, 이것이 학교신문에도 실리게 되었습니다. 일상에서 경제 이론을 찾아나서는 것에 재미를 느껴 이후에도 지속적으로 경제 문제를 주제로 영어 기사를 썼습니다. 수업시간에 배운 내용을 기사화하며 영문법을 재정리할 수 있었고, 교과서를 읽을 때도 직접 탐구하여 익힌 개념들은 더욱 생생하게 다가왔습니다. 이를 통해 교과서에 능동적으로 접근함으로써 자기주도적인 학습 태도를 길렀고, 결과적으로 경제와 영어 두 과목에서 높은 성취를 이룰 수 있었습니다.
이처럼 지식을 활용하는 경험은 스스로 터득해 나가는 공부의 가치를 깨닫게 했습니다. 비록 거창한 연구는 아니었지만, 샘솟는 호기심을 해결하고자 하는 저의 학구열과 실천력은 대학에서 수행해야 하는 학업에도 긍정적인 힘으로 작용할 것입니다.

2. 고등학교 재학 기간 중 본인이 의미를 두고 노력했던 교내활동을 배우고 느낀 점을 중심으로 3개 이내로 기술하세요. 단, 교외활동 중 학교장의 허락을 받고 참여한 활동은 포함됩니다. (1,500자 이내)

유능한 전문가이기 전에 열린 마음을 가진 세계인이고 싶습니다. 이러한 마음은 소통으로부터 빚어진다고 생각해왔습니다. 그래서 전 세계인이 참가하는 슬로푸드 국제대회를 소통의 기회로 삼아 외국인 인터뷰를 진행했습니다. 그러나 대화는 생각만큼 쉽지 않았습니다. 미리 질문지를 만들어간 덕분에 질문을 할 수는 있었지만, 그들의 이야기를 듣고 이해하기가 힘들었기 때문입니다. 또한 우리나라의 이야기를 자세히 전할 수 없어 매우 안타까웠습니다. 이를 통해 깊은 소통을 위해서는 언어 능력이 선행되어야 함을 절실히 느꼈습니다. 이 경험은 제 고등학교 생활의 활동 방향을 정립해준 계기이자 스스로 배움을 찾아 나서게 하는 원동력이 되었습니다. 이러한 배움의 일환으로 해외 펜팔을 접했고, 세계의 친구들과 영어로 대화하며 언어 공부의 즐거움을 느낄 수 있었습니다. 앞으로 다양한 언어를 배워, 더 많은 언어권의 사람들과 소통하고 싶습니다.
슬로푸드 국제대회에서 세계 각국의 사람들과 만나며 문화에 대한 균형 잡힌 시각의 필요성을 느꼈습니다. 그래서 2학년 문학 수업의 과제였던 저자 인터뷰를 기회로 이주민의 문화를 배워보기로 했습니다. 이주노동자의 삶을 기록한 책 '우린 잘 있어요, 마석'을 읽고,

◇◇가구공단을 방문해 책 속 주인공 '에드워드'와 대화했습니다. 그의 이야기를 통해 이주민을 향한 한국 사회의 적대적인 태도와 차별을 실감할 수 있었습니다. 저자이신 사무국장님은 우리 사회가 '문화' 자체의 다양성을 배제한 채 타문화에 배타적이라는 점을 지적하셨습니다. 이를 듣고 저는 우리 고유문화가 아닌 경우를 통틀어 이르는 '다문화'라는 정의를 떠올렸습니다. 그리고 그간 일상적으로 사용해온 다문화라는 단어에 이주민에 대한 차별적인 인식이 담겨 있지는 않은지 되짚어보았습니다. 이 과정에서 스스로를 돌아보는 자세가 변화의 시작임을 느꼈고, 인식의 변화는 거창하게 시작하지 않더라도 일상의 사소함에 민감하게 반응함으로써 이룰 수 있음을 깨달았습니다. 수업시간에 이에 대해 발표하고 제가 느낀 감정을 친구들과 공유하면서 저뿐만 아니라 다른 사람도 변화가 이루어지고 있음을 느낄 수 있었습니다.

3. 학교생활 중 배려, 나눔, 협력, 갈등관리 등을 실천한 사례를 들고, 그 과정을 통해 배우고 느낀 점을 기술하세요. (1,000자 이내)

영자신문 동아리 ◇◇◇의 주된 활동은 기사 작성이었습니다. 활동의 단조로움은 부원들의 의욕을 떨어뜨렸고, 제 역할을 하지 않는 일부 부원들 때문에 다툼이 빈번해졌습니다. ㉣ **저는 부장이 되면서 동아리를 활성화시키고자 매주 월요일 회의를 진행했습니다. 그러나 부원들의 관계가 얼어붙은 상태에서 회의 진행은 쉽지 않아 보였습니다. 정해진 주제를 배정받아 기사를 쓰니 활동에 수동적으로 참여하게 된다는 문제점을 파악하고, 부원들에게 해야 할 일이 아닌 하고 싶은 일을 논의해보자고 제안했습니다.** 여러 번의 회의를 거쳐 기획한 첫 활동은 자신의 진로에 대해 발표하는 영어 발표 대회 'Future Churchill'였습니다. 이후에도 외국계 직업을 꿈꾸는 부원들을 위해 캐나다 대사관을 탐방하고, 단합을 위한 요리대회를 개최해 각국 음식 문화를 체험하는 등의 새로운 시도를 거듭했습니다. 함께 기획한 활동이다 보니 참여도가 높아졌고, 덕분에 다채로운 활동을 하는 동아리로 발전할 수 있었습니다. 이러한 활동을 학교신문에 실어 모두에게 알리면서 저희는 동아리에 대한 자부심을 높일 수 있었습니다. 이를 통해 개인에게 변화를 요구하기보다는 개인이 능동적으로 변화할 수 있도록 이끄는 것이 상황을 바꿀 수 있는 좋은 방법임을 깨달았습니다.

· 대학수학능력시험 성적

	국어	수학	영어	사회탐구	
유형/선택과목	B형	A형		생활과 윤리	윤리와 사상
등급		평균 4등급		평균 5등급	

위 학생은 동아리를 모두 자신의 진로와 관련된 것으로 선정하고 성실하게 활동한 모범사례이다. 학생의 실제적인 활동내용을 보면 생활기록부의 기록에 연연하지 않

고 동아리의 대표로서 동아리 운영과 활동기획에 앞장섰고 동아리보고서 쓰기대회에도 열심히 작성한 보고서를 제출하여 수상하는 등 보여주기식의 활동은 거의 없었다.

하지만 동아리 1학년대표와 동아리부장을 맡았던 부분이 생활기록부와 자기소개서에 강조되어 활용되었으나 동아리보고서 대회에서 수상한 결과는 좋은 자료로 잘 활용하지 못했다. 보고서를 쓰기 위해 오랜 시간과 과정을 거쳤고 국제적인 안목과 감각을 키웠던 부분을 자기소개서에서라도 활용했으면 좋지 않았을까 하는 아쉬움이 있는 사례이다.

[사례 5] E양 (일반고 34학급)

·내신성적 – 1.9

·대학진학결과

1차 합격			최종합격여부
학교명	학과	전형	(o, ×)
중앙대	영어영문학과	고른기회전형	o
성신여대	교육학과	학생부종합전형	o
상명대	영어영문학과	학생부종합전형	o

·동아리활동 수상실적

동아리보고서 대회 1학년 1학기 최우수상

동아리보고서 대회 1학년 2학기 우수상

동아리보고서 대회 2학년 1학기 우수상

㉠ **동아리보고서 대회 2학년 2학기 우수상**

㉡ **동아리 1학년대표 역임**

위 학생은 1학년 때 경제동아리에서 활동하면서 창업계획서를 팀으로 작성하여 1, 2학기 두 번 다 보고서대회에서 수상했다. 2학년 때는 영자신문동아리에서 영자신문제작을 위해 작성한 다양한 기사모음을 보고서로 묶어서 제출하여 우수상을, 2학기엔 교육에 관심 있는 학생들로 구성된 자율동아리에서 우리나라 교육 실태에 대한 연구와 교육문제에 대해 토론하고 글쓰기, 지역아동센터에서 교육 봉사한 내용을 묶어서 보고서를 작성하여 우수상을 수상했다.

·생활기록부 동아리활동 기록

학년	동아리 이름	동아리활동 기록
1학년	경제경시동아리	·ⓒ **1학년 부장으로서 동아리에서의 역할을 기록함**
2학년	교육봉사동아리 (자율동아리)	영자신문동아리
		영어교육진학동아리(자율동아리)
		·이 학생이 동아리를 창립했던 동기와 과정을 적음 ·㉠ **한국 교육의 위치를 파악하고자 '양성성 검사', '영어 체감도 조사'를 실시하고 논문을 작성함. 핀란드와 한국의 교육을 비교하고 '9시 등교'를 주제로 토론을 주최함**'이라고 활동을 구체적으로 기술함
3학년	영어멘토링 동아리 (자율동아리)	영자신문동아리
		교육봉사동아리(자율동아리)
		·영어 관련한 활동으로 영미문학작품읽기, 영어토론활동, 영어듣기활동, 영어신문 읽고 의견을 작성하기 등 실질적인 활동을 어떻게 진행했는지에 대해 기록함

위 학생은 동아리활동을 주도적으로 이끌어간 대표적인 학생으로 활동과 대회에 모두 적극적으로 참여했으나 생활기록부에 이와 관련된 기록은 상대적으로 미흡하다.

·자기소개서에 활용된 동아리활동

아래 내용은 위 학생이 교육봉사 자율동아리 활동의 중점적인 부분으로 이 내용을 포함한 보고서가 동아리보고서 대회에서 ㉠과 같이 수상하였다. 그 외에도 3번 항목에 3학년 때 가입한 영어 멘토링 동아리활동을 통해 본인이 배워나간 부분에 대해 자세히 기록되어 위 학생이 동아리활동을 통해 다방면으로 성장했음을 증명해주고 있다.

> 2. 고등학교 재학 기간 중 본인이 의미를 두고 노력했던 교내활동을 배우고 느낀 점을 중심으로 3개 이내로 기술하세요. 단, 교외활동 중 학교장의 허락을 받고 참여한 활동은 포함됩니다. (1,500자 이내)

'루돌프 슈타이너'의 '인간에 대한 보편적인 앎'을 통해 소통중심의 교육관을 형성했기에, 학교 내에 소통과 협력을 통한 배움의 분위기를 형성하고자 하는 목표를 가지게 되었습니다. 그래서 ㉠ **'스터디 토크 콘서트'를 스스로 기획하여 주최했고, 많은 학생이 경쟁심에서 벗어나 자신의 학우와 고민을 나누는 모습을 보았습니다. 이로써 학생들에게 동기부여와 위안을 줄 수 있는 장을 제공하는 데 앞장섰고 제 노력을 계기로 교내에 또래 학습과 같은 학습 공동체가 형성되었습니다. '큰 위로가 되었고, 공부를 할 수 있는 힘을 얻었다'는 참가 학생들의 의견을 들으며 많은 학생이 라이벌이 아닌 목표에 초점을 맞추도록 이끌 수 있게 되어 뿌듯했습니다. 이로써 '협력적 소통이 주가 되는 교실을 만들자'는 제 목표를 작게나마 실천할 수 있었습니다.** 편협한 학습을 경계해 우주철학에 관심을 가졌습니다. 윤리와 사상을 공부하며 가진 인간의 등장과 인간 사유의 변화 과정에 대한 의문을 해결하고 싶었기 때문입니다. 그래서 '코스모스'를 읽었고, '인간은 우주 속의 매우 작은 존재'라고 생각했습니다. 또 작은 존재인 인류가 화합하기 위해서는 정서적인 소통이 필요하다고 느꼈고 그 방법으로 '문학'을 통한 소통을 떠올렸습니다. 그래서 저는 영어토론동아리 '◇◇◇◇'에서 우리나라의 현대 시를 번역하여 '오메글'이라는 랜덤채팅 사이트에서 홍보활동을 했습니다. 한국말을 영어로 옮기는 것뿐 아니라 정서까지 전달할 수 있어야 했기에 번역활동 자체가 어려웠습니다. 특히 참회록 번역에 있어서 나라를 빼앗긴 '한'이 느껴질 수 있도록 어떤 단어를 사용할까 신중히 고민해야 했습니다. 그 과정에서 비슷한 의미를 가지고 있지만 그 느낌이 다르게 나는 단어들을 주의 깊게 살필 수 있었고, 사소한 표현이라도 그 단어가 쓰이게 된 배경 및 문화에 대한 깊은 이해가 함께 이루어져야 그 표현을 제대로 활용할 수 있음을 깨달았습니다. 그래서 영미문화에 대한 폭넓은 지식을 쌓아 이를 학생들에게 전달할 수 있는 교사가 되자는 보다 큰 목표를 세웠습니다.

3. 학교생활 중 배려, 나눔, 협력, 갈등관리 등을 실천한 사례를 들고, 그 과정을 통해 배우고 느낀 점을 기술하세요. (1,000자 이내)

사교육을 받지 못하는 친구들을 모아 함께 영어공부를 해나가고자 영어 멘토링 동아리인 'ㅇㅇㅇㅇ'를 만들었습니다. 초반에는 정기적인 만남을 통해 영어 실력을 향상시킬 수 있었습니다. 그러나 갈수록 멘티 친구들의 지각 및 결석이 잦아졌고, 친구들이 저를 무시하는 것 같아 기분이 상했습니다.
서로의 오해가 더 커지기 전에 문제를 해결하고자 친구들을 불러 모았습니다. 일단 동아리에 대해 불만인 점을 자유롭게 이야기하기로 했습니다. 친구들은 다 같은 동급생인데도 저만 혼자 칠판 앞에서 수업을 하고 자신들은 앉아서 수업을 듣는 일에 거부감이 생긴다며 책상을 원탁으로 배치하자고 했습니다. 저는 친구들의 의견을 받아들여 같은 눈높이에서 멘토링을 진행하기로 했습니다. 동시에 친구들이 느낄 감정에 대해 고민하기보다는 멘토링 진행에만 급급했던 스스로를 반성했습니다. 또한 친구들은 배우기만 하다보니 활동에 책임감을 갖기 힘들다며 자신 또한 멘토가 될 수 있도록 배려해달라고 부탁했습니다. 그래서 동아리 형식을 멘토 멘티식 동아리로 변경하고, 서로 자신 있는 과목을 맡아 멘토가 될 수 있도록 이끌었습니다.

저를 제외한 모든 부원들이 이과이었기에, 공통 과목인 영어를 맡은 저는 다른 멘토 친구들에게 도움을 받지 못하였지만 제가 알고 있는 바를 타인과 나눌 수 있다는 것이 감사했습니다. 친구들 또한 자신들의 의견을 적극적으로 반영해준 저에게 고마워했습니다.

대화의 중요성을 실감한 후에는 멘토링 시간을 두고 의견이 분분할 때에도 회의를 이끌어 시간 조정의 효율성을 높였고, 대화를 통해 공동의 문제를 해결하는 법을 익혔습니다. 또한 참된 리더는 자신이 추구하는 바가 아니라 구성원 모두가 공통으로 원하는 바를 묻고 그것을 향해 나아갈 수 있도록 이끄는 사람이어야 함을 깨달았습니다. 이 깨달음은 교사가 되어 권위로 학생 개개인의 개성을 획일화하지 않고, 각자의 길을 걸어가도록 이끌 수 있는 자질을 길러주었습니다.

·대학수학능력시험 성적

	국어	수학	영어	사회탐구	
유형/선택과목	B형	A형		생활과 윤리	한국지리
등급	평균 4.3등급			평균 5등급	

위 학생은 실제로는 열성적으로 동아리활동에 참여했지만 그런 내용을 생활기록부보다 자기소개서에 충분히 활용한 사례이다. 비록 생활기록부에는 기록이 미흡했지만 자기소개서에 본인이 참여한 활동에 대한 적극성, 자기주도성, 열정이 그대로 드러나 보는 사람들에게 학생의 능력에 대한 신뢰감을 주기에 충분해보인다. 동아리활동을 밑거름으로 하여 본인이 원하는 대학에 합격하는 성과를 이뤄낸 좋은 사례이다.

[사례 6] F군 (일반고 34학급)

·내신성적 - 1.11

·대학진학결과

1차 합격			최종합격여부
학교명	학과	전형	(o, x)
고려대	경영학부	학교생활충실자전형	o
한양대	경제학과	학생부교과전형	o
경희대	경영학과	학생부종합전형	o

· 동아리활동 수상실적

㉠ **동아리보고서 대회 1학년 2학기 우수상**

㉡ **동아리보고서 대회 2학년 1학기 우수상**

동아리보고서 대회 2학년 2학기 최우수상

㉢ **동아리보고서 대회 3학년 1학기 장려상**

위 학생은 1학년 때 일반계 고등학생의 성적이 진로 성숙도와 어떤 상관관계가 있는지 몇 명 학생들과 팀 공동작업으로 함께 연구하여 논문을 작성해 우수상을 받았다. 2학년 때 기업들이 중국 진출을 하기 위해 어떤 경영전략을 사용하고 이에 대해 학생들이 어떻게 인식하는지에 관한 연구 논문을 작성하여 우수상을 받았고 시사토론동아리 자율동아리를 만들어 동아리 내에서 팀을 구성해 주제별 토론이 포함된 기사를 작성한 신문을 제작하여 최우수상을 받았다. 3학년 때는 2학년에 만든 신문내용을 심화시켜 동아리 학생 두 명과 함께 신문을 작성해 장려상을 수상했다.

· **생활기록부 동아리활동 기록**

학년	동아리 이름	동아리활동 기록
1학년	학술동아리	· ㉠ **일반계 고등학생의 성적이 진로 성숙에 어떤 영향을 미치는지에 대해 연구하고 이 과정에서 적극적인 설문조사와 분석을 맡았고 연구과정을 통해 학생이 깨닫게 된 것과 성장한 부분에 대해 구체적으로 기록함**
2학년	학술연구동아리	· ㉡ **학생의 관심분야인 경영, 경제에 관한 연구주제 기업들이 중국 진출을 하기 위해 어떤 경영전략을 사용하고 이에 대한 학생들의 인식이 어떠한지에 대해 연구하기 위해 어떤 활동을 했는지 기록함**
	경제동아리 (자율동아리)	· 금융 UCC 시나리오 작성을 통해 가계 부채 사례를 다각도로 탐구하게 되었다고 적음
	시사토론동아리(자율동아리)	
3학년	학술연구동아리	· '현대자동차의 사례를 바탕으로 기업 이미지가 기업의 성장에 미치는 영향에 대해 조사하고 보고서를 작성함'이라고 기술함
	경제동아리 (자율동아리)	· 주변 학우들의 무분별한 아르바이트 급여 사용 실태의 원인에 대해 조사·분석하였고 문·이과를 구별하지 않는 경제 교육의 필요성을 주장하며 실용적인 경제 교육의 중요성에 대해 깨닫게 되었음을 기록함
	시사토론동아리 (자율동아리)	· ㉢ **현 교육제도의 문제점과 '메르스'라는 질병에 대한 정부의 대처, '사드 배치' 문제에 대해 토론하고 의견을 발표하는 시간을 가졌다고 적음**

위 학생은 적극적으로 앞에 나서서 활동을 주도하는 타입은 아니지만 묵묵히 자신에게 필요한 동아리를 내실 있게 참여하였다. 2학년 때 경제·경영 쪽으로 진로를 정하면서 경제동아리에 가입했고 3학년 때까지 참여하여 왕성한 논문작성활동과 토론활동에 참여했다. 다양한 토론의 주제와 논문주제를 포함하여 동아리활동에 대해 자세히 기록되어 있다.

·자기소개서에 활용된 동아리활동

2. 고등학교 재학 기간 중 본인이 의미를 두고 노력했던 교내활동을 배우고 느낀 점을 중심으로 3개 이내로 기술하세요. 단, 교외활동 중 학교장의 허락을 받고 참여한 활동은 포함됩니다. (1,500자 이내)

경제 수업을 통해 배경지식이 있을 경우 개념을 더 잘 이해할 수 있다는 것을 배웠습니다. 그래서 경제 학습에 필요한 배경지식을 쌓기 위해 '시사토론동아리'를 만들었습니다. 처음에는 주로 경제 기사를 읽고 이야기를 나누는 시간을 가졌습니다. 그러다 'IS사태'와 같은 사회적 이슈가 '석유가격'에 영향을 미쳐 경제와도 관련지을 수 있음을 알게 되었습니다. 이에 흥미를 느끼고 더 나아가 기사의 종류와 상관없이 주제와 관련된 경제 개념을 찾아 발표하는 시간을 가졌습니다. 예를 들어 '센카쿠열도 분쟁'이 주제일 경우 희토류를 연상하여 자원과 관련된 개념을 찾아 발표하였습니다. 이 활동을 통해 자연스럽게 경제와 다른 분야를 융합한 지식을 얻을 수 있게 되었습니다. 또한 사회적 맥락에서 경제 개념을 알 수 있었기 때문에 교과서적이지 않은 실질적인 경제 공부를 할 수 있었습니다.
최근 주요 수출국인 중국과 FTA를 체결하는 것에 대한 관심이 높아지면서 저 또한 FTA에 대해 좀 더 알고 싶었습니다. 그래서 학술연구동아리에서 경제에 관심 있는 친구를 모아 '중국진출을 위한 경영전략'에 대한 보고서를 작성하였습니다. 자료조사를 하면서 중국이 자국 농산물의 위생불량 사례로 인해 수입산을 선호한다는 것을 알게 되었습니다. 이러한 상황에서 수출량을 늘리기 위해서는 어떠한 전략이 필요할지에 대해 궁금하였습니다. 그래서 중국인이 많이 방문하는 경복궁을 방문하여 '선호하는 수입산 식자재와 지역'에 대하여 설문조사를 했습니다. 분석 결과 소고기나 분유와 같은 고급 식자재에 대한 선호도가 높으며 청정하다고 인식하는 뉴질랜드산을 선호한다는 것을 알게 되었습니다. 이를 통해 우리나라의 '제주도'가 가지고 있는 청정한 이미지를 활용하여 '제주도'에 낙농업을 적극적으로 육성해 중국 수출을 늘리는 것이 타당하다는 결론을 내렸습니다. 이 경험으로 직접 발로 뛰어다니며 완성시켰을 때 더욱 값진 결과물을 얻을 수 있다는 것을 깨달았습니다. 또한 '농업'도 적절한 경영전략이 뒷받침된다면 무한한 가능성이 있음을 깨달아 농업에 대해 관심을 가지는 계기가 되었습니다.

동아리보고서 대회에서 수상한 보고서나 소논문의 내용은 나와 있지 않지만 생활기록부에 적혀 있지 않은 동아리에서의 유의미한 활동을 누락시키지 않고 과정 중심으로 기술해 생활기록부와 내용이 중복되지 않는다.

· **대학수학능력시험 성적**

	국어	수학	영어	사회탐구	
유형/선택과목	B형	A형		한국사	한국지리
등급	평균 3등급			평균 2.5등급	

위 학생은 동아리를 조직하거나 동아리 리더를 맡는 등 드러나는 활동은 없었지만 부원들과 협력하여 다양한 동아리활동을 묵묵히 해 온 타입으로 성실하고 내실화된 우수사례라고 볼 수 있다. 그리고 생활기록부와 자기소개서의 내용이 모두 풍부하고 충실하며 내용이 중복되지 않아 두 서류를 합쳤을 때 서로의 내용을 보완해주는 역할을 하고 있는 생활기록부와 자기소개서의 좋은 사례이다.

[사례 7] G양 (일반고 34학급)

· **내신성적 – 2.4**

· **대학진학결과**

1차 합격			최종합격여부
학교명	학과	전형	(○, ×)
건국대	중어중문학과	KU고른기회전형	○
동국대	중어중문학과	불교추천전형	○
성신여대	중어중문학과	농어촌전형	○

· **동아리활동 수상실적**

㉠ **<u>동아리보고서 대회 2학년 2학기 최우수상</u>**

위 학생은 동아리 부원 두 명과 함께 공동 작업으로 영어로 기사쓰기 보고서를 작성해서 보고서 대회 최우수상을 수상했다. 보고서는 세 가지 영역으로 나누어져 있는데 첫 번째는 학교생활 기사쓰기로 교장, 교감선생님 인터뷰와 영어발표대회 현장을 스케치한 내용이고 두 번째는 자유주제 기사쓰기로 에볼라 바이러스의 공포, 희망을 나누는 장기 기증, 중국문화의 비애 '전족' 등으로 이루어져 있다. 마지막 부분은 10대 독자를 위한 기사쓰기인데 청소년 문제에 대한 고찰 부분은 청소년들의 외모지상주의가 낳은 문제점과 청소년 학교폭력에 대한 문제점이 나와 있고 우리 미래를 위한 'Step By Step' 부분은 학생부 종합전형과 자기소개서 준비(진학설계), 다양한 직업의 세계(진로설계)로 나누어져 작성되어 있다.

·생활기록부 동아리활동 기록

학년	동아리 이름	동아리활동 기록
1학년		영자신문동아리
2학년	영자신문동아리	·㉠ **'중국에 관해 관심이 많아 그들의 문화인 전족에 대해 탐구하고 자신의 견해가 들어간 글을 작성하였음. 또한 청소년으로서 십대들의 성형에 대한 방송본을 보고 자료를 조사하여 기사를 작성함'**이라고 기사를 작성했던 내용을 구체적으로 적음 ·영어기사를 쓰면서 학생이 처음과 달라진 태도나 향상된 부분에 대해 기술함
3학년	면접준비동아리	글쓰기동아리(자율동아리) ·희망직업소개활동에서 중국어통역사와 국제무역사무원의 역할과 자질 등에 대해 자세히 조사하고 파워포인트로 정확히 전달하려 노력하였다고 적음 ·'중국어 자기소개서를 최선을 다해 준비했고 중국어를 전공할 경우 배우는 것들에 대해서도 자세히 숙지하고 있는 등 진로에 대한 관심이 높고 노력을 많이 하는 열정 있는 학생임'이라고 기록함
	중국어동아리 (자율동아리)	·'학년 구분 없이 중국어와 중국에 관심 있는 학생들을 모아 자율동아리를 조직, 자신의 진로에 대해 노력하는 적극성을 보여줌'이라고 학생의 진로의 적극성에 대해 언급함 ·중국어 원어민 교사와의 토론을 통해 중국과 한국의 경제, 사회, 문화 전반에 대해 의견을 나누고 교외 중국문화체험활동을 진행했다고 기록함

위 학생은 생활기록부 동아리기록 내용을 보면 1학년을 제외하고는 2, 3학년 동아리기록 내용이 모두 중국과 관련된 것들이다. 중국어과 진학으로 진로를 정하고 난 후 활동의 방향을 중국 쪽으로 맞춰 진로결정에 대해 일관성 있게 진행했음을 알 수 있다. 자신의 진로를 향한 열정과 집중력이 눈에 띄는 동아리활동 사례이다.

·자기소개서에 활용된 동아리활동

자기소개서에 중국어 자율동아리 활동내용을 소재로 활용하여 진로에 대한 적극성과 자기주도성을 매우 강조했다. 아쉬운 점은 중국어 자율동아리 활동을 통한 동아리 수상기록이나 두드러진 활동이 없다는 것이다. 전반적인 활동내용은 성실하게 보이지만 활동내용이 평범하고 일반적인 것들이어서 임펙트가 떨어지는 부분도 간과할 순 없다.

2. 고등학교 재학 기간 중 본인이 의미를 두고 노력했던 교내활동을 배우고 느낀 점을 중심으로 3개 이내로 기술하세요. 단, 교외활동 중 학교장의 허락을 받고 참여한 활동은 포함됩니다. (1,500자 이내)

중국문화와 사회문제를 접할 수 있는 동아리로 '바이두'를 만들고자 했습니다. 부원을 모집하기 위해 저는 동아리 홍보물을 기숙사 후배들에게 나눠주고 3학년 게시판에도 붙였습니다. 동아리가 구성되고 첫 활동으로 인천 차이나타운을 탐방했습니다. 그곳에서 홍두병과 월병 등 중국의 길거리 음식을 맛보고 골동품 가게에 들러 중국의 가정 물건들을 관찰했습니다. 저희는 차이나타운 문화 체험을 통해 중국을 더 생생히 느낄 수 있었으며 서로 간의 친밀감도 형성할 수 있었습니다. 또한 저는 한층 가까워진 그들의 사회와 문화에 대해 좀 더 깊이 있는 탐구를 하고 싶었습니다.

그 후 저희는 실질적인 정보를 얻기 위해 원어민 선생님과 함께 산업화에 따른 인구밀집지역의 환경문제와 개고기 문화 축제, 종교문제 등 다양한 자료를 수집하고 토의를 했습니다. 그중 가장 기억에 남는 주제는 '중국인의 제주도 토지 소유 비율 증가'에 대한 토의였습니다. 제주도의 1%가 외국인 소유인데 그중에서도 중국과 한국인의 입장으로서 양국의 문제의식을 느낄 수 있어 감회가 남달랐습니다. 저는 중국어동아리 활동으로 알게 된 중국이라는 나라의 미래지향적인 정책에 놀라웠을 뿐만 아니라 주변국인 우리나라의 입지를 강화하는 것이 시급한 일이라는 것을 느꼈습니다. 과거 주변국의 속국이었던 역사를 되풀이하지 않기 위해서는 우리나라가 더욱 분발해야 한다는 것도 깨달았습니다. 이에 보탬이 되기 위해 나중에 통역사가 된다면 이러한 사회 문제를 비롯해 역사 문제까지 전문적으로 탐구하는 지식인이 되어야겠다고 다짐했습니다.

·대학수학능력시험 성적

	국어	수학	영어	사회탐구	
유형/선택과목	B형	A형		생활과 윤리	사회·문화
등급	평균 5.6등급			평균 5등급	

위 학생은 중국과 중국어를 진로로 정해 모든 동아리에서 일관성 있게 활동을 진행한 우수사례이다. 활동의 다양성에 비해 수상경력이나 진로와 관련된 탐구 및 토론활동들이 많이 부족해 보이지만 위 학생은 대학입시에선 좋은 결과를 거두어 눈에 보이는 사례보다 일관성 있게 꾸준히 이어가는 다양한 활동도 성과를 거둘 수 있다는 것을 증명해주는 사례라고 볼 수 있다.

[사례 8] H양 (일반고 34학급)

· **내신성적** – 2.6

· **대학진학결과**

	1차 합격		최종합격여부
학교명	학과	전형	(ㅇ, ×)
숭실대	행정학과	농어촌전형	ㅇ
서울여대	행정학과	SSU인재전형	ㅇ
명지대	행정학과	농어촌전형	ㅇ
세종대	행정학과	창의미래인재전형	ㅇ

· **동아리활동 수상실적**
㉠ **동아리보고서 대회 1학년 1학기 장려상**
동아리보고서 대회 2학년 1학기 장려상
㉡ **동아리보고서 대회 3학년 1학기 우수상**
㉢ **동아리 1학년 대표 역임**
㉣ **동아리 대표 역임(2, 3학년)**
㉤ **동아리연합회 부회장(2학년)**

1학년, 3학년 때 모두 1년간의 동아리활동 하나하나에 대하여 체험내용과 느낌을 잘 기록하여 장려상을 수상했다. 3학년 때는 광화문 독도 활동, 농활체험, 메르스 예방 마스크 나눠주기 활동, UN모의 총회 등 다른 동아리와 차별화된 특색화된 동아리활동을 강조하는 동아리 다이어리식 보고서로 우수상을 받았다. 그리고 위 학생은 2학년 때 동아리 연합회 부회장으로 활동하며 동아리 회의를 소집해 동아리활동 전반적인 문제에 대해서 지적 개선시켰다. 동아리 연합회 부회장은 동아리 대표들의 투표에 의해 선출되어 여러 후보 간의 뜨거운 경쟁 속에 진행되었다. 제1회 동아리학술논문 발표회에선 동아리 회장과 함께 사회를 보며 유머와 여유가 넘치는 탁월한 진행 실력을 보여주었다.

· 생활기록부 동아리활동 기록

학년	동아리 이름	동아리활동 기록
1학년	사이버외교 동아리	· ⓒ **1학년 부장으로서 바쁜 일정 중에도 동아리활동을 위해 열심히 노력하였음을 기록함**
		학습플랜동아리(자율동아리)
2학년	사이버외교 동아리	· ⓓ **동아리 부장으로서 맡은 바 책임을 다하고 리더로서 소신 있고 자신감 있는 태도로 역할을 잘 해냈음을 강조하여 적음**
		영어동아리(자율동아리)
3학년		사이버외교동아리

생활기록부에는 위 학생이 3년 내내 동아리 부장으로서 동아리활동을 기획하고 주관한 내용이 중점적으로 기록되어 학생의 리더십이 강조되어 있다.

· 자기소개서에 활용된 동아리활동

위 학생은 동아리활동에서 자신이 도전할 수 있는 활동은 모두 해보았고 결과도 좋았다. 생활기록부의 동아리활동 기록만 보더라도 질적인 부분과 양적인 부분을 모두 충족시킨 기록이라고 할 수 있다. 위 학생이 참여했던 활동과 역할도 많고 다양했으며 그 역할과 활동을 통해 학생이 성장한 내용들이 고스란히 적혀 있어 매우 훌륭한 기록이라고 볼 수 있다.

---

2. 고등학교 재학 기간 중 본인이 의미를 두고 노력했던 교내활동을 배우고 느낀 점을 중심으로 3개 이내로 기술하세요. 단, 교외활동 중 학교장의 허락을 받고 참여한 활동은 포함됩니다. (1,500자 이내)

㉣ 외교사절단 동아리에서 부장으로서 활동하며 저는 많은 것을 얻을 수 있었습니다. 동아리의 여러 활동 중 제가 동아리 전체 대표로서 기획한 첫 행사인 '기아체험'은 특히 많은 것을 배울 수 있었습니다. 기아를 느껴보고, 기부금을 모으자는 취지로 기획한 이 행사를 저와 부원들은 최선을 다해 준비했습니다. 그럼에도 불구하고 행사시간 3시간이 비는 예기치 못한 사고가 일어나 행사진행 중 혼란이 일어났습니다. 저는 리더로서 침착하게 긴급회의를 열었습니다. 회의할 때 재미를 중시해야 한다는 친구들과 기아체험을 통해 교육적인 측면을 중시해야 한다는 두 의견으로 서로 충돌하기도 했습니다. 저는 부원들의 의견을 종합하여 새로운 의견을 제시했고, 이 문제를 해결했습니다. 이를 통해 하나의 작은 의견이라도 놓치지 않으며 고려해보는 태도가 필요하다고 생각했습니다. 이러한 경험으로 어떠한 일을 할 때 부원들과의 의견을 잘 조율하여 만족스러운 결과를 가져올 수 있는 리더가 되어야겠다고 다짐했습니다.

저희 동아리는 창설된 지 4년밖에 되지 않았지만 왕성한 활동으로 친구들의 부러움을 받았습니다. 그러던 중 한 친구가 저에게 '너희 동아리는 활동 많아서 좋겠다'고 말했습니다. 이 말을 들은 저는 동아리들의 활동에 편차가 너무 심하다는 것을 깨달았고, ㉤ 편차를 줄이기 위해 동아리 연합회에 지원했습니다. 비슷한 활동을 할 수 있는 동아리들끼리 부서를 만들어주어 그 안에서 동아리활동을 공유하고 지적해주는 시간을 가져봄으로써 동아리의 활성화를 위해 노력했습니다. 특히 저는 동아리 회의에 매번 참석하여 제 경험을 바탕으로 활동아이디어를 주는 역할을 하였습니다. 그 결과 많은 동아리들이 점차 변화하는 모습을 보여주었고, 동아리 활성화라는 목표를 이룰 수 있었습니다. 이 모습을 보고, 때로는 어떠한 문제를 해결하고자 새로운 방안을 내놓는 과감한 용기와 협동심이 필요하다는 것을 느꼈습니다. 또한 이런 용기를 가지고 좀 더 넓은 시각으로 다양한 활동을 만들어 실현하기 위해 노력해야겠다고 생각했습니다.

슬로푸드 국제대회에서 각국의 음식과 문화, 멸종위기에 처해 있는 종자보호에 대한 프로그램에 참여하였습니다. 행사를 재미있게 즐길 수 있었을 뿐 아니라 우리나라의 전통음식과 종자보호에 대한 정보를 얻을 수 있었던 활동이었습니다. 프로그램에 참여할수록 '이런 지역 행사를 통해 문화적으로나 경제적으로 지역에 많은 발전을 이룰 수 있겠구나'라고 느꼈습니다. 그리고 지역행사가 많아지면 사람들끼리 교류할 수 있는 공간이 많아져 그 효과는 굉장할 것이라고 생각했습니다. 사람들이 프로그램을 참여하고 행복해하는 모습을 보며, 저 또한 미래에 지역의 특색을 이용하여 기획을 해봐야겠다고 생각했습니다. 뿐만 아니라 우리나라의 고유한 문화를 이용하고 발전시켜 시민들의 문화적 삶의 질을 높이고 싶다는 목표를 가지게 되었습니다. 이러한 목표는 제가 미래에 전문지식에 대한 배움을 얻을 때, 그 지식을 잘 수용하고 배우는 데 있어 좋은 동기가 될 것이라고 확신합니다.

3. 학교생활 중 배려, 나눔, 협력, 갈등관리 등을 실천한 사례를 들고, 그 과정을 통해 배우고 느낀 점을 기술하세요. (1,000자 이내)

동아리를 통해 일본에 가게 되었을 때, 일제강점기시대에 강제 징용된 한인들이 살고 있는 우토로 마을에 대해 알게 되었습니다. 일본사회에서 소외당하고 있는 그곳의 환경은 매우 열악했습니다. 이곳 대표님께서는 '동포들의 관심이 필요하다'라고 말씀하셨습니다. 이 말로 사람들이 우토로 마을에 관심을 가질 수 있도록 동아리 부원들과 학교에서 '기억해요, 우토로' 캠페인을 진행했고 SNS와 홍보지를 이용해 친구들의 관심을 끌어냈습니다. 이 노력으로 배지를 다는 친구들이 많아졌고, 그들의 현실을 너무 늦게 알아버린 제 자신을 반성할 수 있었습니다. 캠페인을 통해 나눔은 지속적인 관심으로부터 시작한다는 것을 알았습니다. 또 도움이 필요한 사람들에게는 물질적인 도움만이 아니라 진실한 마음으로 공감하고 소통하는 것이 가장 중요한 것이라고 생각하게 되었습니다. 누군가를 돕는다는 것은 쉽지 않은 일이지만 관심을 갖고 어떠한 문제를 들여다보는 것, 이것이 진정한 나눔의 의미라고 느꼈습니다.

농촌의 어려움을 알고 도와주고자 농촌 일손 돕기를 하러갔습니다. 열심히 비료를 뿌리고 있던 중 옆 밭에서 농민 분들이 서로를 도와 함께 일을 하고 있는 모습을 보았습니다. 이장님께서는 이를 '두레'라고 말씀해주셨습니다. 책을 통해서만 보던 '두레'가 일의 효율을 높이고 주민들의 화합을 도모하는 모습을 직접 확인할 수 있었습니다. 이 모습을 보고 저는 동아리에서 부원들과 도움을 주고받으며 협력할 수 있는 직속선후배제도 '◇◇ 사다리'를 만들어 우리만의 두레를 구현하고자 했습니다. 처음엔 어색했지만 선후배가 함께하는 활동을 하며 동아리 모두를 화합하게 하는 두레의 효과를 경험했습니다. 그 결과, 부원들 간의 결속력을 다지고 더 다양한 활동들을 할 수 있었습니다. 이 경험으로 혼자 하는 활동보단 서로를 도와주고 함께할 수 있는 활동이 중요하다는 것을 알게 되었습니다. 사회에서도 자신의 목표만을 위하는 것이 아니라 상부상조하며 공공의 목적을 이뤄가는 것이 더 많은 성과를 만들 수 있다고 느꼈습니다.

·대학수학능력시험 성적: 수능 미응시

위 사례는 학생이 동아리활동을 실제로 내실 있게 하면서도 활동한 내용이 생활기록부와 자기소개서에 모두 잘 쓰여졌고 학생의 대학진학 결과까지 좋았던 완벽한 사례이다. 생활기록부는 선생님의 입장에서 학생의 활동을 증명해주고 자기소개서는 선생님의 지도하에 했던 활동들을 학생의 입장에서 어떻게 구현하고 자신이 얼마나 성장했는지 정확히 기록되어 있는 동아리 우수 활동 사례이다.

[사례 9] I양 (일반고 34학급)

· **내신성적** – 1.8

· **대학진학결과**

| | 1차 합격 | | 최종합격여부 |
학교명	학과	전형	(○, ×)
중앙대	경제학과	농어촌전형	○
1차 전형 없음			
숙명여대	경영학과	학업우수자전형	○
한국외대	인도학과	학생부교과전형	○

· **동아리활동 수상실적**

㉠ **동아리보고서 대회 1학년 2학기 장려상**

㉡ **동아리보고서 대회 2학년 2학기 우수상**

㉢ **동아리 대표 역임 (1, 2학년)**

1학년 때는 동아리 활동내용과 감상을 다이어리식으로 정성껏 작성하여 장려상을 수상했고, 2학년 때 동아리 부원 두 명과 함께 공동 작업으로 단통법을 시행함으로써 해결될 수 있는 문제와 반대로 발생할 수 있는 문제, 전망에 대해 소논문을 작성하여 동아리보고서 대회에서 우수상을 수상했다. 논문은 단통법의 정의 및 시행배경, 단통법의 시행현황, 단통법의 전망과 변화 방향의 순서로 전개되어 있다.

· **생활기록부 동아리활동 기록**

학년	동아리 이름	동아리활동 기록
1학년	수학체험동아리	· ㉢ **2학기 동아리 회장으로서 동아리활동을 적극적으로 기획했다는 내용이 기록됨** · ㉠ **1년의 동아리활동을 보고서로 작성하여 동아리보고서 대회에 참가했다는 내용과 학생의 적극적인 태도를 함께 기록함**
	경영동아리 (자율동아리)	· 라면의 트렌드 변화와 생산, 영업활동에 대해 상세하게 조사하고 동아리 학생들 앞에서 발표했다고 기록함
	영어동아리(자율동아리)	

	수학체험동아리	· ⓒ **동아리 부장으로서 후배들을 챙기며 다양한 활동이 이뤄질 수 있도록 계획 수립에 힘썼으며 적극적인 태도로 활동에 임하며 솔선수범했다고 기록함**
2학년	경제동아리 (자율동아리)	· 금융 UCC 시나리오를 통해 부채가 개인에게 미칠 영향에 대해 고민하고 토론한 활동에 대해 기록함 · ⓛ **'단통법 논문 작성을 통해 법의 한계와 보완책을 연구해냄'이라고 적음**
	글쓰기동아리(자율동아리)	
	영어동아리(자율동아리)	
3학년	수학체험동아리	
	경제동아리 (자율동아리)	· 논문 작성 활동에서 설문 조사 자료 제작 및 통계 분석을 맡아 체계적인 논문 작성을 위해 노력했다고 적음 · '대한민국 청소년의 경제 교육 실태'를 맡아 주변 청소년들의 소비습관을 분석하고 올바른 경제교육을 실시할 수 있는 방법을 제시하였으며 타당한 통계 자료를 제작하기 위해 애쓰는 모습이 대단하였다고 기록함

위 학생은 문과계열 학생이지만 본인의 진학방향이 경영·경제 분야라서 수학적 개념이 필요하다는 것을 고려하여 문과계열 동아리와 이과계열 동아리에서 모두 활동하였다. 생활기록부 기록에 동아리보고서 대회에서 수상한 보고서 내용이 기록되어 있고 동아리활동을 통해 길러진 리더십에 대한 언급도 있어 중요한 내용이 빠짐없이 기록되었지만 2016년 생활기록부지침 변경으로 대회명을 삭제하고 활동내용을 중점적으로 입력해야만 한다.

·자기소개서에 활용된 동아리활동

위 학생은 진학학과와 관련된 동아리활동을 3년간 꾸준히 했던 점을 강조하기 위해 2번 항목에 중점적으로 동아리활동 내용을 활용하였다.

> 2. 고등학교 재학 기간 중 본인이 의미를 두고 노력했던 교내활동을 배우고 느낀 점을 중심으로 3개 이내로 기술하세요. 단, 교외활동 중 학교장의 허락을 받고 참여한 활동은 포함됩니다. (1,500자 이내)
>
> 회계사인 저의 꿈을 이루기 위해서는 전반적인 경제적 흐름을 알아야 하기 때문에 경제와 관련된 활동을 하는 것이 필요하다고 생각했습니다.
> '청소년들의 경제 교육 실태'라는 주제로 논문을 쓴 경험이 있습니다. 이 과정에서 경제 지식이 결여된 청소년이 많다는 것을 알게 되어, 그 중요성에 대해 일깨우고자 노력했습니다. 단순히 교과서적인 말로 전달해주면 친구들이 깊게 공감을 할 수 없을 것 같아 효과적인 방안을 찾으려고 고민했습니다. 그래서 1학년 때 썼던 '금융 UCC 시나리오'를 이용하는

방법을 생각했습니다. 주인공이 부채에 관한 지식이 있었다면 극한의 상황까지 오지 않을 수도 있었다는 것을 강조하여 소설화한 시나리오를 반마다 배부했습니다. 이 활동을 통해서 자신만의 방법으로 사람들을 도와주는 것이 얼마나 뜻깊은 일인지 알게 되었습니다. 또한 경제는 살면서 큰 도움이 되기 때문에 청소년 경제 교육을 의무화해야 한다고 느꼈습니다. 논문 작성에서 그치지 않고 도출된 문제점을 해결하려는 모습으로 인해 선생님들 사이에서 '한 번 더 생각하고 한 발 더 나아가는 학생'이라고 평가를 받는 계기가 되었습니다. ⓛ 단말기 유통구조 개선법 폐지 논란에 대한 기사를 접한 적이 있습니다. 취지만 보면 정말 좋은 법인데 왜 이렇게 반발이 나오는지 궁금했습니다. 이를 해결하고자 '단통법 시행에 따른 파급효과와 전망'이라는 주제로 경제동아리 친구들과 논문을 작성했습니다. 설문조사를 통해 제가 접한 기사와 같이 '단통법 폐지'에 찬성하는 비율이 더 높다는 사실을 알게 되었습니다. 저희는 사람들이 생각하는 단통법의 한계점을 파악하고 이를 보완하는 해결점에 대하여 의논했습니다. 이를 통해 단말기의 출고가를 내려 휴대전화 구매 가격을 하락시키고 불법 판매점에 대한 정부의 강한 규제가 우선시되어야 함을 제시했습니다. 그 결과 저희의 실력을 인정받아 교내 학술논문대회에서 수상할 수 있었습니다. 이 활동을 하면서 효율적인 방안을 마련하려고 노력하는 모습을 통해 합리적으로 생각하는 저를 발견할 수 있었습니다. 또한 보완책을 만들 때, 무엇보다도 원인을 정확하게 파악하는 것이 중요하다고 느꼈고 이를 통해 분석력을 기를 수 있었습니다. 단점이 있는 것이라도 개선하면 쓸모없지 않다는 것을 깨달으면서 나쁜 점을 나쁜 점으로만 보지 않는 확장된 사고방식을 가질 수 있었습니다.

·대학수학능력시험 성적

	국어	수학	영어	사회탐구	
유형/선택과목	B형	A형		생활과 윤리	윤리와 사상
등급	평균 2.5등급			평균 1등급	

위 학생의 문과형 동아리활동과 이과형 동아리활동을 병행한 것은 학생들이 일반적으로 본인의 진학방향 동아리에만 몰입하거나 관련계열 동아리를 몇 개씩 만들어서 활동하는 것과는 차별화된 선택으로 결과적으로 원하는 대학진학성과를 거두었다. 위의 사례는 동아리활동을 학생 진로에 맞게 잘 설계했고 동아리보고서 대회의 수상이나 동아리활동의 리더십 경력 등 누락되는 항목 없이 동아리활동을 잘 활용했다. 그리고 생활기록부와 자기소개서도 연계성이 좋고 내용상 서로 보완되어 모든 동아리활동 기록이 우수한 사례라고 할 수 있다.

[사례 10] J양 (일반고 34학급)

· 내신성적 – 2.6

· 대학진학결과

| 1차 합격 | | | 최종합격여부 |
학교명	학과	전형	(O, X)
서울여대	교육심리학과	학생부종합전형	O

· 동아리활동 수상실적

동아리보고서 대회 1학년 1학기 장려상

㉠ **동아리학술논문발표회 논문작성 및 PPT 발표 (2학년)**

㉡ **동아리 1학년 대표 역임**

㉢ **동아리 회장 역임(2학년)**

1학년 때는 동아리에서 했던 각종 실험과 활동들을 하나하나 꼼꼼히 기록하여 보고서대회에서 장려상을 수상했고 2학년 때는 동아리 부원 두 명과 함께 빈 그릇 운동을 어떻게 학교급식에서 활성화할 수 있을까 하는 주제로 연구하여 논문을 작성하고 PPT로 발표했다.

· 생활기록부 동아리활동 기록

학년	동아리 이름	동아리활동 기록
1학년	과학실험동아리	· **'㉡ 동아리 배정 및 오리엔테이션에서 1학년대표로 선출되어 솔선수범하며 선배들의 경험과 지식을 빠짐없이 배우겠다고 다짐함'이라고 기록함** · 앙금생성반응에서 학생이 어떤 부분에 초점을 맞추어 실험을 진행했는지에 대해 적음 · '동아리 주관 환경작품 공모대전에서 미래의 환경을 고려하여 신기술을 적용하여 만들었으며 창의성과 논리성을 겸비한 우수한 작품을 제작하였음'이라고 기술함
	환경지킴이동아리 (자율동아리)	· 점심시간을 이용하여 잔반 줄이기 캠페인 활동을 지속적으로 실시하였으며 이 캠페인 활동의 좋은 결과를 거두기 위해 어떠한 노력들을 기울였는지 몇 가지 사례를 들어 기록함

	플래너 작성 & 일기쓰기 동아리(자율동아리)	
	과학실험동아리	
2학년	환경지킴이동아리 (자율동아리)	· ⓒ 동아리 회장으로 점심시간을 이용하여 빈 그릇 운동 캠페인 활동을 지속적으로 실시하였다고 기술함 · ㉠ 빈 그릇 운동을 실시하고 잔반 줄이기 캠페인을 진행해 음식물 쓰레기를 어떻게 하면 줄일 수 있고 급식의 질 또한 어떻게 개선할 수 있는지에 대해 논문을 작성하여 발표하였다고 적음
	글쓰기동아리(자율동아리)	
	봉사동아리(자율동아리)	
3학년		과학실험동아리
	심리학동아리 (자율동아리)	· 심리학사 전반에 관해 조사하고 학술논문을 찾아보며 학문에 대해 심도 있게 이해하고자 열심히 노력하였다는 학생의 태도에 대해 기록함 · 심리학적 개념(예: 방어기제)과 관련된 자신의 경험을 나누고 간단한 심리 실험을 설계하고 보고서를 작성해보며 연구의 필요성을 깨달았다고 적음
	봉사동아리(자율동아리)	

문과계열 학생이고 문과계열 진학 예정인데 주로 이과계열 동아리활동을 했던 부분이 특이한 점이다. 이 학생이 이런 선택을 한 이유는 이과계열 동아리지만 순수하게 그 활동에 관심이 많았고 활동 내용이 다양한 동아리라서 가입하고 싶었다고 한다. 대신 자율동아리를 본인의 진로와 연관된 문과계열 동아리를 만들어 다양하고 적극적인 활동을 진행했다.

· 자기소개서에 활용된 동아리활동

위 학생은 재학 중 활발히 활동했던 동아리들이 본인의 진로와 관련이 없는 것이어서 동아리보고서 대회 수상과정이나 동아리 학술논문 발표회에서 발표한 논문에 대한 언급이 전혀 없다. 단지 부수적으로 활동했지만 본인의 진로와 관련성 있는 동아리활동에 대해 1번 항목에 간단히 활용했다.

> 1. 고등학교 재학기간 중 학업에 기울인 노력과 학습 경험에 대해, 배우고 느낀 점을 중심으로 기술해 주시기 바랍니다. (1,000자 이내)
>
> 국어에 자신감이 생겼지만 기대했던 것보다 성과가 좋지 않아 그 이유를 고민하다보니, "친구가 신경 쓰이게 해서 못 본 거야", "모르는 것만 틀렸으니까 잘한 거야." 늘 실패의 원인

을 외부에서 찾고 단순하게 합리화시켰던 제 자신을 발견하게 되었습니다. 따라서 자기반성을 통해 변화의 필요성을 느끼고, 나 자신을 변화시켜야겠다는 생각에 플래너 작성 & 일기 쓰기 동아리 '◇◇◇◇'에 가입했습니다. 이 활동으로 포괄적인 계획 때문에 학습 상황 파악이 어려웠던 것을 고치고, 주단위로 먼저 계획을 세워 공부하는 습관을 들일 수 있었습니다. 또 매일 저녁 짧은 일기를 쓰며 하루를 돌아보고, 외부에서 실패 원인을 찾으려고 했던 점을 고칠 수 있게 되었습니다.

·대학수학능력시험 성적: 수능 미응시

위 학생은 동아리활동이 진학방향과 맞게 잘 편성·운영된 사례는 아니지만 진로와 관련 없는 동아리활동이더라도 동아리활동을 통해 성실성과 리더십을 키워나간 것이 학생 인성함양에 도움이 되었다는 부분엔 좋은 평가를 받았다고 본다. 하지만 동아리활동이 생활기록부나 자기소개서에 적절히 활용된 사례라 보기는 어렵다.

[사례 11] K양 (일반고 32학급)

·내신성적 – 2.4

·대학진학결과

1차 합격			최종합격여부
학교명	학과	전형	(o, ×)
국민대	언론정보학부	농어촌전형	o
성신여대	커뮤니케이션학과	학교생활우수자전형	o

·동아리활동 수상실적

㉠ **동아리보고서 대회 2학년 1학기 최우수상**

㉡ **동아리보고서 대회 2학년 2학기 최우수상**

동아리보고서 대회 3학년 1학기 최우수상

㉢ **동아리 회장 역임(2학년)**

위 학생은 2학년 1, 2학기 모두 자율동아리인 의사소통동아리 활동으로 보고서 대회 최우수상을 받았다. 보고서의 내용은 매달 학생들이 진행했던 활동내용과 그 활동에 대한 느낌, 전문적인 지식내용 등이 합쳐진 것으로 다른 보고서들은 몇 달에 한 번씩 하는 활동으로 보고서를 작성한 반면 이 학생은 매월 1회씩 꾸준히 다양한 활동을 이어왔다는 게 수상의 포인트였다.

·생활기록부 동아리활동 기록

학년	동아리 이름	동아리활동 기록
1학년	언론동아리	· 낙태에 관한 찬반토론에서 토론의 자료준비를 철저하게 해왔으며 자신의 의견을 논리적으로 제시할 뿐만 아니라 상대방의 의견을 경청하고 존중하는 태도를 보였다고 적음 · ◇◇일보사 청소년신문기자로 활약한 모습에 대해 몇 가지 사례를 들어 자세히 기술함 · 동아리 연보 발행활동에서 칼럼을 맡았으며 다양한 자료를 조사하고 여러 번 기사를 고쳐 작성함으로써 철저하고 완벽하게 맡은 역할을 수행하였다고 기록함 · 영상물 제작활동에서 라이벌 마라토너들의 선의의 경쟁과 우정을 그린 영상물을 제작하였으며 배우역할을 맡아 열연하였고 제작활동 과정에서 적극적으로 의견을 제시하며 다른 친구들의 의견을 조율하여 활발하게 활동이 이루어지도록 리더십을 보였다고 적어 학생의 영상제작활동에 대해 자세히 기록함 · **㉠ 동아리보고서 대회에 참가하여 최우수상을 수상함이라고 적음**
2학년	언론동아리	· **㉡ 동아리 부장으로 자신을 낮추고 상대방을 배려하여 원만한 분위기에서 최고의 활동을 이끌어내는 서번트리더십으로 동아리를 운영하였다고 적으며 부장으로서 리더십을 발휘한 몇 가지 상황을 사례로 적음** · 범죄자 신상공개에 대한 찬반토론, 스마트폰의 부정적 영향에 대한 한 학기에 걸친 기획취재, 기사를 바탕으로 한 UCC를 제작활동 등에 참여했으며 각 활동에서 어떤 역할을 담당했는지 기록함
		영어시사뉴스동아리(자율동아리)
	의사소통동아리 (자율동아리)	· **㉢ 사람들 사이의 소통을 통해 행복한 세상을 만들고 싶다는 생각을 갖고 동아리를 창단하여 회장을 맡았다고 기록함** · 광복절을 맞이하여 국민들의 기본적인 역사상식과 역사의식을 주제로 광화문광장에서 설문조사 및 인터뷰를 실시하였다고 적음 · 밝은 사회를 위한 소통을 위해 최근 이슈화되고 있는 유기견 보호소 봉사활동 후 유기견에 대한 심각성을 효과적으로 전달하고자 사회자로 사전토의를 진행하였고 청량리역에서 설문조사와 인터뷰를 실시하였음을 기록함 · **㉣ 신문과 보고서를 만들어 동아리활동 보고서 대회 최우수상을 수상하는 결과를 이끌어낸 소통의 리더십을 발휘한 학생이라고 기술함**
3학년	언론동아리	· 신문을 읽을 때 여러 신문사의 기사를 읽으며 다각도로 사건을 바라보는 비판적인 사고력을 길렀다고 기록함 · 토론활동에서 상대방 의견을 경청하는 능력, 그중 논리적 허점을 찌르는 뛰어난 토론능력에 대해 적음 · 기자가 되고 싶다는 꿈이 확고하며 언론인이 가져야 할 자세, 태도 등에 대해 의견 발표하는 것을 보며 학생의 가치관과 비전이 확실해보였다고 평가함
		영어시사뉴스동아리(자율동아리)
		의사소통동아리(자율동아리)

위 학생은 본인의 진학분야와 관련된 동아리활동을 중심동아리로 두고 3년간 활동했으며 본인이 부족한 부분을 보충하기 위해 자율동아리를 만들고 활동을 기획했다. 생활기록부를 보면 학생의 자기주도적인 성향을 알 수 있다. 하지만 2016년 생활기록부지침 변경으로 올해부터는 특기사항란에 대회수상내용을 기록할 수 없다.

· 자기소개서에 활용된 동아리활동

위 학생은 1번 항목에 영어시사뉴스 자율동아리에서 학습적인 부분을 보완했던 내용을 적었고 2번 항목엔 진학분야 관련한 동아리활동을 중점적으로 적어 학과진학을 위해 얼마나 열정적으로 노력했는지를 고스란히 드러냈다. 일반적으로 동아리활동을 1번 항목에 잘 활용하지 않는데 동아리활동이 학습적인 부분에도 도움이 된다는 확장된 동아리활동의 범위를 보여준 것이 특이한 점이다.

1. 고등학교 재학기간 중 학업에 기울인 노력과 학습 경험에 대해, 배우고 느낀 점을 중심으로 기술해 주시기 바랍니다. (1,000자 이내)

저는 사회 전반에 호기심이 많습니다. 그래서 신문을 구독하게 되었고 신문을 보던 중 국제뉴스를 처음으로 접하게 되었습니다. 세상 곳곳에서 일어나는 사건을 다룬 국제뉴스는 흥미로웠지만 국제적인 사건을 우리나라의 관점에서만 해석한 언론사들의 보도방식은 저의 호기심을 충족시켜주지 못했습니다. 국제뉴스를 다양한 국가의 관점에서 바라보고 싶다는 마음에 친구들과 함께 시사영어동아리를 만들게 되었고, 저는 CNN 뉴스나 TED 강의 번역활동을 할 것을 제안하였습니다. 이러한 번역활동은 국제사건에 대한 저의 호기심을 채워주기도 하였지만 영어공부에도 큰 도움이 되었습니다. 특히 다양한 영어 영상들을 보다 보니 가끔씩 들리는 몇 개의 단어를 이용하여 감으로 풀어왔던 영어듣기를 확신으로 풀 수 있는 계기가 되었습니다. 이러한 경험을 통해 자신에게 맞는 공부법을 찾는다면 훨씬 능률적으로 학습할 수 있다는 것을 알게 되었습니다.

2. 고등학교 재학 기간 중 본인이 의미를 두고 노력했던 교내활동을 배우고 느낀 점을 중심으로 3개 이내로 기술하세요. 단, 교외활동 중 학교장의 허락을 받고 참여한 활동은 포함됩니다. (1,500자 이내)

광복절을 맞아 북적이는 광화문, 제가 만든 자율동아리인 소통동아리가 첫발을 내디뎠습니다. 한창 한국인들의 역사의식문제가 사회문제로 대두되고 있었을 때, 우리 동아리는 직접 그 실상을 파악하고 앞으로 나아가야 할 방향에 대해 논의해보고자 하였습니다. 시민들을 상대로 역사상식을 질문하거나 한국사 수능 필수화에 대한 의견을 들을 수 있었습니다. 예상했던 것 이상으로 조기게양일, 광복연도 등 간단한 역사상식을 모르는 시민들이 많아 안타까웠습니다. 우리와 이야기를 나누며 자신의 역사의식 수준을 스스로 깨닫고 반성하는 시민들을 보면서 소통할 수 있는 사회를 만들어가는 것이 꼭 필요하다고 생각했습니다. '한국인들의 역사의식 개선을 위해 무엇이 필요할까'라는 질문에서 한 시민은 관련 프로그램이 많이 방영되었으면 좋겠다는 의견을 제시하였습니다. 저는 이것이 제가 앞으로 할 일 중 하나라고 생각하였습니다. 역사 관련 프로그램을 통해 효과적으로 문제의식을 전달할 수 있도록 대학에서 미디어와 인간 심리 관계에 대한 공부를 집중적으로 해보고 싶습니다. "지금 이 순간, 여러분이 무엇을 상상하든 그것은 현실입니다." 시각장애인 체험활동인 '어둠 속의 대화 전시회'에서 만난 로드마스터님께서 해주신 말씀입니다. 처음 접해보는 완전한 어둠 속에서 긴장한 저의 손을 잡아준 사람은 로드마스터님뿐이었습니다. 로드마스터님께서 이곳이 바다라 하면 바다였고 시장이라 하면 시장이었습니다. 저는 로드마스터라는 직업이 기자와 크게 다르지 않다고 생각했습니다. 기자는 사람들에게 보이지 않는 세상을 보여주는 역할을 합니다.

로드마스터님의 말을 우리가 믿었듯이 사람들은 기자가 매체를 통해 보여주는 세상을 그대로 믿을 수밖에 없습니다. 기자가 잘못된 보도를 한다면 많은 사람들이 혼란에 빠질 것이라는 생각에 미래의 언론인으로서 막중한 책임감을 느꼈습니다. 저는 얼굴도 알지 못하는 로드마스터님을 떠올리면 아직도 마음이 따뜻해집니다. 저도 사람들이 기댈 수 있는 기자가 되어 모든 사람들을 따뜻하게 감싸주고 싶습니다.

잠시나마 저의 꿈을 실현시켜준 곳, 바로 언론동아리였습니다. 한 학기에 한 번씩 진행되는 기획취재에서 스마트폰에 대한 취재를 하게 되었고, 저는 학생들을 대상으로 인터뷰한 후 스마트폰의 영향에 대한 기사를 작성하였습니다. 우리 동아리가 만든 신문은 각 반에 배부되었지만 큰 관심을 받지 못했습니다. 열심히 했음에도 미적지근한 반응에 사기가 저하된 동아리 부원들을 보며 부장으로서 안타까움에 기획취재 내용을 영상으로 만들어보자는 의견을 제시하였습니다. 저희는 취재내용을 짧은 뉴스에 담아내었고, 그것을 친구들에게 보여주었습니다. 친구들의 반응은 기대 이상으로 좋았습니다. 같은 내용을 담았지만 신문에 비해 더 큰 영향력을 보인 영상에 매력을 느꼈고, 이에 대해 더 자세히 탐구해보고 싶다는 생각을 하였습니다. 또한 좌절한 부원들을 단순히 위로해주는 것이 아니라 만족스러운 결과를 만들 수 있도록 새로운 방안을 제시하면서, 진정한 리더가 할 일이 무엇인지 생각해보는 계기가 되었습니다.

·대학수학능력시험 성적

	국어	수학	영어	사회탐구	
유형/선택과목	B형	A형		한국지리	사회·문화
등급		평균 5등급		평균 5등급	

위 학생은 동아리활동을 자신의 진학분야에 대한 열정과 학습능력 향상이라는 두 가지 측면과 연결했다. 그리고 이 내용들이 생활기록부와 자기소개서에 충분히 기록되고 활용되어 동아리활동이 대학진학에 좋은 영향을 준 사례로 볼 수 있다.

[사례 12] L양 (일반고 32학급)

·내신성적 – 1.8

·대학진학결과

1차 합격			최종합격여부
학교명	학과	전형	(o, ×)
한국외국어대	정치외교학과	학생부종합전형	o
동국대	정치외교학과	불교인재추천전형	o

·동아리활동 수상실적

동아리보고서 대회 2학년 1학기 최우수상
㉠ **동아리보고서 대회 2학년 2학기 최우수상**
동아리보고서 대회 3학년 1학기 최우수상

위 학생은 2학년 1, 2학기 모두 자율동아리인 의사소통동아리 활동으로 보고서 대회 최우수상을 받았다. 보고서의 내용은 매달 학생들이 진행했던 활동내용과 그 활동에 대한 느낌, 전문적인 지식내용 등이 합쳐진 것으로 다른 보고서들은 몇 달에 한 번씩 하는 활동으로 보고서를 작성한 반면 이 학생은 매월 1회씩 꾸준히 다양한 활동을 이어왔다는 게 수상의 포인트였다.

·생활기록부 동아리활동 기록

학년	동아리 이름	동아리활동 기록
1학년		사이버외교동아리
2학년		사이버외교동아리
		영어시사뉴스동아리(자율동아리)

	의사소통동아리 (자율동아리)	·동아리를 친구들과 함께 창단하고 동아리 카페관리를 담당하였다고 동아리 내 학생의 역할을 기록함 ·유기견 보호센터 봉사활동 및 광화문 광장에서 설문조사, 개발도상국의 결식아동돕기 지원, 친구인터뷰 등 소통을 위한 다양한 활동을 하였고 활동을 위해 학생이 맡았던 역할, 활동을 하면서 학생이 느꼈던 점에 대해 상세히 기록함 ·여러 사람들과 함께 의견을 나누고 듣는 것이 사고의 큰 도움이 된다는 사실을 알게 되었고 어떤 일을 할 때 여러 사람의 의견을 나누는 소통의 중요성을 다시 한 번 인식하게 되었다고 적음 ·**㉠ 활동한 내용을 신문에 실어 활동을 널리 알리고 좋은 평가를 받았음.**
3학년	사이버외교동아리	
	영어시사뉴스동아리(자율동아리)	
	의사소통동아리(자율동아리)	

위 학생은 자신의 진학방향에 직접적으로 관련된 동아리활동은 많진 않지만 생활기록부 동아리기록을 보면 학생이 다양한 활동을 꾸준히 참여하면서 사회를 바라보는 안목도 넓어지고 사회성과 협동심도 길렀음을 알 수 있다. 학생의 좋은 진학결과는 동아리활동이 진학분야에 관련되진 않았지만 열성적인 동아리활동이 학생의 전인적인 성장에 도움이 되었다는 좋은 평가를 받았다는 걸 증명해줬다고 볼 수 있다.

·자기소개서에 활용된 동아리활동

위 학생은 3년 동안 동아리활동을 남들 못지않게 열심히 했지만 본인의 진학분야와 직접적인 연관이 없어 자기소개서에 다양하게 활용하지 못했다. 그중 동아리활동에 포함되어 있던 봉사활동 사례를 통해 인성적으로 어떤 성장을 이루어냈는지에 대해 적었다.

---

3. 학교생활 중 배려, 나눔, 협력, 갈등 관리 등을 실천한 사례를 들고, 그 과정을 통해 배우고 느낀 점을 기술해 주시기 바랍니다. (1,000자 이내)

◇◇◇◇동아리 활동 때, 농촌체험활동을 다녀왔습니다. 두 번에 걸쳐 방문했었는데 두 번째 갔을 때는 3학년이었습니다. 만난 지 얼마 되지 않은 1학년 친구들과 가서 조금 어색하기도 했지만 먼저 다가가서 말도 걸고, 특히 조끼리 모여 이동했는데 저희 조에 있었던 후배들과 많이 가까워졌습니다. 고추밭에서 다가올 농사를 대비하여 밭을 정리하는 일을 했는

데 중간중간에 지금까지 했던 동아리활동에 대한 이야기도 들려주고, 특히 위안부 수요집회에 참가했던 일을 말해주었습니다. 꼭 갈만한 의미가 있는 행사고 이번 해에도 갈 것이니 꼭 다녀오라는 조언도 해주었습니다. 자주 접해보지 않은 농사일이라 조금 서툴렀지만 각자 할 일을 맡고 그 역할에 충실하며 열심히 일했습니다. 저는 밭에서 한 줄을 맡아서 정리했는데 선생님과 후배와 손발이 잘 맞아서 다른 줄을 맡은 친구들보다 일이 빨리 끝났습니다. 비도 살짝 오고 허리도 아팠지만 옆에서 쉬지 않고 하는 친구들을 보니까 마냥 쉴 수가 없었습니다. 다 같이 끝내고 함께 쉬자며 일을 도왔고 일은 더 빨리 진행될 수 있었습니다. 하지만 중간에 비가 너무 많이 쏟아져서 일을 중단하고 비닐하우스에 들어가 휴식을 취하였습니다. 일을 더 이상 할 수 없을 정도로 비가 많이 와서 숙소로 돌아갔습니다. 너무 힘들고 씻고 쉬고 싶은 마음이 굴뚝 같았지만 저녁을 준비하기 위해 부엌으로 향했습니다. 중간에 다른 친구들이 와서 도와주었는데, 특히 3학년 친구들이 1, 2학년 후배들을 위해 고기도 굽고 음식도 해준 것이 지금까지 기억에 남습니다. 저도 후배들에게 좋은 선배로 남았으면 좋겠다는 마음으로 성심성의껏 준비하고 배식도 직접 해주었습니다. 자기 전에는 화장실이 하나라 씻는 문제로 조금 인상을 쓸 뻔 했습니다. 저를 포함해서 한 번 경험해본 사람들이 나서서 간단하게만 씻고 한꺼번에 2~3명씩 들어가서 씻어서 시간을 단축하자고 의견을 내세웠습니다. 그래서 같이 씻을 사람을 가위 바위 보로 순서를 정해서 씻고 나니 몸도 깨끗하고 기분도 상쾌하게 하루를 마무리할 수 있었습니다.

·대학수학능력시험 성적

	국어	수학	영어	사회탐구	
유형/선택과목	B형	A형		생활과 윤리	한국지리
등급	평균 3.3등급			평균 4등급	

위 학생은 열성적인 동아리활동 참여와 여러 차례 보고서 대회 수상경력을 생활기록부와 자기소개서에 잘 활용하지 못한 사례이다. 학생 본인의 진학분야와 직접적인 관련이 없어 자기소개서에는 적극적으로 활용하지 못했지만 생활기록부에 학생이 수상한 보고서의 내용이 조금이라도 더 적혀 있었으면 좋지 않았을까 하는 아쉬움이 남는다.

[사례 13] M양 (일반고 32학급)

·내신성적 – 2.3

· 대학진학결과

| | 1차 합격 | | 최종합격여부 |
학교명	학과	전형	(○, ×)
건국대	상경계열	농어촌전형	○
동국대	중어중문학과	불교계추천전형	○

· 동아리활동 수상실적

㉠ **동아리보고서 대회 1학년 1학기 우수상**

동아리보고서 대회 2학년 2학기 우수상

㉡ **동아리보고서 대회 3학년 1학기 우수상**

㉢ **동아리 1학년 대표 역임**

㉣ **동아리 대표 역임 (2, 3학년)**

위 학생은 전 학년 동안 꾸준히 동아리활동에 대한 기록을 해놓고 활동한 내용들을 모두 다이어리식으로 작성하여 수상의 영광을 누렸다. 1, 2학년 때는 활동한 내용들을 열거했다면 3학년 때는 자신의 진로에 맞는 경제 분야의 주제를 잡아 탐구하고 연구하는 작업을 진행해 수준을 좀 더 높였다고 볼 수 있다. 주제는 기업들의 현지화 전략을 분석하고 다양한 사례들을 조사한 내용이었다.

· 생활기록부 동아리활동 기록

학년	동아리 이름	동아리활동 기록
1학년	사이버외교 동아리	· ㉠ **이어도에 대한 과학적 사실을 밝히고 보고서를 작성하고 프레젠테이션했던 내용을 기록함** · ㉡ **1학년 부장으로서 리더십을 발휘했던 부분에 대한 기록이 있음**
2학년	사이버외교 동아리	· ㉢ **사이버 외교단 부장으로서 책임감을 갖고 우리나라의 외교적 문제에 관련된 참여활동을 알아보고 진행했던 부분에 대해 기록함**
3학년	사이버외교 동아리	· ㉣ **부장으로서 소통의 리더십을 발휘했다고 기록함**
	기업탐방동아리 (자율동아리)	· 한옥호텔 만들기를 통해 효과적으로 우리 문화를 소개하는 방법을 고민하고 외국인이 친숙하게 접근할 문화 마케팅에 대해 생각하게 되었다고 적음
	경영동아리 (자율동아리)	· 기업의 현지화가 무엇인지 사례를 통해 조사와 연구를 하고 다른 나라에 진출하기 위해서는 그 문화 사람들에 친숙함과 소통의 중요성을 느꼈다고 기록함

위 학생은 3년간 동아리활동에서 할 수 있는 모든 활동에 참여했고 그에 따른 성과도 매우 좋았다. 생활기록부 기록에는 어떤 활동을 했는지 그 활동에서 학생

이 어떤 역할을 했는지 잘 기록되어 있지만 동아리보고서 대회의 수상내용이나 수상한 보고서의 제목, 작성과정은 적혀 있지 않아 아쉬움이 있다.

・자기소개서에 활용된 동아리활동

위 학생은 동아리 내용 중 자신의 진학분야와 관련 있는 내용을 2번 항목에 충분히 활용하였고 3번 항목에는 진학분야와는 관련 없지만 인성함양을 위해 다양한 경험을 하게 해준 활동들을 활용했다.

---

2. 고등학교 재학 기간 중 본인이 의미를 두고 노력했던 교내활동을 배우고 느낀 점을 중심으로 3개 이내로 기술하세요. 단, 교외활동 중 학교장의 허락을 받고 참여한 활동은 포함됩니다. (1,500자 이내)

사이버외교동아리 '◇◇'에서 가장 기억에 남는 활동은 이주여성을 위한 직업박람회에서 한 봉사활동입니다. 이주여성들과 이야기를 나누며 다문화 가정에 대한 차별이 더욱 개선되기 위해서는 '나라에 등급을 부여하지 않고, 있는 그대로의 문화를 인정하고 존중하는 태도'가 가장 중요하다는 것을 깨달았습니다. 이처럼 '◇◇'는 고등학교 3년 동안 우리나라 역사와 문화, 나아가 타문화에 대해서도 더 열린 자세로 공부할 수 있도록 자극해 준 소중한 경험이었습니다.

ⓒ 경영에 대한 호기심으로 직접 창설했던 경영동아리 '◇◇◇◇'에서 여러 기업의 현지화 전략을 비교, 분석한 활동은 저에게 가장 의미 있는 활동이었습니다. '(주)○○'라는 한식 기업이 각 나라의 음식 문화와 한식을 조화시켜 판매한 사례를 다루면서 문화와 문화가 만나 탄생된 새로운 상품이 큰 경쟁력이 될 수 있다는 것을 알았습니다. 각 나라의 문화와 가치관을 존중하고 배려한다면 현지인들에게 더 큰 만족을 느끼게 할 수 있다는 것을 알게 되었습니다. 소비자의 만족을 위해 여러 가지를 공부하며 현지화가 꼭 필요하다는 것을 깨달았습니다. 우리 것만을 고수하는 것이 아니라 다양한 시도와 변화가 큰 발전을 위한 첫걸음이자 도약의 발판이라 생각합니다. 이 경험이 건국대학교에서 '국제 마케팅'의 새로운 전략을 세울 때보다 경쟁력 있는 방향을 제시해줄 것이라 생각합니다.

3. 학교생활 중 배려, 나눔, 협력, 갈등 관리 등을 실천한 사례를 들고, 그 과정을 통해 배우고 느낀 점을 기술해 주시기 바랍니다. (1,000자 이내)

2학년 때, 동아리 부원들과 교내에서 위안부 할머니를 위한 '백만인 나비달기 운동'을 성공적으로 마쳤습니다. 나아가 저는 친구들이 위안부만큼 도움이 필요한 '우토로 마을'에도 많은 관심 갖길 바라며 '우토로 배지 달기 운동'을 기획했습니다. 선배님들은 배지의 디자인

을, 우리 학년은 홍보를 맡았습니다. 배지 하나에 우토로 주민의 많은 이야기를 다 담을 수 없었지만, 교실마다 다니며 활동의 취지에 대해 설명했고, 친구들이 관심을 갖고 질문할 때 는 최선을 다해 설명했습니다. 또한 모은 수익금을 인터넷으로 전해드릴 수 있게 되어 뜻깊 었습니다. 누군가를 위할 때 진심으로 귀 기울여 듣고, 이해하고, 위로할 수 있는 마음만 있 다면 어떤 일이든 할 수 있다는 것을 경험할 수 있었습니다. 또한 위안부 할머니와 우토로 주민에게 기부금보다 더 의미 있는 것은, 함께 모아진 우리의 관심이라는 것을 알게 되었습 니다. 이후, 마음을 나눌 수 있는 기회가 계속 눈에 보이기 시작했고, 누군가를 도울 수 있 는 기회를 기다리는 것이 아니라 만들기 위해 주위를 살피는 사람이 되기 위해 노력하게 되 었습니다.

교육부에서 학교폭력을 예방하기 위해 주관한 블루밴드 캠페인에 선발되었습니다. 계획을 세우던 중, 학년별로 큰 규모로 대학로나 시민공원과 같은 곳에서 많은 사람들을 대상으로 하자는 의견과 학생들을 상대로 학교주변에서 집중적으로 활동하자는 의견이 대립되었습니 다. **ⓡ 저는 동아리 대표로서 '조를 나눠 각자 원하는 부분에서 주가 되어 방법을 기획하자' 는 의견을 제안했습니다. 준비해야 할 것들은 배가 되었지만, 최대한 한 사람 한 사람의 의 견을 존중하고 수용하면서 그들이 원하는 것을 할 수 있도록, 또 선택한 것에 책임질 수 있 도록 노력하니 모두의 적극적인 참여로 1년 동안의 캠페인 활동을 무사히 마칠 수 있었습 니다. 그리고 이 활동에서, 자신이 존중받고 있다고 느낄 때 훨씬 더 열성을 다해 참가하는 친구들을 보면서 한 명 한 명을 존중해 줄 수 있는 소통하는 리더로 성장해야겠다고 다짐했 습니다.**

· 대학수학능력시험 성적

	국어	수학	영어	사회탐구	
유형/선택과목	B형	A형		생활과 윤리	사회 · 문화
등급	평균 5등급			평균 6등급	

위 학생은 동아리활동을 통해 자신의 진로진학 분야로의 발전을 위해 열정을 쏟아부었고 다양한 경험을 할 수 있는 활동을 통해 인성적인 면도 함양시켰다. 생 활기록부 기록상에는 동아리보고서 대회에서 수상했던 부분에 대한 기록이 없다 는 점이 아쉽긴 하지만 대신 동아리활동을 통해 자아성장을 이룬 부분이 자기소 개서에는 100% 잘 활용되었다.

[사례 14] N군 (일반고 30학급)

· 내신성적 – 1.1

· 대학진학결과

1차 합격			최종합격여부
학교명	학과	전형	(○, ×)
서울대	경제학과	학교장추천	○
고려대	경제학과	학교장추천	○

· 동아리활동 수상실적
㉠ 동아리보고서 대회 2학년 1학기 최우수상
㉡ 동아리보고서 대회 2학년 2학기 우수상
㉢ 동아리 1학년 대표 역임
㉣ 동아리 대표 역임 (2, 3학년)

위 학생은 동아리에서 한경 경제체험대회를 목표로 여러 가지 주제로 연구 활동을 하면서 연구내용을 다양한 형태로 작성하여 교내 동아리보고서 대회에 제출, 최우수상을 수상하고 외부대회에서도 동상을 수상하였다. 최우수상을 수상한 보고서는 포퓰리즘 정책이 무엇이며 이 정책이 발생한 원인에 대한 경제학적 분석과 그로 인한 영향은 무엇인지에 대해 조사·연구한 내용이었다.

· 생활기록부 동아리활동 기록

학년	동아리 이름	동아리활동 기록
1학년	다큐감상반	· ㉢ 1학년 동아리 대표로서 성실하고 책임감 있는 모습으로 동아리 운영에 참여하였다는 기록이 있음 · 현재의 경제적 상황과 제3세계의 노동활동, 경제활동에 관한 다큐멘터리에 상당한 관심을 보였고 감상 후 친구들뿐만 아니라 교사와 주제에 관해 자발적인 토론을 유도함으로써 자신의 생각을 한층 더 체계화시키는 모습을 보였다고 기록하며 학생의 경제적인 분야에 대한 열정이 있었음을 표현함
2학년	경제경시동아리	· ㉣ 동아리 부장으로서 동아리활동을 주도하고 동료 교우와 후배들에게 멘토의 역할을 하여 전체 동아리를 이끌어가는 역할을 한 부분에 대해 강조하여 적음 · ㉠ 포퓰리즘 정책이 무엇이며 이 정책이 발생한 원인에 대한 경제학적 분

3학년	경제경시동아리	석과 그로 인한 영향은 무엇인지에 대해 작성한 동아리보고서로 교내 최우수상을 받았음 ・백세 시대의 노후대책이 부실한 실태에 대한 발표 자료 등을 만들어서 동아리 부원들 앞에서 발표한 내용에 대한 기록이 있음 ・동아리 카페를 개설하여 시사와 경제에 관한 지식을 정리하여 동아리 회원들과 공유하고 동아리 활성화를 위해 큰 역할을 했음에 대해 적음
		・ⓓ 동아리 회장으로서 훌륭한 동아리활동이 이루어질 수 있도록 전체적인 계획, 실천에 많은 기여를 하였고 후배들을 이끌며 동아리의 실제적인 활동에서 도움을 주는 등 리더로서의 책임감 있는 모습에 대해 중점적으로 기술함 ・경제 지식 전반에 대해 매우 탁월한 지식을 가지고 있고 이 지식들을 후배들에게 가르쳐주는 멘토 역할도 훌륭히 해냈다고 기록함
		토론학습동아리(자율동아리)

위 학생은 자신의 진학분야와 관련된 동아리활동을 주도적으로 했고 교외대회나 체험활동에 참여해 수상하거나 인정받을 정도로 동아리활동을 열심히 하여 교내에서 가장 인정받는 동아리로 자리 잡도록 큰 역할을 하기도 했다. 이런 학생의 노력과 활동 그리고 이루어낸 성과들이 생활기록부에 자세히 적혀 있다.

・자기소개서에 활용된 동아리활동

자기소개서에는 동아리활동 중 가장 핵심적인 활동 하나를 중점적으로 작성했다. 이 내용은 학교장 승인을 받고 참여한 외부체험활동 내용이고 이 대회에서 성과를 거둔 부분을 강조하여 자기소개서를 작성했다.

2. 고등학교 재학 기간 중 본인이 의미를 두고 노력했던 교내활동을 배우고 느낀 점을 중심으로 3개 이내로 기술하세요. 단, 교외활동 중 학교장의 허락을 받고 참여한 활동은 포함됩니다. (1,500자 이내)

학교에서 경제학습을 지속하면서 저와 동아리 부원들은 배운 지식을 현실 속에서 사용하고 이를 경험하고자 하는 마음을 가질 수 있었습니다. 그래서 저희가 직접 설계한 활동을 가지고 참여할 수 있는 한경 경제체험대회에 참가하게 되었습니다. 대회 기간 동안 각각 ⓛ **기업가 정신 원정대와 창업계획, 경제체험활동의 세 가지 활동을 수행하고 보고서를 작성하였습니다.** 모두 좋은 경험이었지만 가장 의미 있었던 활동은 경제체험활동이었습니다. 이 활동을 통해 지역의 금융기관, 기업, 농민 등 다양한 경제주체들을 만나면서 책만으로는 알 수 없었던 그들의 고충을 느낄 수 있었습니다. 특히 환율상승으로 인한 원자재 가격상승과 같은 경제현상들이 단순한 영향을 넘어 누군가에게는 생사의 문제가 될 수 있다는 점은 저에게 큰 충격을 주었습니다. 또한 사회 경제적 현상 안에는 사람들이 존재한다는 사실을 다시 생각해볼 수 있었습니다. 이러한 생각들은 저 자신이 알프레드 마셜이 말한 학문을 공부하는 사람은 '냉철한 이성과 따뜻한 가슴'을 가져야 한다는 말을 가슴 깊이 새기면서 어떠한 학문을 공부하든 어떻게 살아가든 인간을 사랑하는 마음을 유지하고자 결심하는 계기가 되었습니다. 대회 후에는 이러한 활동에 대해 작성한 보고서들을 '지역화'라는 주제로 엮어서 제출하게 되었고 이를 통해 동상을 수상하는 소정의 성과도 거둘 수 있었습니다.

·대학수학능력시험 성적

	국어	수학	영어	사회탐구	
유형/선택과목	B형	A형		한국사	경제
등급	평균 1.5등급			평균 2등급	

위 학생은 내신 성적 최상위권 학생으로 학생의 진학분야를 향한 열정적인 면은 동아리활동을 통해 많이 보여주었고 내부적인 활동에 그친 것이 아닌 외부활동 활약으로 활동의 범위를 넓힌 동아리활동의 외부활동 성공사례로 볼 수 있다. 이런 활동이 생활기록부에도 적절히 잘 기록되어 있고 학생이 가장 열정적으로 진행한 활동을 자기소개서에도 잘 활용했다.

2) 자연과학계열 진학 사례

[사례 1] O양 (일반고 34학급)

· **내신성적** – 1.5

· **대학진학결과**

1차 합격			최종합격여부
학교명	학과	전형	(O, ×)
연세대	신소재공학과	농어촌전형	O
중앙대	화학신소재공학과	농어촌전형	O
서울시립대	신소재공학과	농어촌전형	O
건국대	신소재공학과	농어촌전형	O

· **동아리활동 성과**
㉠ **동아리학술논문발표회 논문 공동 작성**
㉡ **동아리 회장 역임 (2학년)**
㉢ **동아리 3학년대표 역임**
㉣ **자율동아리 회장 역임 (3학년)**

위 학생은 학교 급식의 빈 그릇 운동을 진행하면서 어떻게 하면 이 운동을 활성화시킬 수 있는지에 대한 방안을 동아리 부원 두 명과 함께 공동으로 연구했고 본인이 직접 발표하진 않았지만 발표를 위한 PPT 작업에도 열심히 참여하였다. 3년간 실질적인 동아리활동은 꾸준히 활발하게 했지만 수상이력이 상대적으로 매우 적어 실제적인 활동보다 드러나는 성과가 적은 사례이다.

· **생활기록부 동아리활동 기록**

학년	동아리 이름	동아리활동 기록
1학년	과학실험동아리	·전기도금 실험, 비누거품 폭발실험, 앙금생성실험 등 여러 과학실험에서 주도적인 모습과 실험오차를 최소화하기 위해 열심히 노력한 부분에 대해 강조하여 기술함

		・과천과학관 ◇◇◇프로그램에 참가하여 자신의 꿈을 확 실하게 다지는 계기를 마련하였다고 적음 ・◇◇◇동아리 주관 환경작품 공모대전에서 미래의 환경을 고려하여 신기술을 적용, 창의성과 논리성을 겸비한 우수한 작품을 제작하였음을 기술함
	경영동아리(자율동아리)	
	영어동아리(자율동아리)	
	환경지킴동아리(자율동아리)	
2학년	과학실험동아리	・ⓛ **'동아리 회장으로서 적극적인 모습을 보이며 동아리를 이끎'**이라고 기술하여 동아리 회장으로서의 리더십을 강조함 ・점핑나트륨 실험, 과천과학관에서의 유전자관련 실험, 개인용 배터리 만들기 활동을 통해 학생이 과학과 관련된 향상된 다양한 능력에 대해 자세히 기술함
	환경지킴동아리 (자율동아리)	・㉠ **잔반 줄이기 캠페인을 통해 빈 그릇 운동을 활성화하여 음식물쓰레기 감량과 급식의 질을 어떻게 개선할 수 있었는지에 대해 연구하여 논문을 작성하고 발표하였다고 기술함**
	봉사동아리(자율동아리)	
	영어동아리(자율동아리)	
3학년	과학실험동아리	・ⓒ **'동아리 3학년장으로서 실험계획 및 실험도구들을 미리 준비하여 동아리 학생들이 체계적으로 실험할 수 있도록 도와줌. 동아리 후배들에게 지속적으로 진로와 실험의 중요성에 대해 언급하여 3년간의 노하우를 전달하려고 노력하였음'**이라고 동아리에서 리더십을 발휘했음을 적음 ・위험한 실험에서 안전을 즉시 감지하고 이에 바로 대처 신중한 태도와 뛰어난 안전의식을 가졌음을 강조함 ・동물 장기 해부실험을 하며 이런 동물실험이 정당한가에 대한 동아리활동 보고서와 같이 논문을 작성하였다고 기술함
	봉사동아리 (자율동아리)	・교육봉사를 위해 봉사활동 기획과 진행을 위해 ㉣ **부장으로서 리더십이 뛰어났다**고 기술함
	과학동아리(자율동아리)	

    본인의 진로인 과학관련 동아리를 3년간 꾸준히 하면서도 문과 관련 동아리와 봉사동아리활동도 병행하여 요즘 시대가 원하는 문·이과 통합형 인재상을 구현하고 있다고 생각되며 인성적 측면에 도움이 되는 봉사동아리 활동도 빠지지 않았다는 게 관심을 끄는 부분이다. 그리고 동아리 대표를 맡은 경험도 매우 풍부하다. 다양한 동아리에서 동아리를 이끄는 대표를 맡아 활동전반을 계획하고 추진하여 리더십을 향상시켰다는 부분이 주목할 만한 부분이다.

・자기소개서에 활용된 동아리활동

    위 학생은 본인이 했던 다양한 동아리활동과 동아리 내 역할 중에서 활용 가능한 최대한의 활동을 자세한 진행 및 참여과정과 함께 충분히 표현해냈다고 생각된다. 일반적으로 학생들이 2번 항목에 주로 사용하는 본인의 진로와 관련된 동아리활동 나열식에서 벗어나 진로와 좀 벗어나 있지만 의지를 갖고 만들었던 자율동아리 활동과정이 진정성 있게 잘 작성되어 있다. 3번 항목에서는 위 학생의 강점인 리더십을 부각시키는 내용으로 리더의 활동을 기술하면서 활성화되었던 동아리활동의 내용을 자연스럽게 드러나게 하는 재치를 잘 발휘하였고 이 내용을 통해 공부만 잘하는 학생이 아닌 인성적 항목도 갖춘 학생의 면모를 유감없이 보여주었다.

---

2. 고등학교 재학 기간 중 본인이 의미를 두고 노력했던 교내활동을 배우고 느낀 점을 중심으로 3개 이내로 기술하세요. 단, 교외활동 중 학교장의 허락을 받고 참여한 활동은 포함됩니다. (1,500자 이내)

방과후 학교에서 시사영어듣기반을 수강하면서 더 넓은 세상을 알고 이해하는 데에는 영어가 필요하다는 사실을 깨달았습니다. 그래서 영어 능력을 향상시키기 위한 영어 자율동아리 '◇◇◇'에 참여했습니다. 여기서 가장 기억에 남는 활동은 시리아내전에 대한 미군의 개입 여부에 대한 주장발표입니다. 자료 조사를 위해 내전과 직접 관련되어 있는 미국의 기사를 읽으면서 내전에 대한 문제가 생각보다 심각하다는 것을 알 수 있었습니다. 저는 내전으로 인한 수많은 사람들의 피해를 고려해야 한다고 생각했습니다. 그래서 장기적인 내전을 막기 위해서는 군사 개입이 불가피하다는 내용으로 자료를 조사하고 발표했습니다. 다른 언어로 시사문제를 접하면서 해석이 안 되는 부분도 있었지만 내용을 이해해나가는 노력을 하여 더욱 많은 지식을 접할 수 있었습니다. 또한 사건을 바라보는 시각이 국가별로 처한 상황에 따라 다를 수도 있음을 알게 되었습니다. 활동을 통해 국제 공용어인 영어 회화 능력을 키우며 다른 국적의 사람들과 소통할 수 있는 자신감을 갖게 되었습니다.

3. 학교생활 중 배려, 나눔, 협력, 갈등 관리 등을 실천한 사례를 들고, 그 과정을 통해 배우고 느낀 점을 기술해 주시기 바랍니다. (1,000자 이내)

[조 편성, 변화의 시작]
실험과정에 대한 견해 차이로 진행이 더딘 조를 자주 보았습니다. ⓛ **동아리 회장으로서 원인을 찾자 탐구하고자 하는 방향이 달랐음을 알 수 있었습니다. 각자 선호하는 실험방식이 다를 수 있다는 점을 깨닫고 새로운 조 편성 방안을 마련했습니다. 시작하기 전, 미리 실험을 소개하고 원하는 실험 방향에 대한 의견을 수렴하여 조를 꾸렸습니다. 그 결과 전보다 실험이 원활하게 진행되었으며 다양한 실험을 한 것 같은 효과를 얻을 수 있었습니다. 비록 간단하게 조를 편성하는 것보다 오랜 시간이 걸렸지만 노력을 통해 적극적인 실험 분위기**

가 형성되면서 뿌듯함을 느꼈습니다. 또한 활동을 통해 얻어진 결과를 서로 비교하는 시간을 가지며 더 많은 지식을 얻게 되었습니다. 경험을 통해 회장은 동아리에 지속적인 관심을 가지고 문제를 개선하려 노력해야 함을 깨달았습니다.

[협력으로 이룬 빈 그릇 운동 활성화]
㉠ '◇◇◇'에서 잔반을 줄여 환경 보호와 급식 질 개선을 하자는 취지의 빈 그릇 운동을 했지만 참여율이 낮았습니다. 동아리 부원들과 함께 방안을 모색하기 위해 전교생을 대상으로 설문한 결과 빈 그릇 운동에 대한 인식이 미흡함을 알았습니다. 역할을 분담하여 각 반에 들어가 교내의 음식물 처리 비용 실태를 알리고 홍보 자료를 곳곳에 부착하는 등 활동에 대한 인식을 높였습니다. 또한 동기부여를 위해 담당 선생님께 봉사시간 부여 및 상장 수여가 이루어지도록 제도마련을 부탁드렸습니다. 이를 위해 부원들과 각자 요일을 정해 빈 그릇 운동 참여 횟수를 관리하여 신뢰도를 높였습니다. 그 결과 이전보다 참여 학생이 크게 늘어났으며 교내 최대 환경 운동으로 자리매김했습니다. 문제에 부딪힐 때 다함께 해결에 동참하여 대안을 금방 마련할 수 있었습니다. 혼자서는 이렇게 큰 변화를 꾀하지 못했을지도 모르지만 협력한 결과 성과를 얻을 수 있었습니다. 빈 그릇 운동의 취지에 관심을 가지는 사람이 늘고 환경 보호를 위해 함께 노력하는 모습을 보며 협력의 중요성을 느꼈습니다.

·대학수학능력시험 성적

	국어	수학	영어	과학탐구	
유형/선택과목	A형	B형		화학 I	지구과학 I
등급	평균 3등급			평균 2등급	

위 학생은 동아리활동을 본인의 진로에 맞게 3년간 중점적으로 잘 이어오면서도 학생본인의 필요성에 의해 시기적절하게 자율동아리를 통해 다양한 활동을 해온 동아리활동 우수 활용 사례이다. 생활기록부상에서도 동아리활동 과정이 풍부하게 표현되어 있고 동아리활동 분야가 한 가지에 한정되어 있지 않아 학생이 여러 분야에서 능력을 갖추었음을 짐작하게 한다. 그 내용이 자기소개서에서 학생의 관점으로 한 번 더 강조되고 구체화되어 하나로 완벽하게 맞아 떨어지는 톱니바퀴와 같아 생활기록부와 자기소개서가 조화를 잘 이룬 사례이다.

[사례 2] P군 (일반고 34학급)

·**내신성적** – 1.5

·**대학진학결과**

1차 합격			최종합격여부 (o, x)
학교명	학과	전형	
고려대	물리학과	농어촌전형	o

·**동아리활동 수상실적**

㉠ **동아리보고서 대회 2학년 1학기 최우수상**

㉡ **동아리학술논문발표회 논문작성 및 PPT 발표 (2학년)**

위 학생은 2학년 때 물리천문학 자율동아리를 구성하여 두 명의 부원들과 공동작업으로 보고서를 작성했고 최우수상을 수상했다. 보고서의 내용은 지평좌표계와 적도 좌표계, 망원경, 표준모형, 중력파, 별의 탄생과정 및 진화과정, 인플레이션, 별의 물리량, 별의 종류 등에 관해서 각 항목마다 얇은 잡지를 만들어 모아놓은 것이었고 이 수상을 계기로 학술논문발표회에 참가할 자격을 얻었다. 동아리학술논문발표회에선 고등학생들이 물리학에 대해 어떻게 생각하는지에 대한 인식의 조사와 인식을 어떻게 하면 개선시킬 수 있는지에 대해 논문을 작성하고 PPT를 제작해 발표했다. 그리고 수준 높은 PPT 작성과 주제발표로 참관한 학생들의 주목을 한 몸에 받은 바 있다.

·**생활기록부 동아리활동 기록**

학년	동아리 이름	동아리활동 기록
1학년		영자신문동아리
2학년	천문물리동아리 (자율동아리)	영자신문동아리
		·㉠ '**천문학 및 천체물리학의 대중화를 목적으로 시간날 때마다 중력파, 빅뱅 이론에 기초한 우주의 탄생과 미래, 전파 천문 등 어려운 천문학의 내용을 학생들이 이해하기 쉬운 내용으로 정리하여 발표하였고 1학기 교내 자율동아리활동 최우수동아리로 선정됨**'이라고 기록함 ·㉡ **물리학의 현재 상황과 개선방안, 미래 등에 대하여 논문을 쓰고 발표했다고 적음**
		영어동아리(자율동아리)
3학년		면접동아리

위 학생의 전공과 관련된 생활기록부 동아리활동 기록이 실제 활동한 내용보다 훨씬 미비한 편이다. 실제적으로 천문물리동아리에 쏟아 부은 시간과 열정은 엄청 났지만 생활기록부에 적혀진 양이나 내용은 이에 못 미친다고 보인다.

·자기소개서에 활용된 동아리활동

진학하려는 학과와 관련되어 했던 동아리활동의 진행과정과 성과를 논리적으로 잘 정리하여 작성했다. 다양한 활동으로 승부를 걸진 못했지만 핵심만 정확히 공략하는 방식으로 자기소개서에 잘 활용했다. 심도 있는 활동과 수준 있는 논문 작성으로 큰 성과를 거둔 사례이다.

> 2. 고등학교 재학 기간 중 본인이 의미를 두고 노력했던 교내활동을 배우고 느낀 점을 중심으로 3개 이내로 기술하세요. 단, 교외활동 중 학교장의 허락을 받고 참여한 활동은 포함됩니다. (1,500자 이내)

수업시간에 배울 수 없는 순수과학의 깊은 부분까지 공부해보고자 저는 천문물리자율동아리 '◇◇◇◇◇'를 만들었습니다. 동아리활동은 최근의 천문, 물리학적 이슈에 대해 발표자가 미리 조사하고 발표한 내용을 바탕으로 주제에 대해 토론해보는 식으로 진행되었습니다. 특히 빅뱅이론을 공부하고 '빅뱅이전의 시초의 세계는 어떻게 존재하고 있을까'라는 질문에 대해 토론했던 시간이 기억에 남습니다. 질문에 대한 해답을 찾고자 오랜 시간 토론에 임했지만 항상 시초는 또 그것의 시초를 요구하는 역설적인 상황을 피할 수 없었고 결국 만족할 만한 해답을 얻을 수 없었습니다. 이를 통해 우주에는 통념으로는 도무지 해답을 찾을 수 없는 현상도 존재한다는 사실을 배웠습니다. ㉠ **이처럼 천문, 물리학적 이슈를 공부하고 토론하는 과정에서 우주의 신비한 모습을 알아갈 수 있었습니다. 그리고 앞으로 순수과학자로서 '통념으로 이해가 되지 않는 현상'이 존재하는 아직까지도 베일에 상당수 가려져 있는 우주의 성질을 밝혀보는 데 일조하리라 다짐했습니다. 이렇게 동아리에서 활동한 내용들을 바탕으로 활동보고서를 엮어 동아리보고서대회에 제출했습니다. 그리고 최우수상을 수상**하며 자율동아리로는 유일하게 ㉡ **동아리학술논문발표회에 참가자격을 얻게 되었고 평소 순수과학의 좁은 입지가 안타까웠던 저를 '물리학의 대중화'를 주제로 소논문을 작성해보기로 했습니다. 논문을 위한 설문조사에서 흥미롭게도 많은 학생들이 자연의 근본원리에 대해 궁금증을 가져본 적 있다고 답했던 반면 그중 다수가 또 학교에서 배우는 물리학의 난해함에 흥미를 잃었다고 답했습니다. 이에 '배를 만들고 싶다면 저들에게 바다에 대한 무한한 동경심을 심어주리라'라는 문구처럼 물리학은 가르침이 선행되어야 할 게 아니라 학생들의 자연에 대한 '동경심'을 키워나가는 것이 가장 급한 과제라 지적하는 내용으로 논문을 작성했습니다. PPT를 이용해 강당에서 발표한 논문은 큰 호응을 이끌어냈고 본래의 성질인 신비함**

글로벌 시대에서 다양한 지식을 섭렵하기 위해서는 영어는 필수조건이라 생각했습니다. 그러나 수업시간은 독해에만 치중하는 경향이 있어서 균형 있게 영어를 공부하기엔 부족해보였습니다. 이를 보완하고자 영자신문동아리 '◇◇◇'에 가입해서 문법적으로 올바른 표현을 통해 정확하게 의도한 바를 영어로 풀어내고 어휘의 강도까지 신경 쓰며 세심하게 글을 첨삭받는 과정을 통해 깊이 있게 영작을 공부했습니다. 또한 영어자율동아리 '◇◇◇◇◇◇'를 만들어 TED의 강연을 자막 없이 시청하고 그 내용을 번역해보는 활동을 통해 회화능력 향상에도 힘썼습니다. 귀로 들으면서 내용을 따라가는 것을 힘들었지만 강연의 내용도 흥미로웠고 그 내용을 주제로 진행했던 토론을 준비하기 위해 더 집중할 수 있었습니다. **이렇게 공부한 내용들은 소논문을 작성하면서 외국의 논문들을 참고할 때 진가를 발휘할 수 있었고 영어를 공부하는 것이 왜 학자의 필수덕목인지 깨달을 수 있었습니다.**

· **대학수학능력시험 성적**

	국어	수학	영어	과학탐구	
유형/선택과목	A형	B형		물리 I	지구과학 II
등급	평균 2.5등급			평균 2.5등급	

위 사례는 자율동아리 활동으로 성과를 거둔 사례이다. 특히 자율동아리를 주도적으로 창립했고 자신의 진로에 맞는 높은 수준의 활동을 실제로 구현해냈다는 점을 성공 포인트로 볼 수 있다. 그리고 그런 활동을 각종 대회나 발표회 참여를 통해 충분히 표출하고 학생들의 공감을 얻어냈다는 점이 훌륭한 부분이다. 학생과 인터뷰해 본 결과 대학입시 면접에서도 논문 주제 설정과 논문 작성과정에 대한 교수님들의 질문이 이어졌다고 한다. 이런 측면에서 봐도 동아리활동이 위 학생의 대학입학에 영향을 주었다고 판단할 수 있다.

[사례 3] Q양 (일반고 34학급)

· 내신성적 – 2.58

· 대학진학결과

| 1차 합격 | | | 최종합격여부 (o, ×) |
학교명	학과	전형	
중앙대	수학과	농어촌전형	×
국민대	수학과	국민프런티어전형	o
세종대	수리통계학부	창의인재전형	o

· 동아리활동 수상실적

㉠ 동아리보고서 대회 1학년 2학기 우수상

㉡ 동아리 2학년대표 역임

위 학생은 1학년 2학기에 일반계 고등학생의 성적이 진로 성숙도와 어떤 상관관계가 있는가라는 주제로 동아리 부원 6명과 공동 연구하여 우수상을 수상했다.

· 생활기록부 동아리활동 기록

학년	동아리 이름	동아리활동 기록
1학년	학술연구동아리	· ㉠ 일반계 고등학생의 성적이 진로 성숙도와 어떤 상관관계가 있는가를 연구하는 과정에서 적극적인 설문조사와 분석하는 역할을 맡았고 연구를 통해 도출해낸 결과에 대해 기술함
2학년	학술연구동아리	· ㉡ 동아리 반장으로서 선배와의 대화, 학생들 진로관련 체험활동 등을 책임감 있게 기획하고 진행했던 내용들을 적음 · 고등학교에서의 지수로그함수와 삼각함수의 정의라는 연구 주제를 선정하여 연구 논문을 작성함으로써 자신의 진로를 더욱 성숙시키는 계기를 마련하였고 이 연구활동을 통해 알게 된 부분에 대해 적음
		과학동아리(자율동아리)
3학년	학술연구동아리	· '동아리에서 활동한 설문조사를 바탕으로 통계작업을 식섭 함으로씨 통계에 녹아 있는 수학적 원리들을 파악하는 시간을 가지며, 이를 분석하는 역할을 수행함. 통계와 관련된 수학 개념들을 정리하고 수학과 관련된 책과 자료의 조사를 통해 동아리활동을 통해 수학에 더욱 가까워지는 계기를 마련함'이라고 기록하여 학생이 자신의 진학분야를 위해 어떤 노력을 기울였는지 구체화시킴
		과학동아리(자율동아리)

위 학생은 다양하게 동아리활동을 한 특별한 사례는 아니지만 동아리 대표로서 동아리활동을 주도적으로 운영한 점과 연구논문을 작성하는 등 눈에 띌 만한 몇 가지 성과가 있다.

·자기소개서에 활용된 동아리활동

위 학생은 학술연구동아리에서 논문을 작성한 과정과 연구결과 도출한 부분을 자기소개서 2번 항목에 활용하였고 2년간 동아리대표로 활동했던 내용은 인성적 항목으로 ⓛ과 같이 3번 항목에 활용하였다. 특히 3번 항목에서는 동아리 대표로 서의 추진력을 자세히 묘사하듯 적었고 리더로서 다른 사람들의 의견을 어떻게 수용했는지에 대해 직접적으로 묘사한 점이 인상적이다.

2. 고등학교 재학 기간 중 본인이 의미를 두고 노력했던 교내활동을 배우고 느낀 점을 중심으로 3개 이내로 기술하세요. 단, 교외활동 중 학교장의 허락을 받고 참여한 활동은 포함됩니다. (1,500자 이내)

고등학교에 들어와 저 스스로에게 물음을 던지며, 확고한 진로를 형성하고자 '◇◇◇'라는 동아리에 가입했습니다. 주된 활동은 진로와 관련하여 논문을 작성하는 것이었고, 수학교수라는 꿈에 맞게 '지수로그함수와 삼각함수의 정의'를 주제로 선정했습니다. 주제에 대해 더욱 심층적으로 탐구하고자 논문 작성에 도전했지만, 연구동기작성과 결과 유도에 있어서 객관성을 확보하는 일이 매우 어려웠습니다. 하지만 저의 꿈에 다가가는 시작점이라 생각하며 포기하지 않고, 계속해서 논문을 작성했습니다. 그 후, 동아리 친구들과 세미나를 열어 각자 자신이 연구한 주제에 대해 발표하며 서로의 진로와 관련된 이야기를 나누었습니다. 이를 통해 제가 평소에 관심이 적었던 분야에 대한 내용도 이해할 수 있었습니다. 또한 증명 과정을 통해 수학에 대한 개념 정리를 할 수 있었고, 해결하지 못했던 문제들도 수월하게 풀어나갔습니다. 활동을 하면서 '정의'는 수학에 있어서 심장과 같은 역할을 한다는 것을 깨닫게 되어 수학 공부를 할 때 '정의'를 확실히 알고 넘어가는 습관이 생기게 되었습니다.

3. 학교생활 중 배려, 나눔, 협력, 갈등 관리 등을 실천한 사례를 들고, 그 과정을 통해 배우고 느낀 점을 기술해 주시기 바랍니다. (1,000자 이내)

ⓛ **동아리 부장을 맡으면서 모든 일에 책임감을 지니게 되었습니다.** 부장으로서 계획과 일정을 세우기 위해, 동아리 친구들을 모아 회의를 열어 각자의 의견을 내는 시간을 가졌습

니다. 하지만 서로의 진로와 꿈이 달랐기에 의견 충돌이 일어났습니다. 이과인 친구가 "과학체험관에 가자!"라고 말하면, 다른 친구는 "그곳은 문과인 우리에게는 도움이 되지 않잖아!"라고 말하며 반대 의견을 표출했습니다. 반대로 문과인 친구가 의견을 내면, 이과인 친구가 불리하다며 호응하지 않았습니다. 의견의 차이가 줄어들지 않자, 문과와 이과가 같이 할 수 있는 활동이 무엇인지 생각해보았습니다. 고민을 하던 중, 저희 동아리가 자신의 진로를 형성하기 위해 생긴 모임이라는 사실이 떠올랐습니다. 그렇기에 저는 문과와 이과, 어느 한쪽에 치우치지 않고 사회를 보는 폭이 넓어질 수 있는 활동을 해야겠다고 생각했습니다. 이런 저의 생각을 다른 친구들에게 널리 알리기 위해 동아리연합회에 참석하여 의견을 제시하였습니다. 제 의견을 듣고 뜻을 같이하는 동아리와 함께 '◇◇◇◇◇'이라는 동아리 소모임을 만들었습니다. 모임에서 정기적인 만남을 통해 국회와 청와대, □□□ 지방 법원 방문 계획을 세웠습니다. 동아리 친구들은 저의 생각에 동의하였고, 평상시에 체험하지 못했던 경험들이라며 참여하려는 의지를 보였습니다. 활동을 하면서 친구들이 적극적으로 나서는 모습을 보며 뿌듯함을 느꼈고, 즐거워하는 친구들의 미소를 잊을 수 없었습니다. **위의 경험을 통해, 어떤 조직을 이끌기 위해서는 다른 사람들의 의견을 존중해주는 리더십이 필요하다는 것을 깨달았습니다. 또한 이런 리더십은 독단적으로 행동하는 것이 아니라 더불어 가면서, 남을 위하는 자세를 갖출 때 더 빛을 발한다고 생각했습니다. 2년간 동아리 부장을 맡으면서 배려가 존중으로부터 시작이 된다는 것을 알게 되는 계기가 되었습니다. 또한 다른 사람들과 화합할 수 있는 리더가 되어야겠다고 다짐했습니다.**

・대학수학능력시험 성적

	국어	수학	영어	과학탐구	
유형/선택과목	A형	B형		지구과학Ⅰ	지구과학Ⅱ
등급		평균 4등급			평균 6등급

위 학생은 자기소개서를 통해 자신의 약점을 극복한 사례이다. 겉으로 보기에는 여성스럽고 강인하게 보이지 않는 외모가 오히려 면접할 때 마이너스 요인일 수 있었는데 자기소개서에서 동아리리더로서 활약했던 내용을 사실적으로 자세히 기록하여 혹시 생길 수 있는 선입견을 극복해냈다. 이렇게 자기소개서에는 학생 본인이 짧은 면접시간에 어필할 수 없는 부분들을 자세히 표현하면 자기소개서를 100% 잘 활용했다고 생각된다.

[사례 4] R양 (일반고 34학급)

· **내신성적** – 1.1

· **대학진학결과**

1차 합격			최종합격여부
학교명	학과	전형	(ㅇ, ×)
서울대학교	생명과학과	학교장추천	×
고려대학교	생명과학과	학교장추천	ㅇ
중앙대학교	생명과학과	학생부교과전형	ㅇ

· **동아리활동 수상실적**

㉠ **동아리보고서 대회 2학년 2학기 장려상**

위 학생은 에볼라 바이러스에 대해 고등학생들이 어떻게 인식하는지에 대해 동아리 부원 1명과 팀으로 소논문을 작성하여 동아리보고서 대회에서 장려상을 수상했다. 논문은 에볼라 바이러스에 대한 배경지식과 인식·태도조사로 내용이 구성되어 있는데 수상을 하긴 했지만 탐구과정이 미흡하여 장려상에 그쳤다.

· **생활기록부 동아리활동 기록**

학년	동아리 이름	동아리활동 기록
1학년		사이버외교동아리
2학년	학술연구동아리	· ㉠ **2학기에 학생의 관심분야인 보건 및 의료관련 분야인 에볼라 바이러스에 대해 고등학교 학생들의 인식이 어떤한지에 대해 조사하여 이를 통해서 학생들이 전염병에 대해 어떤 잘못된 인식을 갖고 있고 그런 인식들을 개선하기 위해 어떤 노력을 해야 하는지에 대해 방안을 제시했다고 연구활동을 기록함**
		과학실험동아리(자율동아리)
3학년	학술연구동아리	· 생명공학기술에 대한 다양한 기술과 원리에 대해 조사하고 이와 관련된 윤리적인 논란부분에 대해 토론하는 등 진로 관련된 다양한 활동을 진행하였다고 기술함 · 집단 토론과정에서 학생이 자신의 장점과 단점을 찾고 이를 개선하려고 노력한 과정에 대해서도 적음

위 학생은 내신성적이 우수한 학생으로 동아리활동이 대학합격 여부에 얼마나 결정적으로 영향을 미쳤을지는 정확히 알 순 없지만 비교과활동 중 하나로서 동아리활동이 큰 역할을 했음은 분명한 사실이다.

·자기소개서에 활용된 동아리활동

아래 내용은 위 동아리 수상내용 ㉠과 관련된 것이다. 장려상을 수상한 논문을 작성하는 과정을 자세히 적었고 논문 작성을 위한 설문조사를 어떻게 했는지도 자세히 나와 있어 학생의 노력이 고스란히 드러나 자료의 활용도가 좋았다고 본다.

---

2. 고등학교 재학 기간 중 본인이 의미를 두고 노력했던 교내활동을 배우고 느낀 점을 중심으로 3개 이내로 기술하세요. 단, 교외활동 중 학교장의 허락을 받고 참여한 활동은 포함됩니다. (1,500자 이내)

항상 호기심을 가지고 탐구하는 자세를 갖자는 의미의 논문 작성 동아리 '◇◇◇'에 가입했습니다. 논문 작성 외에 자율적인 활동으로 저는 과학을 주제로 한 토론회를 제안하였습니다. 토론의 사회자로 참여하여 친구들의 다양한 생각을 들어보며 지금까지 GMO, 배아줄기세포 등의 생명윤리 문제에 대해 생각했던 것들이 너무 단편적이었다는 것을 알게 되었습니다. 토론자들은 과학 활동에만 관심이 있는 것이 아니었습니다. 친구들은 과학기술을 생활에 적용하고 그것이 사회에 미치는 영향에도 관심을 보였습니다. 친구들의 토론 장면에서는 새로운 지식의 습득에만 관심을 두는 저의 모습이 비추어졌고 정말 실망스러운 저의 모습을 발견했습니다. 친구들과의 토론에서 과학기술을 생활에 적용할 때 사회에 미치는 영향에도 주목해야 한다는 것을 크게 깨달았습니다. 이를 통해 과학기술이 비윤리적 목적으로 사용되면 사회적인 문제가 발생할 수 있다는 것을 배웠고 과학기술을 올바르게 사용하는 연구원이 되겠다는 신념을 가지게 되었습니다.
㉠ **2학년 때 한창 에볼라 바이러스에 대한 공포심이 커지자 저는 그 원인을 헛소문과 부족한 정보 때문이라고 생각했습니다. 이를 직접 확인하기 위해 학생들이 가지고 있는 에볼라에 대한 지식수준과 공포감을 설문조사하기로 하였습니다. 설문지의 지식수준 부분을 작성할 때는 질병관리본부 홈페이지를 참고하여 에볼라와 관련된 지식을 찾아보았습니다. 이를 토대로 에볼라의 예방법, 전염경로 등을 알고 있는지 확인하는 문항을 만들었고 공포감 부분에서는 에볼라를 두려워하는 정도를 확인하는 문항을 만들었습니다. 조사를 통해 유행성 질병에 대응하기 위해서는 질병에 대한 정보를 정확히 숙지해야 한다는 결론을 내릴 수 있었습니다. 의문점이 생겼을 때 단순히 검색해서 알아내는 방법을 사용하지 않고 직접 사람들의 의견을 모아보는 경험을 한 것은 처음이었습니다. 이를 통해 객관적인 관점을 유지하고 정확한 정보를 바탕으로 상황을 분석하는 것의 중요성을 깨달았습니다.**

· 대학수학능력시험 성적

	국어	수학	영어	과학탐구	
유형/선택과목	A형	B형		지구과학 I	생명과학 II
등급		평균 2.5등급		평균 4등급	

위 학생은 성적이 최상위권 학생으로 동아리활동이 비교과영역의 하나로써 전체적인 균형을 맞추는 데 중요한 역할을 했으리라 생각된다. 우선 다양한 동아리활동으로 여러 영역을 확대하진 못했고 자기소개서나 생활기록부에도 이런 부분이 드러난다. 하지만 동아리활동 중 가장 심도 있게 연구했던 논문주제나 토론주제를 언급하며 내신 성적 최상위권 학생이 공부만 하는 학생이 아닌 전공에 대해 연구하고 토론하고 다른 학생들과 소통할 수 있는 학생임을 증명해 합격의 기초를 단단히 다지는 역할을 했으리라 분석된다.

[사례 5] S군 (일반고 34학급)

· 내신성적 – 4.3

· 대학진학결과

1차 합격			최종합격여부 (○, ×)
학교명	학과	전형	
경기대	기계시스템공학과	학생부종합전형	○
서울과학기술대	매카트로닉과	학생부종합전형	○
강원대	기계응용공학과	학생부종합전형	×

· 동아리활동 수상실적

동아리보고서 대회 1학년 1학기 우수상

동아리보고서 대회 1학년 2학기 우수상

동아리보고서 대회 2학년 1학기 최우수상

동아리보고서 대회 2학년 2학기 장려상

㉠ <u>**동아리학술논문발표회 논문작성 및 PPT 발표 (2학년)**</u>
㉡ <u>**동아리 회장 역임 (2, 3학년)**</u>
동아리연합회 수학·과학팀장 역임 (2학년)

    위 학생은 발명동아리에서 부원 모두가 참여하는 '대한민국 학생발명 전시회', '전국학생설계 경진대회'에 참가했던 과정과 참여 작품으로 보고서를 작성하여 매번 수상의 영광을 얻었다. 동아리 학술논문발표회에서는 TETRIX를 이용해 개발한 농구로봇의 연구과정을 2명의 동아리 부원들과 공동으로 논문을 작성하여 발표했고 실제로 로봇이 농구하는 모습을 시연하여 관중들의 엄청난 호응을 받았다. 그리고 동아리만의 학생회인 동아리연합회에서 수학·과학팀장을 맡아 동아리활동 중 이과동아리의 전반적인 관리를 맡아 책임감 있게 운영했다.

·생활기록부 동아리활동 기록

학년	동아리 이름	동아리활동 기록
1학년		발명로봇동아리
2학년	발명동아리	• ㉡ **'동아리의 회장으로 1년 동안 후배들과 선배들 사이에서 중간 다리 역할을 성실하게 함. 수업이 있을 때 학습 분위기, 토론이 있을 때는 발표하는 데 있어 자유로운 분위기를 조성하여 동아리활동이 원활하게 진행됨'**이라고 동아리에서 발휘한 리더십에 대해서 적음 • 발명아이디어를 창출하기 위해 노력하여 '링거 줄 길이 조절 장치', '구명부기 가방' 등의 발명아이디어를 냈음을 구체적으로 기록함 • 교외 체험활동과 대회를 통해 로봇을 만들고 연구하는데 중요한 경험이 되었다는 내용이 대회명과 참여한 체험활동의 이름, 현장에서의 학생이 맡은 역할을 구체적으로 기술함
3학년	발명동아리	• ㉡ **발명동아리의 부장으로 동아리 시간뿐만 아니라 점심시간까지 시간을 따로 만들어 학생들과 발명 아이디어 조별 회의와 동아리활동에 대한 열정적인 논의를 했음에 대해 기록함** • 3학년임에도 불구하고 동아리 후배들에게 동아리활동이 노하우를 알려주고 발명아이디어 창출을 게을리하지 않는 모습을 보여 다른 학생들에게 모범이 되었음을 기록함
	로봇동아리	• 3학년이지만 동아리프로젝트 활동을 열심히 했고 3년째 하는 활동에 설계방법과 전문성만 더하면 발전가능성이 훨씬 높을 것이라고 학생의 가능성에 대해 적음

위 학생은 3년 동안 오로지 발명과 로봇 관련된 동아리활동을 열성적으로 참여하고 동아리의 교내외 대회나 발표에 거의 다 참여했고 좋은 성과도 거두었다. 이런 참여내용들이 생활기록부에 자세히 적혔고 활동의 성과가 모두 인정되어 본인의 성적에 비해 우수한 대학에 모두 합격하는 좋은 결과를 얻었다. 동아리활동이 합격의 성패를 가르는 중요한 스펙임을 증명한 사례이다.

·자기소개서에 활용된 동아리활동

㉠은 농구하는 로봇을 개발한 내용인데 이 내용을 바탕으로 동아리 학술논문발표회에 참여해 발표와 로봇시연을 했었고 ㉡은 동아리 회장으로서 2년 동안 했던 활동과 관련된 내용으로 학생의 리더십이 강조되어 있다.

---

2. 고등학교 재학 기간 중 본인이 의미를 두고 노력했던 교내활동을 배우고 느낀 점을 중심으로 3개 이내로 기술하세요. 단, 교외활동 중 학교장의 허락을 받고 참여한 활동은 포함됩니다. (1,500자 이내)

고등학교 1학년 때부터 저의 진로는 자동차개발자였습니다. 대학교에서 공학을 배우려면 창의적인 생각과 정리하는 습관이 필요하다고 생각했습니다. 이를 이루기 위해 아이디어를 구상하고, 로봇을 제작하고, 활동 후 보고서 남기기를 목표로 삼았습니다.

㉠ 동아리에서 로봇제작활동을 하며 프로그래밍과 하드웨어 제작을 했습니다. 하지만 주로 사용한 마인드스톰의 경우 플라스틱 재질로 구성되어 있어서 좀 더 견고한 로봇을 다뤄보고 싶었습니다. 알루미늄으로 되어 있는 TETRIX를 이용해 농구로봇을 만들었습니다. 제 역할은 공을 골대에 넣기 위해 들어 올릴 수 있는 로봇 팔을 만드는 일이었습니다. 로봇의 구조를 생각하던 중 문득 부모님 방 벽에 걸려 있던 '자바라 옷걸이'가 떠올랐습니다. '자바라 옷걸이'의 구조를 응용해 앞에 집게가 달린 ㄷ자형 리프트를 구상할 수 있었습니다. 무심코 지나다니며 본 물건을 응용해 저희 팀만의 독특한 구조물을 만들 수 있었던 것입니다. 이 경험을 통해 세상에 허투루 볼 것은 하나도 없다는 것을 깨닫게 되었습니다. 더불어 주변의 사물을 주의 깊게 관찰하는 습관을 가지게 되었습니다.

1학년 때부터 진로에 관심이 많아 진로 관련 활동을 꾸준히 했습니다. 하지만 기록을 하지 않아 학기가 끝나면 무슨 활동을 했는지 기억이 안 났고, 정리를 시작하게 된 계기가 되었습니다. 활동을 할 때마다 사진으로 남기고, 활동 후에 컴퓨터로 육하원칙에 맞춰 12줄 정도로 정리했습니다. 그리고 방학과 같이 시간이 많이 생기는 시기에 활동한 것을 되새기면서 한편의 보고서 형태로 정리했습니다. 거듭된 글쓰기로 인해 글을 쓰는 자신감이 생겼습니다. 이과 친구들은 글을 못 쓴다는 생각이 지배적인데, 글 쓰는 것을 피하지 않고 도전한 결과 문과 친구들과 비교해도 부족하지 않은 글쓰기 실력을 갖추게 되었습니다. 제 포트폴리오에는 활동 후 작성한 보고서들과 수행평가 때 제작한 자료들이 차곡차곡 쌓여갔고 ⓛ **정리한 것을 바탕으로 진로탐구대회와 동아리활동 보고서 대회에서 좋은 성적을 거둘 수 있었습니다.**

3. 학교생활 중 배려, 나눔, 협력, 갈등관리 등을 실천한 사례를 들고, 그 과정을 통해 배우고 느낀 점을 기술하세요. (1,000자 이내)

ⓒ **로봇대회를 나가는 중학생 후배들을 위해 주말과 점심시간을 이용해 멘토가 되어준 적이 있습니다. 마방진 미션을 해결하기 위해 기동성이 뛰어나고 튼튼한 로봇을 만들어야 했습니다. 후배들이 만든 로봇이 어떤 점이 부족한지, 어떤 점을 보강해야 하는지 수정해야 할 점을 주로 알려주었습니다. 해결법을 알려주면 쉽게 만들 수 있지만, 쉽게 잊어버리기 때문입니다. 후배들의 노력에도 불구하고 입상은 못 했지만, 중학교에서 학생들의 열정을 높이 사 로봇동아리가 개설되게 된 계기가 되었습니다. 후배들이 자신의 꿈을 더 일찍 펼칠 수 있게 되어서 전 감격을 느꼈습니다. 중학교 시절 로봇을 하고 싶었지만 할 수 있는 환경이 없어 포기해야만 했던 기억이 있기 때문입니다. 누군가의 멘토가 된다는 것이 처음에는 부담스러웠고 '잘할 수 있을까?' 하는 생각도 들었습니다. 이 활동을 통해 후배들에게 작은 도움을 주는 것만으로도 멘토가 될 수 있다는 것을 깨달을 수 있었습니다.**

・대학수학능력시험 성적

	국어	수학	영어	과학탐구	
유형/선택과목	A형	B형		물리 I	지구과학 I
등급	평균 5.6등급			평균 5.5등급	

위 학생은 내신 성적은 낮지만 동아리활동이라는 비교과활동 스펙으로 자신이 관심 있어 하는 분야의 동아리에 1학년 때부터 들어가 3년간 오로지 '발명로봇'이라는 한 우물만을 파 대학합격을 이루어낸 대표적인 동아리활동 우수사례이다. 동아리활동을 통해 '발명로봇' 분야의 학생실력도 3년간 몰라보게 발전했고 실력을 향상시키기 위해 학생이 노력했던 내용과 과정들이 생활기록부와 자기소개서에 진정성 있게 기술되어 대학진학 학과와 관련된 능력을 인정받고 대학합격이라는 결실을 이룬 동아리활동의 성공사례이다.

[사례 6] T군 (일반고 34학급)

· **내신성적** – 1.8

· **대학진학결과**

| | 1차 합격 | | 최종합격여부 |
학교명	학과	전형	(ㅇ, ×)
중앙대	수학과	학생부종합전형	ㅇ
경희대	수학과	학생부종합전형	ㅇ

· **동아리활동 수상실적**

㉠ **동아리보고서 대회 2학년 1학기 최우수상**

㉡ **동아리학술논문발표회 논문작성 및 PPT 발표 (2학년)**

㉢ **자율동아리 대표 역임 (2학년)**

위 학생은 2학년 때 물리천문학 자율동아리를 구성하여 2명의 부원들과 함께 보고서를 작성해 최우수상을 수상했다. 보고서는 지평좌표계와 적도 좌표계, 망원경, 표준모형, 중력파, 별의 탄생과정 및 진화과정, 인플레이션, 별의 물리량, 별의 종류 등에 관해 각 항목마다 얇은 잡지를 만들어 모아놓은 것이었고, 이 수상으로 학술논문발표회에 참가할 자격을 얻었다. 동아리학술논문발표회에선 '고등학생의 물리학에 대한 인식조사와 개선방향 제시'를 주제로 논문을 공동으로 작성했다.

· **생활기록부 동아리활동 기록**

학년	동아리 이름	동아리활동 기록
1학년	수학동아리	• 수학과 게임을 접목한 다양한 창의적인 수학게임을 만드는 활동에서 성공과 실패의 경험을 통해 창의성을 길렀다고 기록함 • 일대일 멘토링 제도를 통해 선배들과 수학공부를 했고 수학교재 제작이라는 장기적인 프로젝트를 진행하면서 한 가지 단원에 대한 문제를 만들과 관련된 문제풀이 동영상을 만드는 적극성을 보였다고 적음
2학년	수학동아리	• **㉣ 확률의 발전에 영향을 끼친 수학자와 확률이 중요한 이유에 대해 조사하여 작성·발표하여 확률에 대한 이해도가 높아졌다고 기술함**
	문학토론동아리 (자율동아리)	• **㉤ '이과 학생이지만 문과 공부에도 열심히 학생은 동아리 대표까지 맡고 있음. 두툼한 자료집을 만들고 친구와 후배들을 이끌어 작가 생가를 탐방하는 과정에서 보여주는 리더십이 돋보임**'이라고 기록함

	천문물리동아리 (자율동아리)	• ㉠ **"중력파, 빅뱅이론에 기초한 우주의 탄생과 미래, 전파 천문 등 어려운 천문학의 내용을 쉬운 내용으로 정리하여 발표하는 시간을 가짐. 이를 바탕으로 교내 천문학 잡지 제작.** ㉡ **'물리학의 대중화'라는 제목의 논문을 제작하여 발표함"**이라고 적음
3학년		수학동아리

생활기록부에는 동아리활동으로 수상한 내용은 ㉠, ㉡과 같이 짤막하게 언급되어 있고 ㉢과 같이 동아리 대표로서의 리더십과 ㉣과 같은 실질적이고 의미 있었던 동아리활동이 자세히 기록되어 있다. 전반적으로 가입한 동아리의 종류도 다양하고 학생이 필요로 했던 요소들을 채우기 위해 동아리활동은 매우 시기적절했다고 보여 진다. 특히 수학·과학동아리 활동과 토론동아리를 병행하며 문·이과 융합적 사고능력을 키웠다는 게 주목할 만한 점이다.

• 자기소개서에 활용된 동아리활동

위 학생은 자기소개서에서도 문·이과 융합적인 태도를 나타내는 점이 매우 특이하다. 이과계열 진학학생임에도 불구하고 문과적 능력의 부족함을 보태기 위해 노력했던 부분을 적어놓았는데 이 부분이 매우 특이한 점이다. 그리고 이과적인 활동도 수준 있고 깊이 있는 내용이라 학생의 창의력에 대해 호기심을 갖게 한다.

---

1. 고등학교 재학 기간 중, 학업에 기울인 노력과 학습경험에 대해, 배우고 느낀 점을 중심으로 기술하세요. (1,000자 이내)

저는 1학년 때부터 수학을 제외한 영어, 국어 성적이 좋지 않았습니다. 그래서 ㉢ **저는 두려움을 없애고 국어 성적을 향상시키기 위해 저와 같은 고민을 하고 있는 친구들과 함께 문학토론 자율동아리를 만들었습니다. 이 동아리에서 담당 선생님을 통해 국어에 대한 기초적인 지식을 쌓았고 선생님께서 추천해주신 문학 작품들을 모든 동아리원들이 읽고 나서 개인적인 느낌을 발표하고 그것에 대한 동아리원들 간의 평가와 조언을 하는 활동을 하였습니다. 이러한 활동들을 통해 국어에 대한 두려움을 떨쳐버릴 수 있었고 전반적인 국어 성적을 향상시킬 수 있었습니다.**

2. 고등학교 재학 기간 중 본인이 의미를 두고 노력했던 교내활동을 배우고 느낀 점을 중심으로 3개 이내로 기술하세요. 단, 교외활동 중 학교장의 허락을 받고 참여한 활동은 포함됩니다. (1,500자 이내)

·대학수학능력시험 성적

	국어	수학	영어	사회탐구	
유형/선택과목	B형	A형		동아시아사	세계사
등급		평균 3.5등급		평균 2.5등급	

위 학생은 문·이과 통합형 생활기록부와 자기소개서 사례이다. 일반적으로 학생들은 본인진로와 관련된 동아리활동만으로 생활기록부를 채워나가야 한다는 생각을 하는 반면 위 학생은 자신의 진로와 관련된 활동의 깊이를 더해가면서도 자신이 부족한 문과적인 성향을 채워나가기 위해 끊임없이 노력한 태도가 미래지향적인 리더의 모습이라고 생각된다.

[사례 7] U군 (일반고 34학급)

·내신성적 – 3.7

·대학진학결과

1차 합격			최종합격여부
학교명	학과	전형	(○, ×)
국민대학교	전자공학과	농어촌전형	○

·동아리활동 수상실적

동아리보고서 대회 1학년 2학기 우수상

 위 학생은 동아리에서 했던 모든 활동들과 자신의 발명품을 창출하는 과정과 그 내용들을 일목요연하게 정리하여 보고서를 작성했고 보고서대회에서 수상하는 결과를 얻었다.

·생활기록부 동아리활동 기록

학년	동아리 이름	동아리활동 기록
1학년	발명로봇동아리	· 발표수업과 부스 운영 등을 통해서 학생의 태도가 달라졌음에 대해 기록함 · 학생이 창출한 아이디어를 구체적으로 제시함 · 발명교육센터와 동계 발명캠프, 창의력 대회, 대한민국 학생발명 전시회 등 동아리 교외체험활동과 그 활동 중 학생의 역할과 발전한 부분에 대한 언급이 있음 · ㉠ **'대한민국 청소년 박람회 부스 운영 준비과정에서 판넬을 만들 부재료를 준비하고 부스 운영에서 다른 사람들에게 로봇의 작동방법을 알려주는 역할을 맡아 충실히 수행하는 등 적극적인 모습을 보임. 부스 운영 시 다른 사람들에게 설명을 함으로써 자신의 지식을 공유할 수 있고 그 과정에서 본인이 깨닫는 것도 많았다고 함'**이라고 기록함
2학년	발명로봇동아리	· 학생이 창출한 아이디어를 구체적으로 제시함 · 동아리 교외체험활동과 그 활동을 통해 학생이 성장한 점을 강조하여 내용을 작성했음
3학년	발명로봇동아리	· 후배들의 아이디어의 개선점을 설명해주고 자신의 아이디어를 설명하면서 함께 발전시키는 모습이 보기 좋았다고 적음 · 주변을 관찰하는 능력이 우수하여 가정이나 생활 주변에서 느낄 수 있는 불편함을 아이디어로 창출하였다고 기술하면서 어떤 발명 아이디어를 냈는지 사례를 언급함

 1학년 때 동아리활동 생활기록부 기록이 제한 글자 수만큼 꽉 채워져 있다. 위 학생이 1학년 때는 생활기록부 동아리활동 입력 가능 글자 수가 현재보다 훨씬 많아 동아리 담당교사가 학생의 활동내용을 제한글자수가 다 채워질 때까지 자세히 적었다. 2, 3학년의 동아리활동 생활기록부내용도 자세히 적혀 있어 활동내용만 보더라도 학생의 전공에 대한 지식과 수준이 크게 높아졌으리라는 확신을 준다. ㉠은 보고서대회에서 상을 받았던 내용이다.

・자기소개서에 활용된 동아리활동

자기소개서에는 다양하고 열정적인 동아리활동 내용보다는 동아리활동을 통해 성격상 본인이 바꾸기 힘들었던 부분을 어떻게 바꾸게 되었는지에 대해 강조되어 있고 그런 과정을 적은 내용들의 진정성이 돋보인다. 하지만 보고서대회에서 수상했던 부분이나 수상을 위해 노력했던 많은 동아리활동이 활용되지 못한 아쉬움이 있다.

2. 고등학교 재학 기간 중 본인이 의미를 두고 노력했던 교내활동을 배우고 느낀 점을 중심으로 3개 이내로 기술하세요. 단, 교외활동 중 학교장의 허락을 받고 참여한 활동은 포함됩니다. (1,500자 이내)

동아리활동 시간 때 운영했던 부스도 내게 많은 영감을 주었습니다. 처음 동아리활동을 시작했을 때 발명대회나 로봇을 만드는 일은 예상했던 일이지만 부스 운영은 상상도 못 했던 일이었습니다. 처음에는 당황해서 어설프고 말끝도 흐리고 사람들 앞에 나서는 것만 해도 쑥스러워서 말을 잘 못했는데, 부스 운영을 통해 다른 사람들에게 설명해줌으로써 발표능력도 길러졌고, 다른 사람 앞에서도 말주변을 흐리지 않고 또박또박 말할 수 있게 되었습니다. 그리고 말을 할 때 상대방의 눈을 똑바로 쳐다보는 것이 부담스러워 못 봤는데, 부스 운영을 통해 여러 사람들과 골고루 눈을 맞춰가며 이야기를 하다 보니 눈을 맞추면서 이야기하는 것이 얼마나 중요한지 깨닫고, 눈을 마주쳐야 진정한 소통이 된다는 걸 알고 난 후, 평상시에도 눈을 맞춰가며 이야기하는 연습을 하고 있습니다.
소통은 '나의 또 다른 자아'라고 말하고 싶습니다. 소통이 있어야 발전이 된다는 생각을 항상 마음속에 담아두며, 나의 의견은 틀린 것이 아니라 다른 것이라는 마인드를 가지며 끊임없이 소통하는 인간이 되도록 노력하겠습니다.

・대학수학능력시험 성적

	국어	수학	영어	과학탐구	
유형/선택과목	A형	B형		물리 I	화학 I
등급	평균 5등급			평균 5등급	

위 학생은 동아리활동이 대학합격에 크게 영향을 준 사례로 볼 수 있다. 내신성적에 비해 좋은 진학결과를 얻은 것은 3년 동안 꾸준히 자신의 진학방향에 초점을 맞춰 다양한 동아리활동을 했고 동아리활동에서도 교내활동에 그치지 않고

각종 대회와 교외체험행사참여를 통해 전문적인 지식과 기술을 습득해 거둔 성과
라고 추측해볼 만하다.

[사례 8] V양 (일반고 32학급)

· **내신성적** – 1.8

· **대학진학결과**

| 1차 합격 | | | 최종합격여부 |
학교명	학과	전형	(○, ×)
한양대	건축학과	농어촌전형	○
중앙대	건축학과	농어촌전형	○
이화여대	건축학과	농어촌전형	○
서울시립대	건축학과	농어촌전형	○

· **동아리활동 수상실적**

동아리보고서 대회 2학년 1학기 우수상

㉠ **동아리보고서 대회 2학년 2학기 우수상**

동아리보고서 대회 3학년 1학기 우수상

㉡ **동아리회장 역임 (2, 3학년)**

위 학생은 2학년 때 본인이 직접 학생들을 모아 건축동아리를 만들었고 동아리
에서 만든 모형건축물을 만들어보고 만든 과정과 그것을 만들기 위해 여러 건물
을 탐방했던 내용들을 모아 보고서를 작성했고 그 보고서들이 모두 수상된 좋은
결과를 낳았다. 실질적인 활동에 관련된 독서활동까지 포함하여 내용이 풍부한
보고서를 작성해냈다.

· 생활기록부 동아리활동 기록

학년	동아리 이름	동아리활동 기록
1학년		실습노작동아리
2학년	건축동아리	· ⓒ 동아리 회장을 맡아 전체 활동을 모두 계획하고 활동특성에 맞게 조를 나누고 부원들을 배정하여 동아리 전체를 운영하는 데 남다른 리더십을 보였다고 적음 · 인간과 자연, 우리 모두를 위한 '에코하우스 만들기'에서 과학시간에 배운 지구 온난화에 대한 학습내용을 바탕으로 이를 극복하기 위한 집 디자인을 조원들과 함께 실제로 해보고 이 디자인을 바탕으로 모형을 제작해보았다고 기록함 · ⓐ '복층구조의 집 만들기' 모형제작에서는 조원들과 공간구성의 효율성을 극대화할 수 있는 방법을 모색하여 첫 번째 모형을 만들었을 때의 미흡했던 점을 보완하면서 섬세하고 완성도 있는 건축설계를 마무리했다고 적음 · ⓒ 동아리 회장으로서 동아리를 대표할 수 있는 동아리마크를 만들어 '사람을 위한 건축물'을 만들고자 하는 신념을 더욱 확고히 하였고 동아리 부원들에게 동아리에 대한 자부심을 갖도록 하는 계기를 마련하였다고 기술해 학생의 리더십에 대해 자세히 언급함
3학년	건축동아리	· 여러 가지 활동을 통해 부원들의 단합된 모습을 이끌어내고 신입부원들과의 협력을 위해 다양한 활동을 기획하는 모습에서 뛰어난 리더십을 발휘했음에 대해 강조하여 적음 · 건축모형을 부원들과 함께 만들고 그 작업 중 설계와 디자인을 담당하여 여러 사람의 의견을 조율하는 역할을 담당했다고 기록함 · 송승훈 선생님의 『제가 살고 싶은 집은……』이라는 책을 읽고 직접 그 집에 찾아가 집의 구조와 설계를 자세히 알아보는 노력을 기울였다고 적음

위 학생은 1학년 말에 건축학과 진학의 목표를 정하고 2학년 때 건축동아리를 창립했고 3년간 이 동아리활동에만 초점을 맞춰 집중적으로 활동했다.

· 자기소개서에 활용된 동아리활동

위 학생은 본인의 진학분야에 대한 도전으로 동아리를 직접 창립했다는 부분을 강조하며 2번 항목에 동아리활동 내용을 구체적으로 작성했다. 활동 내용 중 건축모형을 직접 만들었다는 부분을 통해 건축학에 대한 남다른 열정과 노력, 도전 정신을 과감하게 드러냈다.

2. 고등학교 재학 기간 중 본인이 의미를 두고 노력했던 교내활동을 배우고 느낀 점을 중심으로 3개 이내로 기술하세요. 단, 교외활동 중 학교장의 허락을 받고 참여한 활동은 포함됩니다. (1,500자 이내)

건축사 사무소를 체험한 후 진로와 관련된 활동들을 찾아보기 시작하였고 건축 관련 활동을 위한 동아리인 '디인'을 만들었습니다. 우선 기본적인 지식을 키우기 위해서 한 독서활동을 통해 '집이란 세상을 바라보고, 또 나 자신을 들여다보기도 하는 곳이다'는 부분에서 큰 감명을 받았습니다. 환경을 잘 이해하고 목적과 기초에 충실한 건축가, 사람을 위하고 사람을 만드는 건축가가 될 것이라는 다짐을 하였습니다. 건축 전시, 건축 박람회에 다니며 보는 것에만 익숙해 있던 ㉠ **저는 '건축 모형 만들기' 활동을 하면서 전반적인 건축의 과정을 체험할 수 있었습니다. 처음에는 부족한 점이 많았지만, 반복을 거쳐 부족한 점을 채워 나갔습니다. 눈으로 보고 귀로 듣는 것보다는 직접 해보는 것이 효과적이라 생각하게 되었습니다. 또한 한 번 하고 끝내는 것이 아니라 반복하면서 스스로 해결책을 찾아 나가는 것이 의지, 끈기 그리고 건축에서 꼭 필요한 창의력에서 좋은 결과를 얻는 방법이라는 것을 배우게 되었습니다.**

· 대학수학능력시험 성적: 수능 미응시

위 학생은 합리적으로 동아리활동을 운영한 사례이다. 내신 성적도 상위권 학생으로 다양한 동아리활동이 오히려 성적하락이라는 결과를 낳을 수도 있다는 우려를 갖고 본인에게 꼭 필요한 건축과 관련된 동아리활동에 모든 열정을 집중력 있게 쏟아부었다. 한정된 시간 안에 여러 가지 활동의 최대한 결과를 얻어내야 하는 현실 속에서 위 학생은 매우 합리적인 선택을 했다고 볼 수 있다. 동아리활동을 어떻게 현명하게 운영하고 참여할까 하는 학생들의 고민에 이 방법이 하나의 답이 되지 않을까 싶다.

[사례 9] W군 (일반고 34학급)

· 내신성적 – 4.3

· 대학진학결과

1차 합격			최종합격여부 (O, ×)
학교명	학과	전형	
광운대	전자융합공학과	학생부종합전형	○
한국외대	컴퓨터시스템공학과	학생부종합전형	○

· **동아리활동 수상실적**

동아리보고서 대회 1학년 2학기 장려상

동아리보고서 대회 2학년 2학기 최우수상

㉠ **동아리 2학년 부대표 역임**

㉡ **동아리 대표 역임 (3학년)**

위 학생은 동아리에서 했던 교내외 대회 및 체험활동을 모두 다이어리식으로 보고서를 작성하여 1, 2학년 2학기에 모두 수상하는 영광을 누렸다.

· **생활기록부 동아리활동 기록**

학년	동아리 이름	동아리활동 기록
1학년	발명로봇동아리	· 조별 프로젝트로 실시한 Nature's Fury 미션 수행로봇과 축구 로봇대회에서 맡은 역할과 성과에 대해 적음 · 학생이 창출한 다양한 아이디어와 이에 대한 설명을 기록함 · 점프 벼룩시장에서 학교 동아리 홍보 부스를 운영하기 위해서 로봇에 필요한 부품들을 준비하고 부스 운영에서는 총을 쏘는 로봇을 안내하는 역할을 맡아 성실히 수행해 학교와 동아리를 적극 홍보하였다고 기록함 · 대전 발명교육센터에서 발명의 과정과 로봇강의를 들으며 배웠던 내용과 이를 통해 학생의 변화된 태도에 대해 기술함 · 동계발명캠프를 통해서 별자리 찾기 및 창의력 대회를 실시하였고 캠프와 대회에서 학생이 참여했던 부분과 거두었던 성과에 대해 적음 · 로봇 프로그램을 맡아 미션을 수행하기 위한 프로그램을 만들면서 학생이 이 미션에서 공헌했던 부분과 실력이 향상된 부분에 대해 기록함
2학년	발명로봇동아리	· ㉠ **동아리의 부회장으로 1년 동안 로봇 교육에 대해서 후배들을 잘 이끌어 주었다고 기록함** · 로봇을 제작하면서 다양한 사고를 통해서 로봇 교육에 보다 편리하게 사용할 수 있는 스톱워치, 타이머 로봇을 만들었고 로봇의 정확성을 높이기 위해 갖가지 노력하는 모습에 대해 사례를 들어 설명함 · 대한민국 청소년 박람회의 로봇 프로그래밍 총괄을 맡아 후배들에게 프로그램을 가르쳐주는 등 성공적인 부스 운영에 큰 역할을 했다고 기록함
3학년	발명동아리	· 발명동아리 활동을 하면서 배웠던 매체를 활용한 발명품 찾기 및 주변 사물을 탐구하여 발명품 찾기를 통해서 학생이 창출해낸 아이디어를 설명과 함께 기록함 · 점심시간에 실시한 조별 아이디어 토론에서 후배들의 아이디어에 조언을 해주고 스케치업을 활용하여 도면 제작하는 일을 도와주는 등 자신의 일이 아님에도 적극적으로 도와주는 태도를 강조하여 기술함
	로봇동아리 (자율동아리)	· ㉡ **로봇동아리 부장으로서 책임감이 강함** · 하드웨어보다는 프로그래밍을 통한 제어에 관심이 많은 학생이라고 기록함 · RobotC 프로그램에 대한 수업 자료를 제작하여 후배 양성에 큰 도움을 주는 리더십을 발휘했음을 강조함

생활기록부 기록 내용은 모두 학생의 진학분야와 관련된 내용이고 이 내용들을 보면 학생이 3년 동안 동아리활동을 통해 얼마나 많은 지식과 노하우를 습득하고 관련분야의 실력이 향상되었는지를 확인할 수 있다. 다만 보고서대회의 수상내용에 대한 보고서 주제나 작성과정의 내용이 없다는 게 아쉬운 점이다.

· 자기소개서에 활용된 동아리활동

동아리활동이 위 학생의 진학분야에 관련된 것이라 자기소개서에 충분이 그 내용들을 활용했다. 2번 항목, 3번 항목에 활동내용이 자세히 나타나도록 적었고 내용들이 생활기록부의 기록을 근거로 하고 있어 내용에 대한 신뢰도가 매우 높다.

---

2. 고등학교 재학 기간 중 본인이 의미를 두고 노력했던 교내활동을 배우고 느낀 점을 중심으로 3개 이내로 기술하세요. 단, 교외활동 중 학교장의 허락을 받고 참여한 활동은 포함됩니다. (1,500자 이내)

1학년 여름방학에 특허청 학생발명교육과정에서 'body forward'라는 주제를 가지고 주어진 과제를 수행하는 프로그래밍에 도전하였습니다. 평소에 스스로 움직이는 로봇에 관심이 많아서 프로그래머를 맡았습니다. 방과후 로봇수업을 통해 이론적인 부분은 알고 있었기 때문에 알고리즘에 따라 과제를 수행하도록 하였습니다. 하지만 로봇이 뜻대로 움직여주지 않아 낙담하였고, 무작정 로봇을 움직이려 하였습니다. 그러다 벽을 이용하여 로봇을 움직여보자는 생각을 하게 되었고, 보정할 때마다 누적되는 오차를 해결할 수 있어서 로봇이 정확하게 움직일 수 있었습니다. 그로 인해 과제에서 좋은 성과를 거둘 수 있었고, 한 방면에 치우쳐지지 않고 다방면으로 생각하여 좋은 결과를 낼 수 있었다는 것을 알게 되었습니다. 포기하지 않고 노력하여 문제를 해결하였다는 점에서 매우 뜻깊은 활동이었습니다. 이 일을 계기로 프로그래밍을 해왔던 선배님에게 개인적으로 많은 것을 물어보고 배웠으며, 차후 여러 로봇대회에도 프로그래머로서 참가하여 제 전자공학기술자에 대한 꿈을 키워왔습니다.
2학년 2학기 때 대한민국 청소년 박람회에서 로봇 체험부스를 운영하기 위해 사탕 뽑기 로봇을 만들게 되었습니다. 사탕 뽑기의 조종기에 있는 자이로 센서의 값을 블루투스 통신을 이용하여 집게 로봇에 보내 사탕을 잡도록 프로그래밍을 작성하게 되었습니다. 센서를 두 방향으로 나누어서 움직일 수 있노록 신호를 보냈는데, 상하방향으로 움직이는 부분에서 제어가 잘 안 되는 문제점을 발견하였습니다. 이를 확인하기 위해 상하방향의 자이로 센서의 값을 측정해보았고, 이상하게 값이 달라지는 것을 보았습니다. 그래서 상하방향은 자이로 센서 대신 모터로 제어하여 부드럽게 제어가 가능해졌습니다. 이를 통해 센서에 예상못 한 변수가 작용할 수 있다는 것을 항상 인지해야 한다는 것을 깨달았습니다. 또한 문제점을 분석하고 해결하는 능력의 중요성에 대해 알게 되었습니다. 어떠한 변수가 생겼을 때 대처하는 능력을 길러야겠다고 생각하였습니다.

3. 학교생활 중 배려, 나눔, 협력, 갈등 관리 등을 실천한 사례를 들고, 그 과정을 통해 배우고
   느낀 점을 기술해 주시기 바랍니다. (1,000자 이내)

2학년 2학기에 지역중학교 로봇동아리 학생들에게 교육봉사를 하게 되었고, 저는 동아리원과 함께 주기적으로 로봇 수업을 진행하게 되었습니다. 기초적인 로봇 제어와 센서 사용법을 알려주고, 그와 관련된 과제를 해결하도록 하였습니다. 배열연산에 관련된 과제에서 어려움을 겪어 학생들은 낙담하게 되었는데, 저는 포기하지 않게 힌트를 주며 차분히 과정을 지켜보았습니다. 학생들은 과제를 스스로 해결하게 되면서 즐겁게 로봇을 하게 되었고, 저도 같이 웃으면서 즐길 수 있었습니다. 어린 시절 알고 있었던 사람의 일을 도와주는 봉사가 아닌 지식을 전달한다는 생각에서 봉사의 기준을 넓힐 수 있었습니다. 또한 배운 지식은 다른 이의 꿈을 키우는 밑거름과 동시에 큰 도움이 될 수 있다는 것을 알게 되었습니다. 봉사라는 것은 남을 위한 배려이기보다 내 생각과 행동을 발전할 수 있는 계기가 되었습니다. 이후 경험하고 배운 것들을 남에게 전달하여 꿈을 키워주는 사람이 되고 싶습니다.
2학년 여름방학 때 '◇◇◇ 서머캠프'라는 곳에서 전국에서 온 동아리 친구들과 함께 친환경 자동차에 대해 토론을 하고 구현을 해보는 시간을 가지게 되었습니다. 동아리의 특색에 맞게 의견을 내자고 제안하였습니다. 저는 발명수업에서 배운 발명기법 중 브레인스토밍을 제안하였고, 다함께 아이디어를 구상하여 적절한 역할을 분담해 자동차를 구현하게 되었습니다. 저는 프로그래머를 맡아 조건에 만족하면 자동차가 움직이도록 하였고, 다른 조원들도 각자의 역할에 최선을 다했으며, 타인의 의견을 잘 듣는 조장의 역할로 인해 조의 운영이 원활하게 돌아갔습니다. 저는 이러한 조장의 모습을 본보기로 하여 로봇 프로그래밍에 대한 토론에서 좋은 분위기를 이끌어낼 수 있었습니다. 다른 사람들과의 소통을 통해 타인에게도 많은 것을 배울 수 있다는 것을 알게 되었고, 각자의 특성에 맞게 과제를 수행하면 좋은 결과를 이끌어낸다는 것을 느낄 수 있었습니다. 대학진학 후 여러 분야의 사람들을 만나 토론하며 많은 것을 배우고 싶습니다.

·대학수학능력시험 성적: 수능 미응시

위 사례는 동아리활동이 위 학생의 대학진학에 지대한 영향을 준 경우로 동아리활동이 단순한 학생들의 자기주도적인 활동에서 한 단계 더 나아가 동아리 시간 이외의 활동까지 겸하여 발명과 로봇에 대한 지식도 늘리고 수준도 끌어올리는 활동으로서 업그레이드된 것이다. 학생의 성적에 비해 좋은 진학결과를 거둔 것은 학생의 무한한 발전가능성과 잠재력에 높은 점수를 받은 것이라고 생각된다. 그리고 그런 가능성을 동아리활동을 통해 구현한 것으로 동아리활동의 좋은 사례라 볼 수 있다.

[사례 10] X군 (일반고 34학급)

· 내신성적 - 2.14

· 대학진학결과

1차 합격			최종합격여부
학교명	학과	전형	(○, ×)
숭실대	의생명시스템공학과	학생부종합전형	○
세종대	생명시스템공학과	학생부종합전형	○
동국대	의생명공학과	농어촌전형	○

· **동아리활동 수상실적**
㉠ <u>동아리보고서 대회 1학년 2학기 우수상</u>
㉡ <u>동아리보고서 대회 2학년 2학기 장려상</u>

위 학생은 1학년 2학기에 일반계 고등학생의 성적이 진로 성숙도에 어떤 영향을 미치는지에 대해 6명의 동아리 부원들이 함께 공동 연구하여 우수상을 수상했다. 2학년 2학기에는 에볼라 바이러스에 대한 고등학교 학생들의 인식도가 어떠한지에 대한 조사 및 연구를 진행해 소논문을 작성했고 장려상을 받는 성과를 거두었다.

· **생활기록부 동아리활동 기록**

학년	동아리 이름	동아리활동 기록
1학년	학술논문동아리	· **㉠ 친구들의 진로 성숙에 관한 연구 주제를 정해 일반계 고등학생의 성적이 진로 성숙에 어떤 영향을 미치는지에 대해 연구했고 연구하는 과정에 학생이 맡았던 역할에 대한 내용이 기록됨**
2학년	학술논문동아리	· **㉡ 학생의 진학분야인 보건 및 의료관련 주제 에볼라 바이러스에 대해 고등학교 학생들이 어떤 인식을 갖고 있는지에 대한 연구를 하여 전염병에 대한 한국 고등학생들의 인식이 어떤지 알게 되었으며 잘못된 인식들을 개선할 방법에 대해서도 고민하는 계기가 되었다는 논문에 대한 기록 내용이 있음**
3학년	학술논문동아리	· 자신이 관심을 갖고 있는 생명과학과 관련된 분야를 조사해 생명과학이라는 분야가 무엇인지에 대해 알아보고 생명과학과 관련된 대학진학 후 사회에서 할 수 있는 일에 대해 조사 및 발표를 진행했다고 기록함 · 역대 노벨 생리의학상 수상자와 생명공학기술과의 관계라는 내용으로 의학과 관련된 생명공학 기술에 대해 탐구하며 현재 생명공학에 나오는 많은 내용이 노벨상 수상자에 의해 발견되었다는 점에서 깊은 영감을 받았다고 적음 · 감염성 단백질인 프리온이 정상 단백질을 감염시키는 방법에 대해 깊은 관심을 가지고 연구했다고 학생의 진학분야에 대한 관심과 열정에 대해 중점적으로 기술함

생활기록부 기록에 보고서대회에서 수상한 논문의 제목이나 작성과정 등이 드러나 있는 점이 매우 좋다. 그리고 수상한 내용은 아니지만 학생의 진로적성과 관련해 작성한 논문이나 토론한 주제도 명확히 드러나 학생이 동아리활동을 통해 어떤 분야에 중점적으로 노력했는지를 확인할 수 있는 부분도 유의미한 기록이라고 생각된다.

· 자기소개서에 활용된 동아리활동

자기소개서는 생활기록부를 근거로 하는 내용들을 학생의 입장에서 생생하게 기록하여 학생이 그 활동을 할 때 어떤 생각을 갖고 있었는지 읽는 사람의 이해를 돕고 있다. 생활기록부에서 강조되었던 내용들이 자기소개서로 연관되어 두 서류의 연계성이 뛰어나 자료에 대한 신뢰도가 향상되었으리라 본다.

---

2. 고등학교 재학 기간 중 본인이 의미를 두고 노력했던 교내활동을 배우고 느낀 점을 중심으로 3개 이내로 기술하세요. 단, 교외활동 중 학교장의 허락을 받고 참여한 활동은 포함됩니다. (1,500자 이내)

저의 꿈은 생명을 구하는 기술을 연구하는 것입니다. 그리고 아직 치료법이 개발되지 않은 질병의 치료법을 찾아내고 싶었습니다. ㉡ **하지만 치료법을 개발하는 것보다 중요한 것이 있다는 것을 2학년 동아리활동을 통해 알았습니다. 한때 에볼라 바이러스가 화제였던 적이 있었습니다. 그래서 친구들과 그 바이러스에 대해 자주 대화를 했습니다. 대화를 하던 중 에볼라 바이러스에 대해 잘 모르던 친구가 유독 그 바이러스에 민감한 반응을 보이는 것 같았습니다. 저는 이에 흥미를 가지고 '질병에 대해 무지할수록 과민반응을 보이는 것이 아닐까?' 생각했습니다. 그리고 이에 대해 탐구해보기로 했습니다. 탐구과정은 에볼라 바이러스의 지식과 인식을 확인하는 질문으로 구성된 설문지를 배부하고 통계를 내어 결과를 확인하는 과정으로 이루어졌습니다. 결과는 에볼라 바이러스의 지식이 가장 적은 친구는 '지금부터라도 방역복을 준비하겠다'는 반응까지 보였습니다. 이 활동을 통해 사람들은 질병에 대해 무지할수록 위험성을 과장해서 생각함으로써 질병이 발병했을 때 국민들에게 그 질병에 대해 자세히 지식을 알려줘야 한다는 것을 배웠습니다.**

3. 학교생활 중 배려, 나눔, 협력, 갈등 관리 등을 실천한 사례를 들고, 그 과정을 통해 배우고 느낀 점을 기술해 주시기 바랍니다. (1,000자 이내)

수많은 세포로 이루어진 다세포 생물이 안정하게 살아가기 위해선 각각의 세포가 자신에게 맞는 역할을 수행해야 합니다. 이렇듯 혼자서 활동할 때가 아닌 단체로 활동할 때도 자신만의 역할을 하는 것은 중요합니다. 이 교훈을 1학년 동아리활동을 통해서 깨달았습니다. 저는 자신의 꿈과 진로에 대하여 많은 의문을 제기하며 스스로 알아가자는 학술논문동아리인 '◇◇◇'에 가입했습니다. ㉠ 동아리활동 중 성적과 진로 성숙도와의 관계에 대해 호기심을 가졌고 친구들을 모아서 이 주제를 탐구하기로 했습니다. 주제를 탐구하기 위해 설문지 제작과 결론 도출 방법 등의 과정을 거쳐야 했고 저희는 이 모든 과정을 같이했습니다. 그래서 진전이 더뎠고 서로의 방법에 대해 작은 분쟁도 있었습니다. 그때 저는 논문 제작에 효율이 떨어지는 것 같아 각자 자신이 잘하는 부분으로 나눠서 하자고 제안했습니다. 그 후 설문지 제작, 배부, 통계, 결론 도출로 각자 일을 분담해서 처리하였습니다. 그러자 효율이 극대화되었고 성공적인 논문을 쓸 수 있었습니다.

・대학수학능력시험 성적

	국어	수학	영어	과학탐구	
유형/선택과목	A형	B형		지구과학 I	생명과학 II
등급	평균 3.3등급			평균 4등급	

위 사례는 3년간의 동아리활동 기록이 모두 학생의 진학분야에 초점이 맞추어져 있어 학생이 자신의 꿈에 대한 열정을 충분히 반영하였고 동아리활동 기록이 생활기록부와 자기소개서에 잘 활용되었고 상호연계성이 좋다고 생각된다.

[사례 11] Y양 (일반고 30학급)

・내신성적 – 1.6

・대학진학결과

1차 합격			최종합격여부 (O, X)
학교명	학과	전형	
한양대	수학교육과	고른기회전형	O
이화여대	수학교육과	학교장추천	O

・동아리활동 수상실적

동아리보고서 대회 2학년 1학기 우수상

동아리보고서 대회 2학년 2학기 우수상

위 학생은 동아리보고서 대회에서 2회 수상하였는데 두 번 다 동아리활동을 날짜별로 활동과정과 활동결과 및 소감을 꼼꼼히 작성하여 성실도와 창의성에서 높은 점수를 받아 수상하는 성과를 거두었다.

· 생활기록부 동아리활동 기록

학년	동아리 이름	동아리활동 기록
1학년	발명로봇동아리	· 아이디어를 창출하기 위해 학생이 노력했던 과정과 창출해낸 아이디어 결과물에 대해 사례를 들어 구체적으로 기록함 · 동아리 시간 외에 학습동아리 시간을 따로 운영하고 학습에 참여하며 확산적 사고법, 수렴적 사고법에 대해 배우고 아이디어를 낼 때 다양한 사고법을 사용할 수 있었다고 적음 · 조별 프로젝트를 통해서 조원들과 주제 토론을 하는 과정에서 배우게 된 여러 가지 내용에 대해 적음 · 동계 발명 캠프에서 창의력 및 로봇 팔 제작대회를 실시하여 재난을 예방하는 발명품 아이디어를 생각해내고 로봇 팔 대회에서는 빨대와 쿠킹호일을 이용하여 2관절 로봇을 제작한 과정에 대해 중점적으로 기록함
2학년	발명로봇동아리	· 다양한 동아리활동을 하면서도 성적을 유지하는 자기관리능력이 우수한 학생이라고 학생의 자기관리능력에 대해 높이 평가하는 내용을 기록함 · 재능기부 봉사활동을 할 때에도 수업 준비를 하는 등 누구보다도 적극적으로 활동에 참여함 · 주변을 관찰하여 브레인스토밍과 PMI 발명기법 등을 사용하여 창출해낸 아이디어를 사례를 들어 기술하며 학생의 발명능력이 향상되었음에 대해 강조함 · 창의력 대회에 출전하여 연극을 수행하고 미션을 수행한 내용에 대해 적음 · 대한민국 청소년 박람회 부스 운영에서 홍보역할을 맡아 팸플릿 및 블루투스를 사용한 자동차를 준비하고 부스 홍보를 하였다고 기록함
3학년	발명로봇동아리	· 아이디어를 창출하기 위해 학생이 노력했던 과정과 창출해낸 아이디어 결과물에 대해 사례를 들어 구체적으로 기록함

위 학생은 동아리활동의 생활기록부만 봐도 학생이 동아리활동을 어떤 내용을 위주로 어떻게 했는지를 알 수 있을 정도로 매우 자세히 기록되어 있다. 다만, 학생이 동아리보고서 대회에서 수상한 보고서내용과 보고서작성을 위해 노력했던 과정들이 전혀 기록되어 있지 않다는 부분과 학생의 진학분야인 수학 관련 동아리활동이 미흡하다는 부분이 아쉬움으로 남는다.

•자기소개서에 활용된 동아리활동

위 학생은 2번 항목에 발명로봇동아리 활동과 동아리에서 활동한 재능기부 교육봉사내용 두 가지를 활용했다. 3년간 꾸준히 했던 발명로봇동아리 활동 중 '아이디어 창출'과 관련된 부분은 이과계열 어떤 분야든지 관련성이 있고 재능기부 교육봉사활동은 학생이 원하는 진학분야인 교육과 관련된 부분이라 충분히 활용 가능하다. 동아리활동 중 관련된 내용을 잘 추출해서 활용했다고 볼 수 있다.

2. 고등학교 재학 기간 중 본인이 의미를 두고 노력했던 교내활동을 배우고 느낀 점을 중심으로 3개 이내로 기술하세요. 단, 교외활동 중 학교장의 허락을 받고 참여한 활동은 포함됩니다. (1,500자 이내)

발명로봇동아리를 통해 '아이디어 창출'을 배웠습니다. 발명품을 보고 감탄만 하던 제가 PMI 기법, 강제결합법을 이용해서 '숲 지킴이 휴지걸이', '스카치밴드', '링거 줄 조절 장치' 등을 생각했습니다. 그중 '링거 줄 조절 장치'는 환자들의 편한 이동을 위해 링거 줄의 길이를 조절하는 장치입니다. 아이디어를 구상하면서 링거를 맞을 때 선이 자주 꼬이고 피가 역류하는 불편함이 있다는 것을 알게 되었습니다. 이를 해결하기 위해 선을 감을 수 있는 기계적 구조와 링거의 원리에 대해 조사했습니다. 처음에는 발명을 단순히 구상만 하는 것으로 생각하였습니다. 그러나 아이디어를 내기 위해서는 그와 관련된 분야를 찾아보고 경제적인 구조를 위해 끊임없이 생각해야 한다는 것을 알았습니다. 다양한 아이디어를 생각한 결과 주위환경을 새로운 시각으로 보게 되었고, 여러 분야의 지식을 찾아보면서 폭넓은 생각을 하는 자세를 갖추게 되었습니다.

가장 의미 있었던 활동은 2학년 때 동아리 부원과 함께한 '소셜 네트워크 동아리 지원 사업'입니다. 우리는 '경제적으로 어려운 아이들에게 다양한 교육의 기회제공'을 목표로, 지역 아동센터에서 7개월 동안 재능기부 봉사활동을 했습니다. 가격이 비싸 자주 접하지 못하는 로봇을 이용하여 라인트레이싱과 기어비 등의 과학, 수학 수업을 했습니다. 처음에는 단순히 수업하고 그만 볼 사이라 생각했으나, 저를 잘 따르는 한 아이로 인해 생각이 바뀌었습니다. 의기소침한 그 아이는 친구들과 어울리지 못했습니다. 이는 예전의 저를 보는 것 같아 그 아이를 잘 챙겨주었고, 다른 아이들에게도 점점 정이 생기면서 단순히 수업하기보다는 아이들과 '함께 나아간다'는 생각을 했습니다. 초등학교 4학년 때 소극적이었던 제가 담임선생님을 통해서 활기찬 아이로 변했듯, 저도 아이들을 좋은 길로 이끌어주고 싶었습니다. 재능기부 봉사활동 전에는 교사에게 지식을 전달하는 능력이 최우선이라 생각하였는데, 학생을 이해하고 나은 길로 지도하는 능력도 중요하다는 것을 깨닫게 되었습니다. 재능기부 활동을 통해 교사의 역할을 다시 돌아봄으로써 교사에 대한 저의 꿈을 굳히게 되었습니다.

3. 학교생활 중 배려, 나눔, 협력, 갈등 관리 등을 실천한 사례를 들고, 그 과정을 통해 배우고 느낀 점을 기술해 주시기 바랍니다. (1,000자 이내)

동아리에서 나가는 창의력챔피언대회에서 조장을 맡았습니다. 그런데 대회의 표현과제에서 조원들이 원하는 역할이 겹쳐 연습이 지체되었습니다. 이를 해결하기 위해 친구들이 역할을 원하는 이유를 피력하는 '역할어필'을 제안했습니다. 각 역할의 특징을 분석한 뒤 이와 유사한 이유를 말한 친구에게 역할 우선권을 주었습니다. 원하는 바를 얻지 못한 친구에게는 또 다른 수행과제의 우선권을 줌으로써 모두가 만족하도록 노력했습니다. 이후 서로를 배려하는 마음가짐으로 창의력 과제에 임하여 무사히 끝낼 수 있었습니다. 창의력 대회를 통해 팀의 불만을 최소화하는 것은 조원들을 끈끈하게 모으는 조장의 역량이라는 것을 깨달았습니다. 갈등이 생겨 힘들더라도 독단적으로 결정하기보다는 친구들의 의견에 귀 기울여 최선의 방안을 생각하는, '윈-윈'을 추구하는 사람이 되리라 다짐했습니다.

· 대학수학능력시험 성적

	국어	수학	영어	과학탐구	
유형/선택과목	A형	B형		화학 I	지구과학 II
등급	평균 2.5등급			평균 3등급	

위 학생은 3년 동안 동아리활동을 꾸준히 열심히 참여한 학생으로 생활기록부에 학생의 성실도와 창의력은 자세히 적혀 있고 자기소개서에는 동아리활동 내용 중 학생 진학분야와 관련된 내용을 창의성과 교육방면, 리더십분야 세 가지로 나누어 2번, 3번 항목에 잘 활용했다. 동아리활동 내용이 학생의 성장에 여러 방면으로 도움이 되었다는 게 생활기록부와 자기소개서의 기록으로 충분히 증명된 사례라고 생각된다.

참고문헌

교육부(2015), 2015 학교생활기록부 기재요령.

교육과학기술부(2009), 초중고 창의적 체험활동 교육과정해설.

교육인적자원부(2007), 학교스프트클럽 운영의 발전방안에 관한 연구.

교육과학기술부(2010), 손에 잡히는 창의적 체험활동.

김사훈 외(2014), 고등학교의 창의적 체험활동 교육과정 편성 운영에 관한 교사 인식 조사, 한국교육교원연구, Vol. 31. No. 2, pp.373~395.

류영철(2015), 교교 창의적 체험활동 교육과정 성과분석, 교육과정평가연구, Vol. 18. No. 3, pp.01~28.

부산광역시교육청(2014), 동아리활동 길라잡이.

이가영 외(2012), 고교의 창의적 체험활동 특성분석과 평가 활용방안 연구, 입학전형연구, 제1권 pp.121~151.

이승택(2013), 학교동아리, 서울: 라온북.

이인진(2015), 진로준비를 위한 동아리활동과 봉사활동 현황분석, 석사학위논문, 중앙대학교.

최은아(2013), 학교 동아리활동 활성화 방안에 관한 연구, 박사학위논문, 명지대학교.

박종석

문학박사
전국연합학력평가 언어영역 출제팀장
EBS 수능완성(고3) 실전편 집필(한국교육방송공사)
논술강사 양성 전문 과정 이수(서울시 교육청-교육부 위탁)
서울대성(노량진)학원 논술 출제위원
울산광역시교육청 통합논술경시대회 출제팀장
울산광역시교육청 지역영재학급 논술강사
'박종석의 꼼꼼한 책읽기'(울산 mbc-tv 고정 출연, 2004)

『송욱문학연구』(2000)
『송욱평전』(2000)
『한국 현대시의 탐색』(2001)
『작가 연구 방법론』(2003년도 문화관광부 추천-우수학술도서)
『비평과 삶의 감각』(2004)
『현대시 분석 방법론』(2005년도 제2회 울산작가상)
『조연현평전』(2006): 동아일보, 서울신문, 부산일보, 연합뉴스(서울) 소개
『정상으로 통하는 논술』(2007)
『통합교과 논술 100시간』(2008, 공저)
『현대시와 표절 양상』(2008)
『송욱의 실험시와 주체적 시학』(2008)
『에고티스트 송욱의 삶과 문학』(2009)
『대학을 사로잡는 자기소개서, 추천서』(2012, 공저): 한국일보 인터뷰 소개
『명문대가 뽑아주는 대입 자기소개서, 추천서』(2013, 공저)
『명문대가 뽑아주는 대입 면접의 모든 것』(2014, 공저)
『명문대가 뽑아주는 대입전략의 모든 것』(2015, 공저)
『명문대가 뽑아주는 독서활동, 활동보고서』(2016, 공저)

박미정

한국외국어대학교 교육대학원 중국어교육과 석사
숙명여자대학교 교사자문위원
창의적체험활동 유공자 표창 수상(2012)

이호승

고려대학교 사범대학 국어교육학과(문학사)
고려대학교 대학원 국어국문학과 석사과정 졸업(문학석사)
고려대학교 대학원 국어국문학과 박사과정 졸업(문학박사)
고려대학교 사범대학 국어교육학과 강사
서울, 경기, 충남 교육청 교원연수원 강사
서울 교육청 교육과정 심의위원
고등학교 교과서 검정 및 심의위원
KBS 한국어능력시험 출제위원
숭실대 입학처 자문위원
서울특별시 교육청 인정도서 감수위원

『행복으로 가는 길』(2012)
『세계 연극교육의 현황과 전망』(2014)
『고전문학교육론』(2016)

민재식

동아대학교 이학박사
제4회 올해의 과학교사상 수상
전국과학교사협의회 사무국장(2009~2013)
청소년과학탐구반(YSC) 울산분원장
2009 개정교육과정 고등학교 과학 연구원
중학교 1·2학년 과학교과서 검정 및 심의위원

『명문대가 뽑아주는 대입 자기소개서, 추천서』(2013, 공저)
『명문대가 뽑아주는 대입 면접의 모든 것』(2014, 공저)
『명문대가 뽑아주는 독서활동, 활동보고서』(2016, 공저)

김종욱

부산대학교 영어교육과 석사
전 전국연합학력평가 출제위원

명문대가 뽑아주는
동아리활동

초판인쇄   2016년 9월 12일
초판발행   2016년 9월 12일

지은이   박종석·박미정·이호승·민재식·김종욱
펴낸이   채종준
펴낸곳   한국학술정보㈜
주소   경기도 파주시 회동길 230(문발동)
전화   031) 908-3181(대표)
팩스   031) 908-3189
홈페이지   http://ebook.kstudy.com
전자우편   출판사업부   publish@kstudy.com
등록   제일산-115호(2000. 6. 19)

ISBN   978-89-268-7516-2 13370